Wiglaf Droste
Die schweren Jahre ab dreiunddreißig

Wiglaf Droste, 27.6.1961-15.5.2019, Schriftsteller, Journalist, Dichter, Polemiker, Satiriker, Vortragsreisender, Sänger, hat über dreißig Bücher geschrieben und war an vielen anderen als Beiträger beteiligt. Er schrieb für den Rundfunk, die *taz, junge Welt* und für viele andere Zeitschriften. Zuletzt erschienen: »Kalte Duschen, warmer Regen«, Berlin 2018; zusammen mit Nikolaus Heidelbach, »Nomade im Speck«, Berlin 2016.

Edition
TIAMAT
Deutsche Erstveröffentlichung
2. Auflage: Berlin 2019
© Verlag Klaus Bittermann
www.edition-timat.de
Druck: cpi books
Buchcovergestaltung: Felder Kölnberlin Grafikdesign
Unter Verwendung eines Fotos von
Axel Martens
ISBN: 978-3-89320-252-2

Wiglaf Droste

Die schweren Jahre ab dreiunddreißig

**Herausgegeben von
Klaus Bittermann**

**Mit einem Vorwort von
Friedrich Küppersbusch**

**Critica
Diabolis
274**

**Edition
TIAMAT**

Foto: Sunhild Pflug

Hooligan der Inbrunst

Vorwort

Friedrich Küppersbusch

WIGLAF DROSTE WURDE AM 27.6. 1961 in Herford entbunden, und diese verheißungsvollste Katastrophe im Leben eines Menschen – die Entbindung – sollte sich für ihn noch oft wiederholen. Allein die *taz* hat ihn dreimal – von ihrer Medienseite, seiner Freitagskolumne und seinem Job als Redakteur – entbunden. Wiglaf Droste saß länger im Knast als Johnny Cash. Elf Tage in Moabit, nachdem er zum 1. Mai 1988 als Reporter von engagierten Berliner Polizisten knüppelharte Statements eingeholt hatte. 2100 Mark Geldstrafe wurden gegen ihn verhängt, als er zehn Jahre später selbst über die Wunder der Menschwerdung räsonierte: wie könne es kommen, »dass einer, der wahrscheinlich als Mensch geboren wurde, das werden konnte – ein Feldjäger«.

Droste kam, dafür gibt es Augenzeugen, nachweislich als Mensch zur Welt. Und stellte sich fortan der ungleich schwierigeren Aufgabe, das auch zu bleiben. Diese wenigen Pinselstriche genügen bereits, zu zeigen, wir hart es sein kann, einen ausgewachsenen Droste als Mensch durch die Zeit zu bringen.

Wie der Name schon sagt: Wiglaf. Das Lied vom »Boy

named Sue« des für Droste sehr respektablen Johnny Cash erzählt die Geschichte eines vaterlos aufwachsenden Jungen. Ihm wurde der Mädchenname »Sue« übergeholfen, damit er trotzdem ein harter Killer würde.

A boy named Wiglaf folgte diesem Gesetz gleich mit seiner ersten Singleveröffentlichung, dem legendären »Grönemeyer kann nicht tanzen«: Der Mann heißt mit vollem Namen Herbert Arthur Wiglev Clamor Grönemeyer, tatsächlich auch: Wiglev, und das klingt schon stark nach »this town ain't big enough for the both of us«. Jedenfalls war damit auch der Musiker, Sänger, Rezitator Droste auf der Welt, der später mit dem Spardosen-Terzett, Danny Dziuk, Funny van Dannen musizierte.

Wiglaf durchfurchte schadlos die Schulhofrufe nach westfälisch »Wiechlaff« oder kurz »Wiggi«. Bei Harry Potter taucht noch ein Wiglaf auf, und in der altsächsischen Beowulf-Sage. Dort ist es der junge schwedische Recke, der dem Titelhelden beim Angriff auf den Drachen als einziger zur Seite steht. Wäre dies die wahre Wurzel der Benamung, hätte die Familie Droste einen anderen Sohn auch gleich Beowulf nennen können. Was sie taten.

An der Berliner Universität hielt sich Droste knapp länger auf als im Moabiter Knast. Nach 5 Wochen »Publizistik und Kommunikationswissenschaften« entließ er die Uni in eine ungewisse Zukunft. Im März 1988 beging der *taz*-Lokalteil den Internationalen Frauentag mit der Abbildung einer Banane in einer Vagina. Was wiederum die weibliche Belegschaft der *taz* mit einem »Frauenstreik« beging. Worauf wiederum der just erst angedockte Droste seiner Aufgaben ledig war und sich der Erfindung des Poetry Slams widmen konnte. Nachdem Thomas Kapielski im Blatt eine überfüllte Disco als »gaskammervoll« beschrieben hatte, wofür es damals überraschend keinen Echo-Musikpreis gab, versuchte Droste dem Kollegen beizustehen und kommentierte den Streit als »Endlösung der Dudenfrage«. Im »Café Central« am Nollendorfplatz begründeten die *taz*-Dissidenten daraufhin die »Höhnende Wochenschau«, eine papierlose Zeitung, von Autoren tagesaktuell ins Publikum gelesen; Jahrzehnte bevor der moderne »Dichterwettstreit« der Textindustrie jäh die Milch einschießen ließ.

»Kommunikaze« betitelte er sein erstes Buch um diese Zeit herum; da es inzwischen über dreißig sind, könnte man ihm auch einen Literaturpreis nur für die besten Buchtitel verpassen: »Begrabt mein Hirn an der Biegung des Flusses«, »Die schweren Jahre ab 33«, »Auf sie mit Idyll« oder »Die Würde des Menschen ist ein Konjunktiv«. Das riecht nach Erfolg, die *Zeit* adeltadelte Droste als »linksradikale Skandalnudel« und »Heimatdichter der linken Szene«. – Sowas konnte nicht ungesühnt bleiben. In die *Titanic* drosch Droste seinen Text vom »Schokoladenonkel«, plädierte wuchtig, nicht jeden Mann mit Schokolade am Kinderspielplatz zum Sexverbrecher hochzufiebern. Und reichte damit recht eigentlich den mäßigenden Stimmen in der Missbrauchsdebatte ritterlich den Arm. Buttersäureanschläge, Mahnwachen, Schlägereien bei Lesungen, Steckbriefe, drei Veranstaltungen gesprengt, zwei Veranstalter kniffen. Wiglaf musste hinnehmen, dass er, der erfahrene Beamten- und Bundeswehrbeleidiger, unter Saalschutz las. Er ficht mit dem Säbel, sticht mit dem Florett, schreiben Rezensenten, und zugleich bestaunt man die jähe Wut, die aus Droste hervorbricht, wenn der Rest der Welt gesinnungsgemütlich im Eigenmief dämmert. Er ist eben kein Kirmesschläger, der sich vom Gaudium des Publikums zum Schlachtfest anstacheln ließe.

Wo andere zaghaft ein Fenster spaltbreit öffnen, springt

er hindurch, und was dann hinterher blutet, ist nicht selten er selbst. Warum er das tut – Gewalt wittert, wo andere noch schunkeln; gewaltig austeilt, wo der sanfte Ordnungsruf als Hochliteratur gilt – das wurzelt in Wiglafs Wissen um Verletzung. Droste mag, wie die *Süddeutsche* schrieb, »der Tucholski unserer Tage« sein – ganz sicher beherrscht er die Zärtlichkeit des Holzhammers, ist ein Hooligan der Inbrunst, und manchmal leider untröstlich und selbstzerstörerisch im falschen Trost. Sehen Sie Wiglaf Droste in seiner Lebensrolle: »Der Unumarmbare«.

Doch morgens um sechs ist die Welt noch in Dortmund. Womit die abseitigen Neigungen Wiglafs in einer Nussschale summiert sind: Borussia Dortmund, Wortspiele, und früh aufstehen. Ein Mann, der unverdrossen einen BVB-Anstecker an allen Konfektionsgrößen seines diesbezüglich abwechslungsreichen Lebens getragen hat, erlebte den Ballspielverein als eine Welt des guten Glaubens und der Hoffnung auf auch in dieser Höhe verdiente Auswärtssiege – leider in den Händen der falschen Geschäftsführung. Das ähnelte Wiglafs Blick auf den Rest des Universums. Mitunter noch vor sechs Uhr gab er sich die Ehre, den ersten Sonnenstrahl eines liebevollen Gedankens ungehemmt durch sich hindurch auf's Papier fluten zu lassen: Über gutes Essen, über wundervolle Frauen. Oder er räumte umsichtig einen aktuellen Sprachunfall von der Straße, noch bevor wir daran verunglücken konnten. Oder er liebte einfach: Peter Hacks, Dashiell Hammett, Vincent Klink oder den großen Bär Harry Rowohlt.

Dessen ehernes Gesetz, wonach man sich dereinst für jeden ausgelassenen Kalauer vor Gott zu verantworten habe, reichte Wiglaf großzügig an Freunde aus, ein Rettungsring für strauchelnde Dichter. Droste selbst machte keine Kalauer; vielmehr werden durch ihn Formulierungen zu Drostizismen. Klassiker wie die von den »leider nicht mehr sterblichen Gefährten« wie eben Rowohlt, Meisterschmähungen gegen eine Welt voller »Friseure, die sich für Gehirnchirurgen« ausgeben. Und wunderbar, wenn das von Wiglaf Gemeinte sich Bahn brach aufs Papier ohne Rücksicht auf den dann lächerlichen Umstand, dass es diese Worte vorher noch gar nicht gegeben hat: »gneisen«, oder »jabbeln« schrieb er – nein, er »schrub«, oder wie Sigmar Gabriel »vor sich hin leberwurstet«, oder eben Feldjäger mit »Waschbrettköpfen«. In seiner dann plötzlich letzten Kolumne in der *taz* beschrieb er diesen göttlichen Moment der Wortwerdung: »Es kam aus dem Leben selbst zu mir, legte sich auf meine Zunge und verlangte, als Wort geboren zu werden. Ich erfüllte dem Wort seinen Wunsch, sprach es aus und entließ es in die Welt: Trittbrettficker«.

Die Kolumne erschien dann bereits in der *jungen Welt*, für deren Feuilleton er seit 2011 fest frei schrieb. Die Wuchtschmähung »Trittbrettficker« münzte er auf die »Gesellschaft für deutsche Sprache«, der als »Wort des Jahres 2006« nur »Fanmeile« eingefallen war. Wiglaf hingegen war der Solitär für deutsche Sprache, ein »Häuptling Eigener Herd« im Sprechen und Schreiben wie im Speisen. Mit Vincent Klink versah er diese Papier gewordene Appetitlichkeit viele Jahre, dichtete über Wurst, Wein, Weihnachten. Die »kulinarische Kampfschrift« erschien so »vierteljährlich wie möglich«, denn man kann nichts schreiben, was man nicht gegessen hat. Da schwärmte der drastische Droste, dichtete Hymnen, ließ einem Wasser in Mund und Augen treten.

Hier also umarmte Wiglaf Droste – in der Kunst, in der Literatur, der Musik, in der Küche und im Lieben und im Leben. An diesen Mut zum Guten, den Wiglaf vorlebte, werden wir uns heute tapfer und unerschrocken halten. Wir wissen, dass Nähe für Droste kein leichtes Geläuf war. Doch was bleibt uns, wenn wir das Glück hatten, einem Großen zu begegnen, auch wenn er jeden Hauch eines falschen Tons der Nähe nachgerade drostoid wegzurempeln verstand? Wir schulden es ihm, was immer daraus folgen mag. Es muss ja doch gesagt werden: Lieber Wiglaf, Du warst ein Großer!

Familienbande

NIEMALS BIN ICH EIN ANHÄNGER jenes weitverbreiteten Irrglaubens gewesen, man müsse in all die Mitmenschen, mit denen man zufälliger- und dummerweise verwandt ist, auch noch verliebt sein; seit sich aber nach einer langen Zeit des Exils vom familiären Schrecken immer häufiger Gesichter und Erinnerungen in Tag- und Alpträume hineinschleichen, gestehe ich mir doch die achselzuckende Fügung in die Einsicht zu, dass man seinen Wurzeln allenfalls bedingt entfliehen kann.

Besonders häufig, mitunter sogar recht gern, erinnere ich mich an den fünfzigsten Geburtstag meines Vaters. Dieser Tag erscheint mir heute als Kulminations- und Knotenpunkt meiner menschlichen Erfahrung; mit der Geballtheit aller Worte und Taten, mit der Wucht, die damals innerhalb nur weniger Stunden auf mich einhieb, erhielt ich wohl das Rüstzeug, um in den Fährnissen der menschlichen Gesellschaft zu bestehen.

Dabei ließ sich der festliche Akt zunächst eher harmlos an. Zwar hatten sämtliche Haupt-, Flach- und Nebenkräfte des Freundes-, Bekanntschafts- und Verwandtschaftslebens komplett ihr Erscheinen angedroht, und die gut einhundert Personen starke Meute tröpfelte auch nach und nach recht pünktlich ein, dennoch aber plätscherten die Gespräche zunächst eher zäh und gedämpft, und auch den alkoholischen Getränken wurde nur mäßig zugesprochen. Eine erste einschneidende Wendung erfuhr der Abend möglicherweise mit dem Eintreffen von Onkel

Erich; dieser damals soeben in Rente gegangene knorrige Lastkraftwagenfahrer war in der gesamten Verwandtschaft gefürchtet für seine unablässig vor sich hin stinkenden Zehnpfennigzigarren und seinen schier unerschöpflichen Redeschwall, den er auf jedermann, dessen er nur irgend habhaft werden konnte, rückhaltlos ausgoss. Allein seine Frau, Tante Hilla, war in der Lage, ihn in seine Schranken zu verweisen: *Mach doch den Kopp zu, du Tünsel!* war die Zauberformel, mit der sie sich ihn erfolgreich vom Leibe hielt.

Onkel Erich jedenfalls begann augenblicklich nach seiner Ankunft einen ausladenden Bericht über seinen jüngsten Jugoslawienaufenthalt: *Alles Knallköppe da unten. Keine Ahnung von Rasenmähen und Heckenschneiden. Hab ich ihnen aber alles beigebracht, und nach zwei Wochen spurten die Brüder piccobello.* Währenddessen hatte er taktisch geschickt seinen Schwager, Onkel Horst, in eine Ecke des Sofas gedrängt und sich massig halb in ihn hineingedreht, um sich für die nächsten Stunden wenigstens einen Zuhörer fest zu sichern; Onkel Horst aber gehört zu jenen Menschen, die vor den sozialen, kulturellen und ethnischen Konflikten der Welt und ihrer Bewohner die Augen zu verschließen nicht bereit sind; das wie lapidar hervorgestoßene *Jugoschlawen, Jugoschlawen* seines Gegenübers Erich fand daher durchaus nicht seine Zustimmung, nennenswerten Widerspruch aber wagte er keinen, sondern griff wie schicksalsergeben zu einer von eben jenem Jugoslawienaufenthalt mitgebrachten Literflasche Slivowitz, schüttete sich ein großes Glas ein, schmetterte dieses auf einen Schlag hinab und goss augenblicklich nach, während Onkel Erich mit meckerndem Lachen die Geschichte erzählte, wie er bereits vor einigen Jahren seinem Nachbarn, während dieser einige Monate verreist war, den Garten in

Schuss gehalten und dort sogar mal richtig klar Schiff gemacht hätte; ganze Anhänger voller Unkraut hätte er ausgerissen und weggeschafft, geschuftet wie ein Berserker hätte er, bis überraschend früh der Nachbar wiedergekommen sei und augenblicklich auf ihn eingezetert habe, er sei Botaniker und züchte seltene Pflanzen, *zigtausend Mark Schaden usw., von wegen seltene Pflanzen, alles gammeliges olles Kroppzeug, hähä*, polterte Onkel Erich.

Nur wenige Plätze weiter juchzte Tante Frieda, schwer gallekrank und strikt auf Diät gesetzt, *Ach was, nur ein kleines Likörchen, das schadet doch nicht* auf ihre Tochter Hannelore ein, die mit den prophetischen Worten *Frieda, morgen ist Galletag* ein- und später auch bereitwillig nachschenkte; vor dem nach einigen Stunden sich dann zügig abspulenden Debakel *Oh! Bin ich schlecht! Bin ich schlecht! Ich hab Malheur gemacht!* aber hatte Tante Frieda zunächst noch Gelegenheit, über ihre Schwägerin Luise herzuziehen, die seit dem Tod ihres Mannes vor sechs Monaten bereits sieben Heiratsanzeigen aufgegeben hatte: *Die ist doch vom Stamme Nimm! Willi war noch nicht kalt, da hatte die schon drei Neue!*

Inzwischen war auch meine Großmutter, im folgenden auch Omma bzw. Omma Kotsch genannt, eingetroffen, eine übermäßig rüstige, hektische und ruhelose Person, wie ja überhaupt unseren Greisen immer häufiger ein wütendes Nichtruhegebenwollen, ein Hang zum ewigen Weiterramentern eigen geworden ist – ich sage nur: Trude Unruh, Graue Panther und alles! – meine Omma jedenfalls hatte bis zu ihrem späteren unfreiwilligen Ausscheiden einen Hauptanteil am Scheitern bzw. eben auch Gelingen dieses prächtigen Abends. Aus einer völlig zerrütteten Ehe inklusive Scheidung hatte sie schon vor Jahren die originelle Schlussfolgerung gezogen, Ehe und

Familie allein seien die Horte irdischer Freude, die sie fortan schützen und bewahren zu müssen glaubte. Opfer dieses Trugschlusses waren in erster Linie meine armen Eltern, deren Glücksstern nach fünfundzwanzig Ehejahren durchaus schon etwas matter funkelte, als Omma Kotsch das wahrhaben wollte.

Zum fünfzigsten Geburtstag meines Vaters hatte sie eine mehrschichtige Säuberungsstrategie ersonnen; ihr Plan sah vor, im Obergeschoss des Hauses, in das sich die jüngeren Besucher, allesamt Freunde meines Bruders, zurückgezogen hatten, zu beginnen, das Feld quasi von außen her aufzurollen und dann ins Zentrum des Feindes vorzustoßen. Gegen zweiundzwanzig Uhr erschien sie, zunächst unter dem Vorwand, nur mal nach dem rechten sehen zu wollen, *Habt ihr auch alles? Noch paar Kläpschen vielleicht?* in der oberen Etage, wo mein im übrigen komplett volljähriger Bruder und seine Besucher zwischen heftigem Alkoholgenuss und Monopoly-Spielen hin- und herpendelten. Nur knapp zwanzig Minuten später tauchte sie erneut auf, diesmal bereits mit einem Plastikeimer in der Hand, in den sie rigoros den Inhalt der Aschenbecher wie auch der Weingläser hineinfeuerte und barsch erklärte, jetzt müsse *Schluss sein, wenn die Eltern das wüssten, dieser Radau immer, um elf Uhr hängt die Hose kalt am Bett!*

Mein Bruder, von diesem Frontalangriff völlig überrumpelt, ja übertölpelt, leistete zunächst keinerlei Gegenwehr, einer seiner Freunde allerdings konnte sich ein heftiges Grinsen nicht verkneifen. Er brauche hier gar nicht zu grienen, fuhr ihn meine Omma augenblicklich an, *Was wollen Sie überhaupt hier, Sie feister, speckiger Kerl?* Dem so Angeredeten verschlug es blitzartig die Sprache, meine Omma aber, von ihrem zweifachen Punktgewinn beflügelt, knottete, paukte und drosch nun völlig enthemmt auf die Monopoly-Truppe ein. *Was haben Sie hier verloren? Sie sind doch schon durch alle Betten gegangen!* mähte sie die Freundin meines Bruders nieder, und *Lassen Sie das stehen. Sie sind hier nicht auf dem Sozialamt!* riss sie einem weiteren Gast ein Schälchen Erdnüsse jäh aus den Fingern.

Auch im Erdgeschoss hatte unterdessen der Nahkampf begonnen. Onkel Karlheinz, der allgemein »Doktor« genannt wurde, weil sein Vater während des Zweiten Weltkriegs als Trichinenbeschauer gearbeitet hatte, hatte sich nach dem zügigen Austrinken einer Flasche Korn erhoben und fragte, wie auf jeder Feier, mit gespielter Arglosigkeit: *Kennt einer von euch den Taucher?* Wie immer lautete auch an diesem Abend die scheinheilige Antwort: *Den Taucher? Nee. Kennwanich*, woraufhin Karlheinz in Positur schwankte, um eine unglaublich schmutzige Version der Schiller-Ballade von sich zu geben, soweit seine Trunkenheit dies überhaupt noch zuließ, und im folgenden ein Füllhorn heillosen Gestammels auf seine natürlich begeisterte Zuhörerschaft herunterzupeitschen.

Der Plan meiner Omma trat mittlerweile in seine zweite Phase. Nach dem Blitzsieg im Obergeschoss näherte sie sich nun bedrohlich der zweiten Etage, in diese aber hatten sich, zum Zwecke des wechselseitig aneinander zu vollziehenden Geschlechterverkehrs, ein weiterer Onkel dieser an Onkeln und Tanten so überaus reichen Familie, Onkel Rolf, zweiter Schwiegersohn meiner Omma, sowie eine ebenfalls durchaus verheiratete Nachbarin, deren Ehemann sich im Erdgeschoss zielstrebig zutrank, zurückgezogen, was wiederum meinem Bruder nicht verborgen geblieben war. Dieser eilte nun, um das Schlimmste, das Auffliegen der außerehelichen Verschränkung, die im allgemeinen Gewühl bisher verborgen geblieben war, zu verhüten, in die mittlere Etage und hämmerte, meine Omma schon hinter sich wähnend, wie von Furien gehetzt, an die Tür des Gästezimmers, *Macht euch nicht unglücklich! Macht euch nicht unglücklich!*, sprang wieder zurück auf die Treppe, um meine Omma abzufangen, in Schach zu halten und unter fadenscheinigen Begründungen ein Stockwerk weiter zu schicken, jagte, nachdem dies trotz des geradezu notorischen, ja ins Medizinische schon lappenden Misstrauens der alten Frau erstaunlicherweise glückte, wieder zurück, mahnte und drangsalierte die Eingeriegelten zur sofortigen Aufgabe ihrer unseligen Unternehmung, was ihm schlussendlich sogar gelang, und riet dem mit strubbeligen Haaren unfroh und mürrisch in der Tür erscheinenden Paar dringend, es möge sich doch zunächst *im Garten verstecken* – ein ganz und gar widersinniger, wenn nicht sogar teuflischer Ratschlag, dem zumindest mein Onkel unverständlicherweise auch noch Folge leistete; er wurde in den frühen Morgenstunden in den dichten Tannen des Nachbargartens stehend und heiser *Ist die Luft rein?* wispernd angetroffen. Dass die Geschichte nicht herauskam, hatte er allein dem Umstand zu verdanken, dass seine Ehefrau sich derartig mit diversen Alkoholika vollgesogen hatte, dass sie unentwegt davon faselte, sie müsse das *Robbenfleisch anbraten, Robbenfleisch für dreißig Polen*, eine Behauptung, die ihr aber bei bestem Willen und stärkster Angetrunkenheit keiner der übrigen Gäste abnehmen wollte, so dass sie sich schließlich selbst in den Schlaf salbaderte und schnarchend zwischen zwei Verwandten minderen Grades einschlief.

Im Zentrum des Geschehens war mittlerweile Onkel Erich beim Russlandfeldzug angelangt; hier aber verweigerte ihm die streng sozialdemokratisch orientierte und gesonnene Verwandt- und Besucherschaft kollektiv das

Gehör. *Das einzige, was du noch hochkriegst, ist der rechte Arm!* johlte ohne jede familiäre Rücksicht seine Ehefrau, Tante Hilla, die es wissen musste, und brach in haltloses Geschepper und Gequietsche aus.

Mein Bruder, jeglicher Rettungsaufgaben enthoben, war indessen in die Fänge des Geschäftsführers einer Küchenmöbelfabrik geraten – im Ostwestfälischen gibt es, nebenbei bemerkt, mehr Küchenmöbelhersteller als potentielle Käufer dafür, aber die Geheimnisse und spezifischen strukturellen Probleme dieser Branche können hier leider nicht weiter vertieft und erläutert werden –; jener Geschäftsführer nun quallte, im Furor und Feuer der in seinen aufgeblähten Leib hineingeworfenen Getränke auf meinen Bruder, einen eher unpolitisch vor sich hinlebenden Vertreter des laisser faire, des laisser passer ein, was er denn wolle, ja, was überhaupt alle wollten, *Was wollt ihr eigentlich, ihr Linken?* teufelte er, woraufhin mein Bruder sich augenblicklich hinter einem Glas verschanzte, wobei ihm sein Patenonkel Heinz heftig zur Seite sprang bzw. torkelte, er, der blöde Fabrikantenarsch (was im übrigen nicht einmal zutraf, handelte es sich doch nur um den Geschäftsführer), solle *die Jugend zufriedenlassen*, wobei er mit großer, schwungvoller Geste einmal ins Runde zeigte, obwohl dort keinerlei Vertreter irgendwie gearteter Juvenilität, sondern nur ein Trupp grau-erloschener Nachbarn auszumachen war, dies seien *die Garanten der Zukunft*, jawohl, plötzlich heftig schluchzend meinen Bruder umklammerte und *Ihr seid die Garanten der Zukunft!* jaulte, ein Satz, von dem er sich für den Rest des Abends nicht mehr trennen noch verabschieden wollte.

Neben diesen einigen wenigen Ausfällen hielt sich der Rest der Gäste noch erstaunlich senkrecht, ja, es konnte durchaus von einer aufgelockerten, heiteren Partystimmung gesprochen werden; die ausgesprochen russische Atmosphäre weinender Männer, Selbstbezichtigungen usw. machte sich, zumindest zu diesem Zeitpunkt, allenfalls an den Randbereichen bemerkbar, aber nun, taktisch äußerst gewieft, brachte meine Omma den letzten Teil ihres Plans zur Ausführung. Auf dem Weg zum jetzt recht häufig frequentierten Bad nämlich lauerte sie den mehr oder weniger geschwächten, angeschlagenen Gästen auf, um ihnen mit Grabesmiene und -stimme mitzuteilen, meinem Vater gehe es sehr schlecht, *ach, es iss was, es iss was*, jammerte sie, er sei schwer krank, hinfällig und eigentlich so gut wie tot, habe aber natürlich das geplante Fest nicht absagen wollen, *Hach, diese Aufregung! Diese Anstrengung! Diese Strapazen!* zeterte die alte Frau nun völlig unverhohlen, *Es ist besser, wenn Sie jetzt alle gehen!*

Ihr heimtückisches Geschwätz führte rasch zu einem stetigen Aufbrechen Dutzender von Gästen, die sich besonders warm, herzlich, ja, pietätvoll beinahe, von ihrem Gastgeber, meinem überaus vitalen und kerngesunden Vater, verabschiedeten, was ihm bis heute den gänzlich ungerechtfertigten Ruf eines Teufelskerls eingebracht hat, der, obwohl mit dem Tode ringend, noch zu feiern verstand wie kein zweiter.

Meine Omma aber kauerte noch immer hinter einem Treppenabsatz und zischelte Düsteres auf ihre Opfer ein, bis mein Vater, der irgendwie Unrat witterte, sie entdeckte, als sie gerade wieder ihre monströse Lüge auf ein schon besorgt mit den Köpfen wackelndes Nachbarnehepaar häufte, woraufhin er, nicht bange, sie kurzerhand packte, schulterte, die Treppe hinaufschleppte, ruckzuck in ein Zimmer sperrte und den Schlüssel für immer fortwarf – zu spät allerdings, die böse Saat meiner Omma war längst aufgegangen. Das Haus leerte sich, und nur

Tante Martha und Onkel Paul, die sich in fünfzig Jahren Ehe alles gesagt hatten, was es zu sagen gab, hockten noch mürbe in einer Ecke und kuckten Löcher in die Luft. Hä-ä, hä-ä, sagte Tante Martha, Hä-ä-ä, hä-ä-ä, antwortete Onkel Paul.

1989

Schimpfen und Schänden

Vom Niedergang der Beleidigungskultur

BERLIN: EINSKOMMASECHS ODER einskommaacht Millionen Gründe, den Verstand – soweit vorhanden – zu verlieren, durchzutitschen, auszurasten, boing, crashbang. Dazu das Alles-große-Klasse-Gelabere, das wir schon zum Würgen auswendig können, von den Thatchers, Reagans, Kohls und ihren Schmalspurepigonen, den Diepgens, Wohlrabes und anderen Flachkräften des öffentlichen Dahinvegetierens; dazu die aus fahrbaren Metallcontainern wild abgekippten Fleischmassen, Kannibalenfutter mit Stadtplan in der Hand, und wenn die Gruppe nur mindestens Dutzendstärke hat, ist alles wunderbar und geritzt; dazu das Klimakteriumsklima, Leichenwetter hätte Marlowe gesagt, irgendwas knallt zu heftig in die Köpfe runter, und dann badet plötzlich einer in anderer Leute Blut.

Friedliebendster Stimmung hockt man am späten Abend im Cafe, schlürft und plappert und schwatzt, da kommt auf einmal einer ohne Ventile rein, Wollmütze, Sonnenbrille, Sauerkrautbart, de Niros Taxi-Driver-Kram, nimmt die Brille ab und stiert. Und schweigt. Und stiert. Minutenlang, ohne jeden Ausdruck zwischen den Ohren. Bis es einem zu blöde wird und man wegkuckt, aus den Augenwinkeln aber noch rüberlinst, ja, er glotzt noch, der Junge hat Ausdauer. Und plötzlich reißt er die

Brille über die Augen, springt vom Hocker und wetzt nach draußen auf die Straße. Ssst, weg isser.

Der nächste Tag, ein anderer Stadtteil, schlendern, nixtun, in einen Stuhl gleiten, Seele baumeln lassen. Auch unser Überdruck-Mann ist wieder da, ohne Mützchen und Brille heute, zweihundert Meter noch entfernt, aber man hört ihn brüllen, »Ihr Arschlöcher! Ihr Schweine!«, ganz ungezielt-gezielt an alle geht das, die Arme rudern in der Luft, die Beine schlenkern und die Fäuste kloppen ins Leere.

Er kommt näher und krakeelt und tobt und teufelt, »Drecksäue! Ihr widerlichen Schweine!«, sein Überdruss-Repertoire ist begrenzt, woher soll's auch kommen, es gibt ja keine Kultur des Schimpfens, bloß das wohlfeile unterdrückte Geseimel, die öde Vernünftelei und maximal einen verlogenen, nie so gemeinten Ansatz angeblicher »Streitkultur«, so spannend wie ein Tässchen Tee mit dreißig alten Schnepfen.

In geringem Abstand passiert der Nachwuchsbrüllo das italienische Cafe, »Ihr braucht gar nicht zu glotzen, ihr feisten Säcke!«, obwohl niemand kuckt oder höchstens nur ein bisschen, »Soll ich da mal hinkommen? Ich komm da jetzt mal hin!«, spurtet er blitzschnell aufs Lokal zu, bremst einen halben Meter vorm Nebentisch und geht zur Einzelbeleidigung über, »Du Macker! Du Scheißtyp! Du Wichser!«, insultiert er einen gänzlich überraschten Gast mittleren Alters, der ihn erstarrt-entgeistert ansieht und nicht weiß, wie ihm geschieht; der andere zwängt sein Gesicht in das des Gegenübers und kaut ihm fast ein Ohr ab, »Du mieses Schwein!«, nein, die Wahl seiner Mittel ist wirklich extrem begrenzt. Fluchend und schattentretend stürzt er weiter, und als er schon ein paar hundert Meter weitergezockelt ist, hört man noch sein Gezeter und Gemaule.

Traurig seufzend blickt man ihm nach, dem Amateur, dem Anfänger; zwar atmet er den rechten Geist, allein, es fehlt an Unterweisung. Unsere kleine Kulturaffenstadt schläft den großen Schlaf, und die Hohe Kunst der tödlichen Beleidigung verstirbt.

Zweitausend Jahre Kultur umsonst, schüttelt der italienische Wirt den Kopf hinter der Gebetsmühle auf Beinen her, und er weiß gar nicht, wie recht er hat.

1988

Nur mal so reinriechen

Anonyme Geschlechtsverkehrer berichten
Eine Betroffenenreportage

SIE LEBEN MITTEN UNTER UNS und doch am Rande der Gesellschaft: Geschlechtsverkehrer.

Ihre tückische Krankheit wird in Liedern bagatellisiert, ihre Sucht mit lockeren Sprüchen und Witzchen verharmlost. Doch Millionen Menschen in diesem Land sind schon heute betroffen, und täglich erhöht sich ihre Zahl.

Als M. mich vor wenigen Stunden anrief und um ein Gespräch bat, wusste ich noch nicht einmal von der Existenz der »Anonymen Geschlechtsverkehrer«. Jetzt stehe ich gespannt und beklommen

Transpirierend und beklommen
ist er vor die Tür gekommen
Ach, sein Herz das klopft so sehr
doch am Ende klopft auch er
(Wilhelm Busch)

vor der Tür einer Kreuzberger Hinterhauswohnung. Ein bärtiger Mittdreißiger öffnet, schüttelt mir herzlich die Hand und stellt sich mit »Du, ich bin der M.« vor.

In einem großen Raum ist ein gutes Dutzend Leute versammelt: »Anonyme Geschlechtsverkehrer«, ihre Angehörigen und Betreuer. Auf den Tischen stehen Knabberschälchen mit bunten Psychopharmaka. Menschen aller

Altersgruppen und sozialen Schichten sind hier versammelt, Menschen, deren Wege sich nie gekreuzt hätten, verbände sie nicht die eine Sucht: Geschlechtsverkehr. Oder, wie B. sagt, »dieses gottverdammte Ficken«. B. ist Angehörige.

»Ich habe jahrelang danebengelegen und von nichts gewusst. Weil ich von nichts wissen wollte!« gesteht sie mit bitterer Stimme und legt ihren Arm um J.s Schulter. J., ein zerrüttet wirkender Brillenträger, ist ihr Ehemann. Sechs Jahre waren die beiden verheiratet, bevor B. seine Sucht bemerkte.

»Es war die Hölle.« J. spricht stockend und schwerfällig. »Am Ende habe ich es überall getan, in den Blumen, im Büroschrank, auf dem Weg zur Arbeit. Ich wollte es vor B. geheimhalten und alleine damit fertigwerden, aber es war stärker als ich. Als ich schließlich beim nüchternen Morgenverkehr war, wusste ich: Jetzt geht es auf Leben und Tod. Wenn B. nicht gewesen wäre ...«

Bei »Bürger bekennen: wir haben gefickt« sei er gewesen, berichtet K., aber dort sei man nur scharf auf Prominente gewesen. Ich erfahre von einem katholischen Arbeitskreis »Verkehr – Fluch oder Segen«, einem marxistischen Hochschulseminar »Der Geschlechtsverkehr als durchsichtiges Täuschungsmanöver der Bourgeoisie« und einer DKP-Liste »Einheitsfront Weg mit dem Ficken!« Überall aber habe man nur die Nöte und Bedürfnisse der Betroffenen ideologisch missbraucht.

So haben sie sich schließlich zu praxisnah orientierten Organisationen und Selbsthilfegruppen zusammengeschlossen. D., früher selbst Betroffener und heute ehrenamtlicher Helfer der Gruppe »Hand im Schoß«: »Wir können oft gar nicht viel tun. Zunächst zählt nur da sein, zuhören und aufwischen.« Ein Weinkrampf unterbricht ihn. Nur Satzfetzen sind zwischen den Schluchzern zu verstehen.»... alles ganz harmlos angefangen ... nur mal so reinriechen ...«. Es ist erschütternd.

Tiefberührt verabschiede ich mich. Ja, ich werde berichten, ich werde darüber schreiben, ich verspreche es. Viele Hände muss ich schütteln bei diesem vorläufigen Abschied. Auf der Straße fällt mir die schummrige Beleuchtung in vielen Fenstern auf – es sind Schlafzimmerfenster. Mich fröstelt. Irgendwo dort draußen wartet eine Frau vielleicht auch auf mich.

1989

Tazionalsozialismus

Die Fortsetzung des Holocaust mit liberal-humanistischen Mitteln

THOMAS KAPIELSKI IST NICHT ganz metapherndicht. »Gaskammervoll« nennt er in der *taz* vom 17.10.88 den »Dschungel«, natürlich gibt es einen Aufschrei der Empörung, »Ungeheuerlichkeit«, »Verharmlosung der NS-Verbrechen«, »Verhöhnung der Opfer« heißt es, aber da, und das ist ein berechtigter Vorwurf, will Kapielski nicht gewusst haben, was er getan hat. Wenn man ein Tabu bricht, um eine Diskussion in Gang zu bringen, muss man diese hinterher auch führen.

Kapielski hat in eine Eiterbeule hineingestochen, und jetzt brodelt es. Die Reflexe wollen ans Licht, pawlowsch die meisten. Sprache ist verräterisch: »Dass der Mord an den Juden kein Anlass für ein Wortspiel sein darf, steht nicht in Frage«, beginnt Klaus Hartung am 5.11. seinen Text »Wir sind nicht frei«; natürlich meint er nicht »Anlass«, sondern »Gegenstand« eines Wortspiels. Ein entscheidender Unterschied, zumal gerade Hartung Sorgfalt und Genauigkeit fordert und anderen »grenzenlose Verluderung« der Sprache vorwirft – der Halbalphabet als Sprachrichter in einer Debatte, in der wie so oft die Träne den Gedanken ersetzen muss und die Empörung das Argument.

Das Fürsichgepachtethaben der Moral soll aber nicht nur die sprachliche Labbrigkeit, die der geistigen entspringt, kaschieren helfen; hier zeigt sich zuallererst die Deformation derer, die vor zwanzig Jahren antraten, die Bundesrepublik Deutschland als direkten NS-Nachfolgestaat zu demaskieren und radikal zu verändern, und die dann mit demselben Staat ihren Frieden gemacht haben. Aus zornigen jungen Menschen wurden saturierte mitlaufende staatstragende Elemente, aus ihrer Anklage gegen ihre Nazi-Eltern wurde folgerichtig Hetze gegen alle, die es mit der Veränderung ernst meinen und sich nicht so billig und willig versöhnen lassen: wer etwa dem Teufel der Militanz nicht abschwört, gerät augenblicklich in den Verdacht »faschistischer Methoden« oder ihrer Rechtfertigung; Autonome werden als »neue SA« tituliert.

Die Opfer des Nationalsozialismus spielen im Eiertanz der x-mal Gebrochenen eine wichtige Rolle; kämpfte man einst gegen einen »Rechtsstaat«, in dem nazistische Herrschaftsmethoden nur leicht abgedämpft weitergeführt werden, in dem das Kapital aus praktischen Erwägungen von Faschismus auf »Demokratie« umgerüstet hat, so ist jetzt von Versöhnung die Rede, von Wiedergutmachung. Beides kann es nicht geben. Wie kann ein ermordeter Jude, Kommunist, Homosexueller sich versöhnen? Nichts kann ungeschehen gemacht werden. Verharmlost wird nicht von extrem rechter, sondern von liberaler und konservativer Seite, allen voran Richard von Weizsäcker mit seinen rituellen Sonntagsreden, die suggerieren, der Nationalsozialismus sei eine bedauerliche Entgleisung der Geschichte und nicht eine bei Bedarf jederzeit wiederholbare, perfekte Variante der Ausbeutung des Menschen durch den Menschen; die breiigen Betroffenheitsvokabelmischungen eines Weizsäcker abzunicken, fällt niemand schwer, beruhigt aber ungemein und vermittelt das gute Gefühl, das Richtige zu denken, Hauptsache, es zieht keinerlei Konsequenz nach sich.

Besonders perfide ist dabei der Pachtvertrag mit den NS-Opfern, den mancher ehemalige Linke bzw. sich links Fühlender so gerne abgeschlossen hätte: jeder jüdische Mensch wird auf die Rolle des Opfers festgeschrieben, wird zum Haken, an den man sein Kreuz, den Schuldkomplex, hängen kann: vom ewigen Juden zum ewigen Opfer, ein Paria, ein Stigma auf Beinen, das man mit gesenktem Haupt zum seelischen Mülleimer degradiert, verzeih mir, verzeih mir: Tazionalsozialismus oder: die Fortsetzung des Holocaust mit liberal-humanistischen Mitteln.

Niemand von uns hat das Recht, in Ruhe gelassen zu werden mit Bildern von in Gaskammern qualvoll verreckenden Menschen; ein Kapielski, der diese Bilder mit einem dumpfen Vergleich wachruft, verharmlost und verniedlicht weniger als all die, die sich jetzt die Orden des Guten, Wahren und Schönen an die Brust heften. Dass die Debatte von Seiten ihrer Betreiber nur vorgeschoben ist, steht dabei noch auf einem ganz anderen Blatt. Die Rechtsstaats- und Revanchismus-Clique um K. Hartung, M.T. Mehr und V. Gaserow hat sich mit der Fraktion zur Rettung des sauberen Journalismus (»Nachrichtensicherheit«), einer berufsbetroffenen Frauenredakteurin und dem *taz*-Patriarchen Arno Widmann zur Koalition der SelbstgeRechten verbündet; nach Vorwürfen wie Unseriosität, Pornographie usw. fuhr man kollektiv das dickste Geschütz auf, und all die, die man zuvor schon nur mit gramverzogenem Mundwinkel ertragen mochte, wurden ruckzuck zu »Antisemiten« erklärt.

Wenn Mehrheiten Geschichte schreiben, kommt immer Geschichtsfälschung dabei heraus. Die *taz*-intern-Seite vom 4.11. ist ein Paradebeispiel für Verdrehung und Lüge. Zwar ist richtig, dass die beiden Redakteurinnen Sabine Vogel und Regine Walter-Lehmann sich trotzig bzw. steindumm verteidigt haben, der dramatische Schmierenauftritt V. Gaserows (»Ich will mit diesen Leuten nicht mehr arbeiten, heul schluchz buuuhuuuhuuu...«) bleibt aber ebenso unerwähnt wie differenziertere Stellungnahmen oder die Kopf-ab-Atmosphäre, in der aus Kolleginnen blitzschnell Delinquentinnen wurden. Sprache als Instrument der Selbstentlarvung: »Prozess« meint eben nicht das Procedere, sondern den kurzen Prozess, der im Brustton der Selbstgefälligkeit zum medialen Schauprozess ausgeweitet wird.

»Geschichtslosigkeit« wurde den beiden Redakteurinnen vorgeworfen; nach der »Gaskammervoll«-Versammlung aber rief *taz*-»Chefin« Georgia Tornow Regine Walter-Lehmann an und erklärte: »Wenn das alles vorbei ist, gehen wir beide mal essen.«

Überhaupt wimmelt es von Geschichtslosigkeiten in der *taz*: dass Hartung 1986 ihm unliebsame nachrotierende Grünen-Abgeordnete als »Parasiten der öffentlichen Hand« bezeichnet, wen kümmert's? Dass Hartung Kritiker regelmäßig als »Denunzianten« bezeichnet? Auch egal, Hauptsache der Durchmarsch der *taz*-Rechten verläuft reibungslos, Sprachregelung inklusive. Wenn man statt von »Endlösung« von »Entsorgung« spricht, ist das die Endlösung eben nicht nur der Dudenfrage; wenn die Vokabel nur aseptisch ist, darf der Begriff so dreckig sein wie er will, so der Sprachkodex einer Zeitung, die außer dem täglichen Stillhalte- und Kapitulationsangebot an die Verhältnisse nichts mehr vorzuweisen hat.

Würden sich Hartung, Widmann & Co. an den für sich reklamierten moralischen Kategorien messen, sie müssten sich fristlos selbst entlassen. Widmann etwa kostet es allenfalls ein müdes Lächeln, zur Abrechnung mit seiner K-Gruppen-Vergangenheit mal eben lässig über 20 Millionen tote Russen hinwegzugehen; jetzt spielt sich der Bigott zum Chefankläger auf und nennt seinen Kollegen Mathias Bröckers »das Kriminellste vom Kriminellen«. Wer die Macht will, schafft sich eine doppelte Moral an, Menschenrechte ja, aber nur für rechte Menschen. Dass der *taz*-interne Machtkampf auf dem Rücken der NS-Opfer ausgetragen wird, zeigt, wo es hingeht mit der »neuen *taz*«: eine Widerwärtigkeit, die ihresgleichen sucht, aber so leicht nicht finden wird.

1988

Laut Stammeln und Nuscheln

Grönemeyer kann nicht tanzen

HERBERT WAR HIER. IN BERLIN. Tempodrom. Total ausverkauft. Aber billig. Feiner Zug. Könnte mehr nehmen. Ist populär genug. Herbert hackt Sätze. Nuschelt. Klingt lustig. Auch irgendwie kaputt.
LP heißt »Sprünge«. Was meint er? Große Sprünge? Bochum-Hollywood? Sprung in der Schüssel? Weiß nicht. Kann nichts sagen. Angst. Deutschland. Kindheit: Vater Pils. Mutter Putzen. Alles total kaputt.
Herbert schmachtet. Balladen: »Gib mir den Schmerz zurück, ich brauch deine Liebe nicht.« Teenies toben. Tränen. Trauer. Wut.
Amerika: Entsetzlich. Thema zwei. Unberechenbar. Überheblich. Noch schlimmer als Deutschland.
Herbert ist klug. Mehr im Kopf als Publikum. Publikum ballt Faust. Ruft: »Buh«. Spendet Applaus.
Band ist gut. Wuchtig. Schlagzeuglastig. Schwer. Trocken. Bisschen schwülstig. Herbert lacht. Schwitzt. Winkt. Freut sich. Gibt, was er hat. Hat den Jaul, nicht den Soul. Klingt leicht abgestochen. Aber voll da.
Tanzen. Herbert kann nicht tanzen. Kein Rhythmus. Kein Körper. Sieht komisch aus. Krank. Hospitalistisch. Autistisch. Herbert hebt Zeigefinger. Ständig. Zeigt ins Publikum. Warum? Weiß nicht. Angst. Kann nichts mehr sagen. Aus.

1989

Gürtellinie, Dudenfrage

WENN MAN, HÄNDE AUF DEM RÜCKEN, unsere schöne Kulturstadt abschreitet und inspiziert, kann es einem passieren, dass ein Mitmensch ohne geeignete Ventile die Straße entlanggerast kommt, armerudernd, beineschlenkernd und die Fäuste ins Leere kloppend, *Ihr Schweine! Ihr Schweine!* kreischend, schattentretend und zeternd, wahllos und ungezielt verblüffte Passanten anblökend, eine Gebetsmühle auf Beinen ohne hinreichendes Überdrussrepertoire.

Woher soll es auch kommen? Die Hohe Kunst der tödlichen Beleidigung wird nicht gelehrt, und die Angebervokabel *Streitkultur* meint bloß das wohlfeile Kaffeekränzchengeschwätz des medialen Gewurschtels. Man trägt wieder Gürtellinie, am liebsten als Halskrause, ist von jeder Bagatelle *erschüttert*, findet jedwede Lebensäußerung *unerträglich* oder besser noch *zynisch und menschenverachtend* und ist grundsätzlich *betroffen*.

Und zwar sturz. In Trauerarbeitslagern treffen sich neue Weinerlich- und alte Mitscherlichkeit zum Händeschütteln mit Kanzler und Krawczykeria, geeint im Vonallem-und-jedem-Beleidigtsein steht man am Tränenbottich.

Wohlig erschauernd dagegen liest man im jeweiligen Gürtellinienblatt, was einen schon zu Lebzeiten in die Klassizität überführt. Die eigene popelige Existenz muss zur *Jahrhundertchance* gebläht werden, eine Nummer kleiner besteht permanenter *Handlungsbedarf*. Mit Imponier- und Spreizwörtern von *Essential* bis *Profil* werden Bedeutung, Größe und Würde herbeigelabert, und bei Zwischenrufen wird Totensonntag angeordnet.

Die Endlösung der Dudenfrage schreitet hurtig voran; bis es aber soweit ist, wird noch kräftig Öl auf die Mühlen gegossen, und Wasser ins Feuer.

1989

Hoch die Mauer!

13.8.89: Berlins nützlichstes Bauwerk wird 28
Eine notwendige Gratulation

DIE ÄUSSEREN VORGÄNGE SIND BEKANNT. Alljährlich am 13. August, eingeladen und herbeigekarrt von der Gerhard Löwenthal-*Gesellschaft für Menschenrechte*, versammeln sich rechte Menschen am Checkpoint Charlie, klettern auf einen Aussichtsturm, zeigen mit dem Finger nach Osten und weinen sich die bzw. den weißen Westen nass. Auch am 13. August 1989, als die Sonntagsreden passenderweise an einem Sonntag gehalten wurden, kulminierte das turnusmäßig abgesonderte Gezeter von Berufsvertriebenen, dissidierten Dichtern, Jungunionisten aller Parteien, Ostfront- und Jubelberlinern, von Alt- und Neo-Nationalisten in diesem Wutgeheule: »Hier schießen Deutsche auf Deutsche!«

Die ostentative Empörung dieses Satzes richtet sich dabei keineswegs gegen das »Schießen« als solches, sondern allein gegen die ethnische Verwandtschaft von Subjekt und Objekt: »Deutsche auf Deutsche!« und meint: anstatt gemeinsam, wie oft und gründlich eingeübt, mit (wieder)vereinten Kräften auf den schäbigen Rest der Welt, auf Russen, Polen, Tschechen, Briten, Franzosen, Türken und und und.

Nein, wenn überhaupt geschossen werden muss, dann auf Deutsche, bzw. wenn von einem Deutschen noch jemals geschossen werden darf, dann nur auf seinesgleichen. In der *Nationalen Frage*, diesem Kalten-Krieger-Kaffee, der immer wieder und derzeit wieder einmal verstärkt aufgeheizt wird, in der *Deutschen Frage* gibt es zum umgekehrten Rassismus keine Alternative: Lieber möge sich »das deutsche Volk« in seiner Gesamtheit von dieser Erde herunterbefördern, als dass auch nur noch ein Angehöriger einer anderen Nation von einem Deutschen um sein Leben gebracht wird; lieber jeden Tag Schüsse an der deutsch-deutschen Grenze als noch ein wg. Ladendiebstahls erwürgter Asylbewerber in Schwaben oder noch ein *einfach so* erstochener Türke in Westberlin.

Die Deutschen, also die, die sich sog. Stolz einbilden, Deutsche zu sein, gehören in Schach gehalten, notfalls mit Mauer und Stacheldraht. Lässt man sie von der Leine, tritt immer wieder dasselbe zutage: der Restverstand in den Grenzen von 1937. Der von Weizsäcker salonfähig gemachte Nationalismus wird dankbar aufgenommen auch von sich links empfindenden Menschen, die mal verklausuliert, mal offen nationale Selbstbestimmung fordern, von einem Paneuropäismus unter deutscher Führung träumen und ihre Expansionsgelüste bis zur letzten Ural-Tankstelle auf der Reichsautobahn schweifen lassen. Es gibt wenig Abstoßenderes als die Vorstellung einer *Wiedervereinigung*: noch mehr Deutsche, und alle auf einem Haufen. »Am Chauvinismus ist nicht so sehr die Abneigung gegen die fremden Nationen als die Liebe zur eigenen unsympathisch«, schreibt Karl Kraus; man kann Franzosen, Italiener, Briten, ja sogar Deutsche schätzen (ich habe nichts gegen Deutsche – einige meiner besten Freunde sind Deutsche), aber ein »Volk«, ein »Volksganzes«, einen »Volkskörper« niemals. Die Vierteilung Deutschlands 1945 war ein Schritt in die richtige Richtung; er hätte konsequent fortgeführt werden sollen statt schrittweise zurückgenommen.

Die Mauer behütet nicht nur die Welt davor, an einem ungebremsten deutschen Wesen zu verwesen, sie schützt auch Honeckers Cordhütchen-Sozialismus vor dem Kneifzangengriff des Kapitals, und umgekehrt bewahrt sie die BRD und Westberlin vor Horden naturtrüber, säuerlich sächselnder DDRler mit Hang zu Billig-Antikommunismus und REP-Wählen – dergleichen gibt es hier schon im Übermaß. Mögen andere Nationen um nichts besser sein – diese ist die unsere; es gilt, zuallererst die eigene Vaterländerei zu hassen und zu verachten. Hierbei ist die Mauer wenn nicht edel, so doch hilfreich und gut.

47 Tage vor ihrem Bau bin ich geboren, und gerne möchte ich mit ihr alt werden. Halten wir die Mauer hoch – sie kann gar nicht hoch genug sein.

1989

Wichtigmann Weihbreyschan

Wie ich einmal Diedrich Diederichsen war

ES WAR AN DIESEM ABEND IN BIELEFELD Mitte November, ich hing bei Kornfeld rum, dem Hardcore-Gitarristen, der sich als Hilfslehrer für Mathe verdingt und als Taxefahrer, um sein Trio zu machen, *Mania Steifen*, mit Hammel dem Stenz und Schlippi, der singt, als hätte er einen PR-Vertrag für Pfanni-Knödel unterschrieben, so, als hätte er unentwegt etwas Weiches, Zerdrücktes und Nachgiebiges auf den Stimmbändern, zwischen Zunge und Gaumen und im Rachenraum; tropfnass waren wir durch die Gegend gelaufen, hatten im *Mint*, einem Treff der lokalen anpassungswilligen Oberschülerschaft, Pool gespielt, ich war Paul Newman gewesen in *The Hustler*, Haie der Großstadt auf ostwestfälisch, wie mit der Pocket-Kamera fotografiert, aber egal, die Kugeln liefen und nichts konnte mich aufhalten, nicht der weinerlich aus den Lautsprechern quäkende *Morrissey* und nicht die Sticheleien von Müller und Steini, die rauchend herumstanden und bedächtig am Malzwhisky zippten und die jetzt, nach einem kurzen Abstecher zu Müller, der noch eine Flasche spanischen Brandy in die kommenden Stunden zu investieren sich bereitgefunden hatte, bei Kornfeld einliefen, um den Abend angemessen zu komplettieren, abzurunden, ihm gleichsam Würze, ja eine Geschichte einzuhauchen; gemeinsam berauschte man sich noch einmal am Erlebten, an Kieseritzkys Lesung aus dem

Buch der Desaster am Nachmittag in der *Alten Spinnerei* im Rahmen einer Bielefelder Literaturoffensive – in Berlin sagt man Irrenoffensive – sich nennenden Kulturveranstaltung mit Kleinkindern, schlechter Musik und Hausmeister, mehr noch aber am anschließenden Essen im Syrtaki, einem Fressgriechen in der Bleichstraße, wo Kieseritzky Wachtel, eine einzelne Wachtel orderte und sie auf eine Weise verspeiste, die stark an seinen just noch vorgelesenen Satz »Cunnilingus ist wie Schafehüten: dunkle, einsame Arbeit« erinnerte; »Aaah, mein kleines Wachtelmädchen«, lächelte ächzend der zartgliedrige Mann, packte den gebratenen Hühnervogel bei den Beinstümpfchen und schlug das Gebiss mittlings, im Schritt quasi, hinein, doch Dichter sind so, sonderlich, etwas abseitig, aber im Grunde nett, man liest und hört das ja immer wieder und so eben auch hier; zum Wiedereintauchen ins Gewöhnliche folgte das schon erwähnte Billard, das Schwenken der Queues, das Herausfummeln von Fluppen aus zerknautschten Packungen, Anlecken und In-die-Mundwinkel-wandern-Lassen, das Zusammenkneifen der Lider, die kurze Konzentration vor dem Stoß, das sachte Klack-Klack der Kugeln, Rituale des Boden-unter-die-Füße-Kriegens allesamt, und jetzt, Bielefeld lag schon und pennte maßvoll-zufrieden, kam das Absacken, das Nachschmecken, das Interpretieren, die Analysis in Kornfelds Hütte, wo es endlich Musik gab, die diese Bezeichnung verdiente, *Jello Biafra* musste ran, *Lard*, »Hör dir das an«, stieß augenleuchtend Kornfeld hervor, »der Mann ist ein Gott«, und du-duff-du-duff-duff zuckte der Schenkel, hämmerte der Kopf auf und nieder, Schneidezähne gruben sich in die Unterlippe, »der Mann ist ein Gott, seit den *Dead Kennedys* zieht der das durch, der Mann ist sowas von gut...« – »... jaja, ich weiß schon, ein Gott«, fuhr ich Freund Kornfeld nun schneidend in die elegische Laberparade, »kannst du nicht endlich mal aufhören mit diesem verspießerten individualistischen Künstlerkrams, sieh den Mann doch mal in seinem soziokulturellen Kontext«, blaffte ich den einigermaßen verblüfften Gitarristen an, »diese Heldenverehrung ist doch sentimental und beliebig, du musst den Mann in seiner Funktion begreifen, das geht doch gar nicht gegen ihn, im Gegenteil, der Mann ist ja wichtig als Musiker und mit seinem *Alternative Tentacles*-Label, aber doch nicht, weil er genial ist, sondern wegen seiner Funktion!«, heulte ich nun beinahe schon auf den immer kopfschüttelnd-entgeisterter mich aus kalten Augen anstarrenden Kornfeld ein, »da iss was dran«, orakelte Müller mit vager Handbewegung in die Runde, »lass den Mann reden«, aber Kornfeld schenkte ihm keinerlei Beachtung, sondern sich einen Brandy ein und warf mir nur ein verächtliches »Du hast doch wohl total das Rad ab!« hin, griff zum abgestellten Glas, das sich aber bereits Steini gegriffen und einverleibt hatte, der begütigend auf Kornfeld einsprach, »Lass doch, er meint das doch gar nicht so, er meint das doch ganz anders«, was wiederum mich in höchste *Enragiertheit* – in solchen Angebervokabeln dachte und formulierte ich mittlerweile schon, so weit war es mit mir gekommen – versetzte, »Wohl!« schrie ich, »Genauso mein' ich das und keinen Deut anders!«, »Na dann«, seufzte Steini, zuckte wie resigniert die Achseln und nahm erneut das von Kornfeld wiedergefüllte Glas, während der nur »Das Letzte, das Allerletzte!« geradezu ausspie, und immer noch wullackte *Jello Biafras* Musik, auf die schon lange keiner mehr hörte, außer Müller vielleicht, der mit pendelndem Kopf auf Kornfelds IKEA-Couch hockte, was aber evtl. auch als ein Zeichen seiner Unentschiedenheit und seines Vermittelnwollens gedeutet werden konnte, geschenkt, ich war nun nicht mehr zu bremsen, ich war der *Spex*-Mann, ich hatte sie drauf, die Termini des Wichtigwichtig, die Diktion des Hipsters, die Code- und Passwords des Dabeiseins, »Haha«, funkelte ich Kornfeld jetzt geradezu dämonisch an und stieß ihn zur Seite, eilte an sein riesiges Plattenregal und schaute ihm beckmesserisch ins Auge, »und wo sehe ich hier die Musik des Ghettos, häh? Na, wo? Kein HipHop? Und wo ist der Reggae?«, begann ich die Platten aus den Ständern zu zerren und hinter mich zu schleudern, gierend nach Negermusik, ich, Diedrich Diederichsen, D.D. bzw. *Dee Dee*, das Crossover aus Quintenzirkel und Sozialkundeleistungskurs, der Guru der hornbrillentragenden bürgerlichen Jugend, der Klassensprecher auf Lebenszeit, ich war der Mann, der mit Buddha persönlich frühstücken ging, täglich, haha, und ich hatte einen *stream of consciousness*, mein Gott, hatte ich einen *stream of consciousness*, »Rastaman Vibration, ah ah positive« röhrte ich, händeflirrend und hüft (»hip!«)-schwingend, mit geschlossenen Augen mich wiegend, »de angrieh man is an angrieh man« jodelnd, zeitweilig ein schrilles »Hippieesk! Hippieesk!« oder auch bloß »positive vibration« einflechtend, unterlegt von Jello Biafra, guttural auf Kornfeld ein; der wandte sich schaudernd ab, griff zum x-ten Male zum natürlich von Steini stoisch bereits in sich versenkten Schnaps, während Müller, ganz gegen seine Gewohnheit, sehr entschieden in eine durch das Ende der Platte entstehende Pause fest, ja wie gegossen hineinsprach: »Reggae ist, neben Blasmusik und Rassentrennung, das Widerlichste, das die Menschheit je ersann«, und ich schrie, das sei jetzt kein »Dissing« mehr, sondern zum »Raven«, jawohl, und das tat ich dann auch, konvulsivisch, ekstatisch und ruckzuckend, in einem Schwall aus heißen sauren Bröckchen direkt auf Kornfelds bedauerlicherweise auch noch von seiner Mutter handgeknüpften Teppich, und das nahm mir irgendwie meine gute, meine souveräne Position, regelrecht schlapp machte ich, Kornfeld führte mich dann zur Taxe und meinte, er nähme es mir »nicht krumm«; ich war viel zu apathisch, um ihm zu widersprechen, auf dem Weg musste der Fahrer zweimal halten, die Diederichsen-Reste wollten nicht drinbleiben und schwappten in den Straßengraben, und zu Hause, in meinem alten Jugendzimmer, blätterte ich, es ging mir schon wieder gut genug dazu, in älteren *Spex*-Nummern: »Gleich draußen vor den ratternden, expressionistischen Straßenbahnen in der rachitischen, ruinösen rheinischen Nacht«, oh Gott, das hatte ich geschrieben, ich, Diedrich Diederichsen, und ich fragte mich, wieso dann nicht gleich »rachitischen, ruinösen rheinischen Racht?«, stöhnend las ich weiter, »schlage ich die Kapuze über Kopf und Kragen zusammen ...« und es dämmene mir, dass, wenn's Kapüzchen und der Kragen / überm Kopf zusammenschlagen und – pfffhhhh – heiße Luft entweicht, das nicht am Kragen liegt und nicht an der Kapuze, und leer und getröstet schlief ich endlich ein und hielt den Rand eine ganze, ganze Nacht lang.

1991

Johnny Thunders u.a.

SAMSTAG, 27.4.1991, KOLLEGE WILLEN ruft an, ob ich schon gehört hätte, Johnny Thunders ist tot, ich sage nee, hätt' ich noch nicht. Mir fällt das 88er Konzert im Berliner Loft ein, Thunders völlig fertig, kann kaum stehen vor heroinbedingter Abgewracktheit, neben mir zwei auf Hardcore getrimmte Fischgesichter, »*Mann ey, vielleicht kratzt er heute ab, ey*«, oh ja, und dann wären sie live dabeigewesen und könnten ihrer miesen Existenz einen Schuss Maggi-Würze geben; dieselbe Sorte trieb es im selben Jahr in die Konzerte von Chet Baker im Quasimodo, Jazzfettsäcke, die darauf warteten, dass der ausgemergelte Mann vor ihren Augen authentisch und dekorativ zusammenbräche; dasselbe, ebenfalls 1988, bei den Geburtstagsauftritten von Wolfgang Neuss in der UFA-Fabrik, ausverkauft, Gerangel und Gemotze an der Kasse, »*ach Scheiße, der krepiert eh bald, dann kann ich's mir auf Video ankucken*«, und er krepierte dann ja auch termingerecht für den Videoten nur ein halbes Jahr später; und noch mal, im selben Jahr 1988 in derselben UFA-Fabrik, ein Auftritt der Drei Tornados, 45° Celsius auf der Bühne, Tornado Klotzbach kippt um, Herzinfarkt, wird hinter die Bühne geschleppt, in die Garderobe, ein Arzt aus dem Publikum behandelt ihn notdürftig, und nur knapp zehn Minuten später Geklopfe an der Garderobentür, tja äh, was denn jetzt wäre, drucks, aber es wäre doch erst eine halbe Stunde gewesen, und wie das denn jetzt aussehen würde mit dem Eintrittspreis – all das von

Menschen, die sich als links, underground und sonstwie prima begreifen und immer bereit sind, für die gute Sache ihre Unterschrift zu geben.

Johnny Thunders hat den Voyeuren ein Schnippchen geschlagen und ist, wie vor ihm Chet Baker und Wolfgang Neuss, standesgemäß allein abgetreten. Holger Klotzbach ist wieder sehr lebendig, da haben die Aasfresser Pech gehabt, aber Nikki Sudden soll es sehr schlecht gehen.

Und die, denen einer fehlt, weil Johnny Thunders nicht mehr da ist, setzen sich in eine Ecke, legen »Checkin out in your last Hotel« von Herman Brood oder »»So alone« von Thunders auf und sind dann: allein. Und traurig. Und halten den Rand.

1991

Wie ich einmal Scorpions-Sänger Klaus Meine war

ICH WAR NIE KATHOLISCH, aber ich muss etwas beichten. Es war Sonntag, der 25. August 1991. Mit den Freunden und Kollegen Goldt und Weimer hatte ich in der Hamburger *Kowalski*-Redaktion bis zur Ausjemerjeltheit jeschuftet (»Mulde« machen), gegen drei Uhr früh hatten wir – Feierabend!!! – ein Lokal aufgesucht und zügig diverse durstlöschende Biere getrunken, woraufhin Herr Goldt auf dem Tisch herumkrabbelte und sich auch sonst eher zoologisch benahm, bis Herr Weimer und ich ihn nach guter alter Vater-Mutter-Art ins Alternativhotelbettchen verklappten, und dann waren Herr Weimer und ich noch in eine Normalokneipe Beim Grünen Jäger eingekehrt, fünf, halb sechs war es mittlerweile, außer *Holsten* gab es eine Musiktruhe, in die stopfte ich ca. 27 Mark hinein oder vielleicht auch 270 und drückte 300 oder 30.000 mal im Wechsel den »Shoop Shoop Song« von Cher – »If you wanna know if he loves you so it's in his kiss – that's where it is« –, so wunderbar wie wahr, und, nicht leicht geht es mir über die schamzerbissene Lippe, »Wind of Change« von den Scorpions. Noch nicht einmal die Ausrede, ich hätte nur die anderen Gäste, die Idioten, ärgern wollen, kann ich anführen – außer dem Wirt, Marcus Weimer und mir war niemand da, nein, einfach so, ohne Not, ohne Androhung von Folter o. dergl. drückte ich etwa 3.000.000 mal die Hymne der Greise jeden Alters, das Lied, das so platt ist, wie man die Scorpions dafür hauen müsste, »where the children of tomorrow share their dreams ...« jaulte ich, es war schrecklich, eine Mixtur aus Faszination und Ekel, ja, ich gestehe: Ich sang die definitive Arschkriecher-Ballade, ich war Klaus Meine, der windelweichste Mensch der Welt noch vor Gorbatschow.

1991

In der Nachbarschaft

VORMITTAGS GEGEN ELF BETRITT MAN das Postamt in der Skalitzer Straße. Im Eingang kauert wie an jedem Vormittag ein junger Mann von vielleicht 25 Jahren. »Kleingeld?« ächzt er; sein Gesicht ist voll pfennigstückgroßer, offener, nässender Wunden. Zwei große Hunde liegen bei ihm, und so muss der junge Mann den Lebensunterhalt für drei zusammenbetteln. Ist das klug von ihm? Oder folgt er nur dem Gesetz, das besagt: Je größer das persönliche Elend, desto höher die Anzahl der Haustiere, die man daran zu beteiligen hat?

Zum Köter jedenfalls hat der Kreuzberger Lumpenproletarier dasselbe schmierig-sentimentale Verhältnis wie der Normalspießer, der seinen fetten Dackel, Wanst übern Trottoir, hinter sich herschleift: tierlieb wie einst der Führer sind sie beide.

Über viele Zerstörte steigt man hinweg beim Rundgang durch die Nachbarschaft, und wenn auch klipp und klar ist, dass man auf der Seite der Marginalisierten steht und, auch wenn sie nerven, nicht gegen, sondern für sie Partei ergreift, so wäre es doch manchmal hilfreich, wenn man sie dabei nicht hören, sehen und riechen müsste. Patrick Süskind und Christian Dior jedenfalls könnten aus dem Bezirk Kreuzberg zwei Spitzenparfums destillieren: Iltîs und Alcôl.

Die Nachbarschaft ist aufgegebenes Gebiet mit aufgegebenen Menschen darin. *Kiez* haben vor »Erfahrungshunger« (Salman Rutschky) strotzende, sich selbst für links, fortschrittlich, alternativ und gut drauf sowieso haltende Leute solche Quartiere immer wieder genannt, *Kiez*, das klingt nach dem ganz echten wahren Leben, das ist Zille oder eben auch bloß Zwille sein *Milljöh*, hier kann man vergessen, dass man aus Schwäbisch Hall stammt, und sog. *Lebensgefühl*, gern auch *Authentizität* genannt, abgreifen von Leuten, die das selbst nie so nennen würden, und wenn man den kleinen Erfahrungshunger zwischendurch gestillt hat, kann man weiterziehen und in anderen Stadtteilen den ganz und gar unurbanen Ringelkiez mit Anfassen spielen.

Die Dagebliebenen strunkeln fatalistisch weiter, Bierbüchse in der Hand, autistisch von der Straßenecke aus die Welt kommentierend. Gern liegt Erbrochenes herum in der Nachbarschaft, Einwegspritzen sowieso. Und doch gibt es Tünsel, die raunen inmitten von Junkies und Leuten, die auf offener Straße einen ganzen Pansen an ihre drei stinkenden Riesentölen verfüttern, noch immer mythisch-mystisch von *Kreuzberg!*, verkleiden sich stundenlang und aufwendig vorm Spiegel als autonom, was ja eigentlich ein schönes Wort ist: unabhängig; geradezu zwanghaft wird der Kopf umfunktioniert zum Ständer für eine *Demm dirty Fatlocks, ah!*-Frisur, ein paar dekorative Risse in Hose und Jacke, einen Lappen um den Schädel gewickelt, und fertig ist der »Mensch in der Revolte« (Camus). In kleinen Schrebergärten kann man dann simulieren, was zu sein man sich woanders nicht traut, kann per Dekret eine Fläche von z.B. 40 Quadratmetern zur *patriarchatsfreien Zone* o.ä. erklären und diese frisch erklommene erschwindelte Höhe dann bis aufs Blut verteidigen. Mit Ku-Klux-Clean-Gesinnung kann man verfügen, dass die Gesetze der Welt auf *meine persönliche Straße* keinerlei Anwendung finden, und am Halleschen Tor endet der Horizont.

Wer aber nicht berufsmäßig in der Nachbarschaft wohnt, muss mehr sehen und mehr ertragen. In der U-Bahn gibt sich die Kaskade der Schnorrer die Klinke in die Hand. »Ich heiße Horst und bin HIV-positiv«, mümmelt einer, den Blick gesenkt; kaum hat er seinen Vers aufgesagt und seine Münzen eingesammelt, betritt ein neuer Kunde den Waggon: »Hallo! Ich bin der Klaus und obdachlos!« geht er seinen Job auf die forsche Tour an; groß ist die Komik der Situation und entsprechend das Gelächter, jener »Klaus« aber hat seinen Vorgänger nicht mitgekriegt und reagiert sauer: »Hey! Das ist nicht lustig! Aber ich hasse es zu betteln, und deshalb singe ich euch ein Lied. Ich habe es in meiner Muttersprache geschrieben. *My mother was a gipsy, my father was a gigolo*«, beginnt er jetzt mit starkem deutschen Akzent und in schneidendem Diskant zu schreien, »*now she's a famous doctor*« geht es weiter, und an der nächsten Station wird er von einem Puppenspieler abgelöst. Schön wäre es, wenn all diese Kameraden gegen viel Geld im *Cabaret Wintergarten* aufträten, wo André Heller und Bernhard Paul mit der von ihnen ständig beschworenen »Phantasie, Magie und Poesie« das machen, was Hitler und Stalin mit Polen gemacht haben.

Nach einer kleineren Reise endlich am Flughafen Tegel angekommen, kann man sich amüsieren, indem man ankommende Inlandsmaschinen abpasst und die Passagiere betrachtet: identische Männer mit identischen gestreiften Hemden, identischen dunklen Anzügen, identischen Aktenkoffern und identischem Gesichtsausdruck; ob sie alle aus ein und demselben Reagenzglas stammen? Häufig werden diese Irrläufer der Evolution von Frauen abgeholt, die ihrerseits wieder einen identischen Eindruck machen. Oft schon habe ich mich gewundert, wie diese Menschen einander überhaupt erkennen, wie also immer das jeweils zusammengehörende Paar auch zusammenfindet. Selbst langes Grübeln blieb fruchtlos, bis die Erkenntnis blitzartig kam: Nein! Sie erkennen und finden sich gar nicht. Es nimmt einfach jede Frau irgendeinen dieser Männer mit nach Hause, ein Unterschied ist weder für sie noch für ihn feststellbar, die Verständigung klappt problemlos, die Codes sind identisch, die Bedürfnisse auch, und auch Geschlechtsverkehr, Wochenende und, Angestelltenvokabel Nr. 1, *Jahresurlaub* laufen reibungslos ab, egal, wer am Flughafen wen erwischt hat, funktioniert garantiert und überall, in Berlin, Frankfurt, München oder Düsseldorf.

In Düsseldorf, wo ich 1987 drei Monate lang in einer sog. *Agentur für Kommunikation*, einer Werbeagentur also, als Juniortexter arbeitete, betraten einmal drei schwere Herren von der Firma *Frenzel* das Konferenzzimmer und heckten gemeinsam mit uns Werbestrategen eine *Kampagne* aus. Einer der drei Sauerkonservenmogule brachte die Sache auf den Punkt: »Das ist doch unsere Frage: Wie ist die Gurke? Ist sie fein? Ist sie herb?«

Wie ist die Gurke? Ich habe nie aufgehört, mich das zu fragen.

1992

Klartext von Klarname Meyer

Till Meyer war Stasi-Mitarbeiter
Na und?

WIE BITTER FÜR DIE TAZ-KOLLEGEN: Da hat man die Stasi im Haus gehabt, und die zeigte sich desinteressiert. Ließ einen quasi rechts liegen, schnüffelte, spitzelte und denunzierte nicht und forschte nichts aus, weil – jeder (Ex-)*taz*ler weiß das – es in der *taz* nichts Unerforschtes gibt. Durch Till Meyers Selbstenttarnung via *Spiegel*-TV jetzt die eigene Bedeutungs- und Harmlosigkeit noch mal aufs Brot gelegt zu bekommen, tut weh, und entsprechend groß ist das Geschrei. Gewohnt betroffen wird von der »Natter am Busen«, von Undankbarkeit und Verrat geweint, wo man doch selbst so gütig war, dem Ex-Terroristen »eine Resozialisierungschance« einzuräumen- ach ja, Undank ist der Welten Lohn, buhuhu.

Ärger noch aber als die bloße Tatsache der Stasi-Mitarbeit kommt die chronisch Tiefbestürzten Till Meyers Haltung an: Einfach und klar, ohne sich zu winden, ohne Selbstmitleid steht er da: »Non, je ne regrette rien!« Warum auch: Till Meyer ist kein Spitzel und kein Denunziant wie zum Beispiel Anderson, der Dreigroschendichter, oder Wollenberger, der mit der Wanze im Schwanze in seine Frau hineinhorchte. Meyers Weigerung, jetzt auf dem Bauch liegend um Verständnis und Gnade zu winseln, wird ihm als »Stalinismus«, »Beton im Kopf« und so weiter ausgelegt von Leuten, die jahrelang ihre politischen Jugendsünden mit verbohrtem Hass auf die DDR abgearbeitet haben, um doch noch im Schoße beziehungsweise Arsche der Gesellschaft anzukommen – »je suis arrivé, hehe!«

Menschen ohne Würde und ohne Stolz präsentieren sich derzeit täglich, zeigen mit dem erigierten Finger auf sich selbst und ihre ehemaligen Mitstreiter, behaupten, von nichts gewusst zu haben oder zur Stasi-Mitarbeit gezwungen worden zu sein, ein halbes Volks betreibt kollektiv die Vernichtung der eigenen (politischen) Biographie und macht sich, als Folge dieses erbärmlichen Vorgangs, zur blinden Manövriermasse: gebrochene Figuren, mit denen man machen kann, was man will.

Auf den Stühlen der Päpstlichkeit nehmen schlechte Schriftsteller wie Jürgen Fuchs die Beichten ab; Bärbel Bohley, die so malen kann wie Stephan Krawczyk singen, betreibt die Talkshow als Existenzform, und Wolf Biermann, der politisch in der Nähe jeder Fernsehkamera steht, macht für den *Spiegel* Klamauk im Hause Gauck und ernennt sich dreimal täglich zum Heine von heute.

In dem Schleim aus Christlichkeit, Schuld und Sühne und medialer Wichtigtuerei wirkt Till Meyers klares Bekenntnis zur Stasi befreiend – es hätte für meinen Geschmack ruhig noch eine Nummer selbstbewusster ausfallen können.

1992

Komm, Erster Mai!

Jährliche Rede zum Tag der Arbeit

»HERAUS ZUM 1. MAI!« heißt eine alte Parole, die der Anarchist Fritz Teufel vor einigen Jahren aus der Gefängniszelle heraus so kommentierte: »Mir ist auch jeder andere Termin recht.« Dem kann ich nur zustimmen: Das Jahr hat 365 Tage, da muss nicht alles an diesem einen wegerledigt werden. Man kann es ruhig angehen lassen am Ersten Mai; es ist ein schöner Tag zum Schlachtenbummeln. Leicht aufgepeitscht von sog. »Frühlingsgefühlen« – die Vögel, die Bienen und alles, jaja – stromert und strolcht man durch die Straßen und setzt sich den Vibrationen seiner Mitmenschen aus, wird mit den Augen vernascht und vernascht zurück, in der Luft knistert eine allgemeine, sehr freundliche Geilheit, man pimpert mit Blicken und in Gedanken, aber auch in Worten und Werken, nimmt seine Süße, einmal her und einmal hin, und spielt ein schönes Spiel. Es heißt »Zusammenlegung jetzt!« Oh ja, so soll das sein, und kann man den Kampftag der Arbeiterklasse angemessener ehren als so?

Natürlich kann man sich auch ernsthafter amüsieren gehen und z.B. bei einer Demonstration des DGB mitmarschieren. Denn so unsympathisch einem Gewerkschaftsfunktionäre, die Phänotypen von Korruptheit und geistiger Fettarschigkeit, auch sein mögen: Gewerkschaften sind, salopp gesagt, ganz ganz prima und können gar nicht stark genug sein. Denn ginge es nach denen, die idiotischer- und perfiderweise »Arbeitgeber« genannt werden – obwohl sie ja Arbeitnehmer sind, denn sie nehmen die Arbeit von denen, die ihre Arbeit und Arbeitskraft geben, die also die wahren Arbeitgeber sind, und sie bezahlen sie immer zu schlecht –, ginge es also nach der Nase der »Arbeitgeber« sich nennenden Arbeit-Nehmer, die Lohnabhängigen würden in Positionen von vor ca. 100 Jahren zurückgeboxt und hätten noch dankbar dafür zu sein. Denn das ist ja der Zweck, wenn man die, die ihre Arbeit geben, »Arbeitnehmer« nennt: ihnen das Bewusstsein, den Stolz, kurz: das Rückgrat zu brechen und sie auch noch zu verhöhnen. »Säg nicht am Ast, auf dem wir alle sitzen!« hebt die auf anderer Leute Knochen reich gewordene Bande noch den Moralfinger – als ob »wir alle« eine Fabrik besäßen (oder auch bloß eine besitzen wollten). Nein, den »sozialen Unfrieden« muss man nicht herbeireden, er ist da, er herrscht.

Freunde eines verschärfteren Unterhaltungsprogramms werden am Ersten Mai in Kreuzberg gut versorgt: Dort findet die jährliche »letzte Schlacht« statt: Junge Helden in schwarz treffen auf Vertreter des »Schweinesystems« bzw., so will es der 1992er Jargon, »der imperialistischen Ausbeuter-Power« in waldgrün. Nicht, dass mir das Herz bräche, wenn Scheiben von Bankfilialen klirren, Schnapsläden niedergetrunken und Polizeiautos angezündet werden, aber muss man »die Weltrevolution« (darunter tun sie's nicht) bei der Polizei anmelden und sie jedes Jahr am selben Tag und im selben Bezirk begehen? Anstatt sie immer wieder räumlich und zeitlich ein bisschen zu verlegen, damit das Spiel für die Aktiven auf beiden Seiten und für die Zuschauer spannend bleibt? (Ein kleiner Leckerbissen am Rande sind in jedem Jahr die Versuche des Kreuzberger alternativen Mittelstands, sozialarbeiterische Arschkriecherei als »Vernunft« auszugeben und sich schlichtend zwischen die Kontrahenten zu stellen. Bisher haben sie noch immer bekommen, was sie verdienen: tüchtig Haue von beiden Seiten.)

Möglichkeiten, den Ersten Mai fröhlich und stimmungsvoll zu begehen, gibt es also reichlich. Mancher nimmt sich vielleicht auch nur still ein Winkelement und wedelt ein letztes Mal. Und drückt vor Rührung eine Träne ab, wg. »früher«.

Ich wünsche alle Beteiligten an den Feierlichkeiten zum Ersten Mai den Spaß, den sie sich wünschen. Auf dass es ein eindrucksvoller Tag werde, eben einer von 365 im Jahr.

1992

Eiapopeia mit Negern

HEISSA: WIR BEGEHEN DIE *Woche des ausländischen Mitbürgers*. Heißa und Hosianna: Wir bilden Menschenketten aus Ketten-, nein Quatsch!, aus Nervensägen. Wir haben nichts zu verlieren als unsere Menschenketten. Wir zünden Kerzen an, Lichtlein der Wärme und Liebe in einer kalten, kalten Welt. Wir nehmen uns bei den Händen und tanzen Ringelreihen: Seht her – wir fassen Ausländer an. Sogar ganz dunkle, sogar kohlenschwatte. Jaha. Sind wir nicht gut? Doch: Wir sind gut, Gutsein ist gut, alles wird jut, tut tut tut. Wir hauen – Bongo! Bongo! – auf das Fell von toten Tieren, arhythmisch, aber begeistert, in kuhäugiger Verzückung. Schramm schramm macht die Gitarre. Wir hampeln im Kreis und singen Lieder. Jesus macht auch mit bei uns. Das ist gut. Jetzt singen die *ausländischen Mitbürger*. Es sind Neger. Sie singen »Nggolloah hee, nggolli huu«, immer wieder, »Nggolloah hee, nggolli huu«, sie sehen schön aus dabei, fröhlich. Sie ermuntern uns, mitzutun, und so singen schon bald auch wir: »Nggolloah hee, nggolli huu« und schunkeln dabei. Was heißt »Nggolloah hee, nggolli huu«? Weiße Mann viel Scheiß in Kopp? Ja, genau das heißt es. Aber das wissen wir nicht. Wir singen nur ein schönes Lied für eine bessere Welt, in der ein Kind noch ein Rind sein darf, in der es Batterien nur für Taschenlampen, aber nicht für Hühner gibt, in der wir bedenkenlos die Milch glücklicher Schweine trinken können. Prost! Ein Toast auf uns und das Haus der Welt, an dem wir bauen: Aus Holz von gewaltlos gefällten Bäumen wird es sein und selbstverständlich nestwärmeisoliert. Und wenn es fertig ist, dann machen wir, die Schäfchen, ein kleines Schläfchen: mäh mäh, bzw. »Nggolloah hee, nggolli huu«.

1993

Vokabeltest

»IHR HABT AUF HEUTE WÖRTER GELERNT!« – mit dieser ebenso drohenden wie unzutreffenden Behauptung betrat fünfmal die Woche Lateinlehrkraft Frl. Gebauer, eine kleine, zähe und energische Person mit viel Haar auf den Zähnen und einigem davon auf der Oberlippe, den Klassenraum. »Wörter gelernt«, d.h. Vokabeln gepaukt hatte man eben nicht, und so fürchtete man sich nicht wenig, denn ein Entkommen gab es selten oder nie: »Zehn Minuten Vokabeltest!« Und wenn auch die Segnungen bzw. Verwüstungen des Latinums lange verweht sind – die Vokabeltests, die vergeblichen Versuche, Kauderwelsch und wichtigtuerisches Gebrabbel in Sprache zu transponieren, haben seitdem nicht aufgehört.

Nein, ich spreche hier nicht von *Fachchinesisch* oder vom oft gegeißelten *Behördendeutsch*. Aber haben Sie jemals versucht, eine Kommandoerklärung der RAF ins Deutsche zu übersetzen? Was sind Ihre geheimen Gedanken, wenn Sie Sportkommentatoren des Satans wie Heribert Fassbender oder Dieter Kürten Worte wie *Nickligkeiten* oder *Standardsituationen* raunzen hören? An was denken Sie bei *Spielerfrauen*? Sind Sie vielleicht selbst ein *Gurtmuffel*? Kaufen Sie im *Schnäppchenmarkt*? Oder bevorzugen Sie *Restposten*? Haben Sie eine *Lebensgefährtin* bzw. einen *Lebensgefährten*? Buchen Sie Ihren *Resturlaub* zum *Schnupperpreis*? Fühlen Sie sich wohl in der *Okay-Gesellschaft*? Und wie denken Sie über eine *Ampelkoalition*?

Gleichermaßen wunder- wie qualvolle Gelegenheiten, den eigenen Wortschatz zu mehren, sind Wahlabende. Aus veritablen Sprech- und Sprengköpfen eimert es dann mit beneidenswert fröhlicher Dummheit heraus, man gibt sich dabei auch noch dezidiert, und das macht die Sache erst richtig schön. Am 24. Mai 1992, am Abend der Berliner Kommunalwahlen, saß ich, Ohren und Bleistift gespitzt, vorm TV-Apparat und ließ meinen Zoologischen Blick über Erscheinungen schweifen, deren Namen und Gesichtszüge man sich zum Glück nur selten merken kann. Auf und zu klappten die Münder, Berlin habe *Brennglasfunktion*, fiel aus einem heraus, der Rest der Bande nickte beflissen. Schade eigentlich, dachte ich, dass man Berlin nicht einfach wie eine Lupe nehmen, mit ihr den Rest des Landes in Brand stecken und sie hinterher, *umweltgerecht* natürlich, im nächsten Altglascontainer *entsorgen* kann!

Allerhand Sonderbares gab es zu erfahren, ein sich vor die Kameras drängender Mensch von der CDU knarrte verdrießlich über den Erfolg der »Kommunisten im Ostteil der Stadt«, ach, dachte ich, da gibt's noch welche, bis mir dann klar wurde, dass er bloß die PDS meinte, die Partei des Demokratischen Selbstmitleids. Ihr Abgesandter André Brie, eine Art Jesus Christus mit offenem Hemdkragen, wurde nicht müde, die ungerechte Behandlung seiner Partei durch die Konkurrenz und durch die Medien zu bejammern. Was hatte er denn gedacht? Nein, wer ans Grundgesetz glaubt wie an Bibel, Weihnachtsmann und Klapperstorch, der kriegt, was er dafür verdient: einen kräftigen Tritt und höhnisches Gelächter. Denn es gibt, zumal ästhetisch, etwas Schrecklicheres als die Henker, und das sind die Märtyrer.

Rechtschaffen müde und schläfrig gelabert lag ich vor dem Fernsehkasten, da weckte mich noch einmal ein schönes Wort: Den Parteien mangele es an *Bindungsfähigkeit*, hieß es gleich mehrfach; eine kleine Gesundbeterei dafür, dass gerade noch gut jeder Zweite es für sinnvoll oder notwendig hält, sich an die Urne zu schleppen. Etwa die Hälfte der Insassen des Landes verzichtet auf die Wahl der Qual; Politik kostet sie ein müdes Arschrunzeln. Angesichts dieser *Politikverdrossenheit*, so lehrte mich das TV-Gerät, müsse *die Politik wieder attraktiver werden*. Genau: In der Sänfte will ich ins Wahllokal getragen werden, von den Kandidaten persönlich natürlich, die ich dabei nach Gutdünken herumkommandieren und beschimpfen darf! Jugendliche Erstwähler werden per Skateboard in die Wahlkabinen verbracht, für Feministinnen gibt es Urnen nur für Frauen, und alle Wählerinnen und Wähler erhalten herrliche Geschenke: Dampfbügeleisen, Werkzeugkasten, ein Pfund Butter, die Teilnahme an einer Verkaufsveranstaltung in den Hinterzimmern der Wahllokale ist möglich. Große Tombola!

Weit entfernt rauschen die Lotterieergebnisse an mir vorbei. Ich liege in einer schattigen Ecke meiner Wohnung und warte, dass der Sommer vergeht – damit ich endlich wieder meinen *Übergangsmantel* tragen kann.

1993

Der Letzte macht die Lichterkette aus

Abschließende Einlassung zu einer lästigen Angelegenheit

> *»Oh wie trügerisch sind Menschenherzen:*
> *Ist kein Verstand da, nehmen sie Kerzen.«*
> Kurt Ossietzky 1932

»WAHR IST«, SCHREIBT GIOVANNI DI LORENZO im *Spiegel* vom 8.2.1993, »dass die Lichterkette gerade Ausländern und Juden, nicht nur in unserer Initiative, wieder Mut gemacht hat, in Deutschland zu leben.« Abgesehen mal von der Frage, ob den zitierten »Ausländern und Juden« damit ein besonders kluger Dienst erwiesen wurde, ist der Satz pure Selbstgefälligkeit – di Lorenzo gehört schließlich zu den Leuten, die die Lichterkette von München ausgeheckt haben. (Und demnächst rezensiert im selben Blatt André Heller sein jüngstes Bühnengehampel – wäre doch auch schön.)

Aber nicht nur Jungschmock und Talkshowschöngeist di Lorenzo erhielt Gelegenheit, sich selbst öffentlich Spitzennoten für gutes Betragen auszustellen. Im *Neuen Deutschland* vom 30.1.1993 pries der Berliner Kabarettist Martin Buchholz die von ihm u.ä. Kunstgewerblern (Volker Ludwig, Reinhard Mey usw.) angezettelte sog. »Lichterspur« auf Seite Eins an. Buchholz, dessen kopfmäßige Beschaffenheit schon aus dem Titel seines jüngsten Programms – »Dumpfland Dumpfland (...) Ein viel zu aktuelles Pro- und Antigramm« – gut ersichtlich ist, rhabarberte von »Erhellung der germanischen Hirnfinsternis« und stilisierte seine weizsäckerkompatible Moralstatt-Verstand-Veranstaltung zum verschärften »Protest«.

Und warum auch nicht? In Zeiten, wo alles mit allem verquarkt wird und die Insgesamtidiotie des Daseins in bislang so noch nicht gekanntem Ausmaße vor sich hinbrummt, da kann ein Kabarettist, ein Mitglied jener Berufsgruppe, die für ein Gutteil der öffentlich abgesonderten Flachpfeiferei und desgleichen für Gesinnungsabgreifertum, semi-humanoides Fortschritts- und Menschheitsgedussel u.ä. Pein und Qual und Ohrenzwang verantwortlich ist, nicht zurückstehen. Und hätte man es ausschließlich mit Figuren wie di Lorenzo, Buchholz, Weizsäcker und den ihnen assoziierten Starksängern W. Niedecken, M. Müller-Westernhagen, P. Maffay usw. sowie noch den Unterschriftgebern bei PR-Aktionen à la »Ich bin ein Ausländer« bzw. etwas später »Mein Freund ist Ausländer« – wie nun bitte? – zu schaffen, mit jener halbseidenen Mischpoke also, die die sog. »Prominenz« und die sog. »politische Klasse« stellt, man könnte achselzuckend seiner Wege gehen und die Bagage ihrem onanistischen Unfug überlassen.

Kann man natürlich auch so. Für alle aber, die außer ihren Ohren und Augen noch weitere gute Gründe brauchen, um dem aus Friedenscamp und Mahnwache zwingend hervorgegangenen Tugut-Aktionismus von Lichterkette, -spur und -meer fernzubleiben, hier eine kleine Liste möglicher Einwände (ohne Anspruch auf Vollständigkeit): Schuhverkäufer (Schuhtick), Herrenausstatter (de Kalb), Werbehengste (Schirner), Buchhändler usw. schalten seit Monaten anstelle ihrer üblichen Geschäftsanzeigen vage, wachsweiche Appelle gegen Rassismus und Fremdenfeindlichkeit; die Botschaft der Gesinnungsimpressarios lautet: Hey Leute – kauft beim guten Deutschen!

Wer in Deutschland aus dem einzigen Grund, kein Deutscher zu sein, totgeschlagen, verbrannt o.ä. ums Leben gebracht, also das Opfer eines Mordes wird, gilt den hiesigen Landsleuten nicht in erster Linie als solches; nicht von Mord – der entsprechend zu ahnden wäre – ist die Rede, sondern von einem Anschlag auf das deutsche Volk und sein Image im Ausland. Soviel Kaltschnäuzigkeit muss man erstmal besitzen. Der Zweck der Lichterketten ist eben nicht ein antirassistischer, sondern ein rein kosmetischer: Die Politur des Deutschland-Bildes fürs Ausland.

Auch *kritische Patrioten* sind in erster Linie Patrioten. Die Lichterkette gibt auch jenen, die das Grüßen mit erhobener Rechter abstößt, Gelegenheit zum Anschluss ans bzw. Einstieg ins Vaterland; man ist dagegen gewesen und hat doch mitgemacht, man trat auf der Stelle und lief doch mit: In den 70ern hätte man so etwas »die Dialektik des kritischen Opportunismus unter besonderer Berücksichtigung der lange schmerzhaft unterdrückten Vaterländerei« genannt. Oder jedenfalls doch so ähnlich.

Es ist – politisch, ästhetisch (und von mir aus: moralisch) – nun einmal nicht ganz wurscht, mit wem man in einer Reihe steht. Bei einer Lichterkette z.B. mit den bereits o.g. Sängern Niedecken, Westernhagen, Lindenberg, Maffay, die für eine Anzeige des Bundesinnenministeriums mit der Parole *Helfen statt Hauen* zur Verfügung standen, mithin also die für das den Namen nicht mehr verdienende Asylrecht Verantwortlichen stützten, kritisch natürlich; z.B. mit Edzard Reuter u.a. exponierten Vertretern der deutschen Industrie, die in großen Anzeigen die Logik des Konzentrationslagers als Humanismus verhökern: Ausländer, die gute Arbeit geleistet haben oder leisten, dürfen bleiben, evtl. sogar am Leben; z.B. mit Karl Moik, dem Fleischsack vom *Musikantenstadel*, der demnächst *Asylantenstadel* heißen könnte, mit Verlosung eines abschiebesicheren Zellenplatzes und dem neuen Hit der *Wildecker Herzbuben*: »Kerzilein, oh oh oh Kerzilein, du darfst nicht traurig sein, es war doch nur der Wein, ich schlug ein paar Schädel ein ...«; auch Moik plädiert ja via TV-Spot für »friedliches Nebeneinander« o.ä. nichtssagenden, nichts verhindernden Krempel. Insgesamt wird der Lichterkettengänger feststellen, dass er Teil einer gigantischen Volksbewegung, -gemeinschaft und -genossenschaft ist, die angeblich ausschließlich höchst integre Ziele verfolgt; seltsam ist nur, dass die Zahl der Übergriffe auf Ausländer trotz aller gut-völkischen Mobilmachung nicht sinkt.

Das Wort vom »hässlichen Deutschen« kann man bitte streichen. Die *Avon*-Beraterin richtet gegen Nazis nichts aus. Der Wunsch, sich als »anderer, besserer, anständiger Deutscher« zu präsentieren, ist nicht nur Ausdruck des – s.o. – kritischen Patriotismus, sondern in seiner Selbstbezogenheit, in seiner prahlerischen Sensibilität allein für sich selbst extrem widerwärtig; am liebsten ließen sich die guten Deutschen am offenen Grab von Angehörigen Ermordeter die Absolution erteilen: Nein, du bist nicht schuld, du bist gut usw.

Auch das Zentralorgan der flotten Faschisten, die *Junge Freiheit*, singt in seiner Ausgabe vom Februar 1993 ein Loblied auf die Lichterkette. In Magdeburg fand am 16.1.1993 ein illuminierter Aufmarsch statt – am 48. Jahrestag des »Terrorangriffs anglo-amerikanischer Luftstreitkräfte«. 50.000 Friedensfreunde wollten sicherstellen, »nie wieder« vom Faschismus befreit werden zu müssen. So leicht kann das gehen bei einer derart rundumkompatiblen, beliebig für jedes Ziel verwend- und verwertbaren Form wie der Lichterkette.

Reichlich wird gewütet gegen den staatlich sanktionierten Antifaschismus der DDR. Und so erstarrt, ritualisiert, phrasenhaft und pathetisch dieser als »verordnet« denunzierte Antifaschismus partiell auch war, so war er vor allem anderen jedoch eins: eine Lebensversicherung für die im Land lebenden Ausländer und Juden, die sich jetzt mit dem nichtverordneten Antifaschismus des Herrn di Lorenzo bescheiden müssen, der zwar irre phantasievoll, aber auch irre wirkungslos ist; es könnte sich erweisen, dass die angepriesene »Ermutigung« via Lichterkette den einen oder anderen Ermutigten das Leben kostet. Bürgersfrauen und -männer, die ihrem Staatsoberhaupt (wichtig: Mann mit Vergangenheit) nahe sein wollten, taten das in den 80er Jahren, indem sie mit Karl Carstens singend durch den deutschen Wald eierten. Heute sind die fortschrittlicheren VolksgenossInnen (hier stimmt das I) mit Richard von Weizsäcker in Sachen Lichterkette unterwegs und denken sich buchstäblich nichts dabei; die Carstens-NS-Wanderer waren vergleichsweise erträglich, weil sie nicht ständig von sich reden machten, was für tollklasse spitzenhumanistisch gesonnene Eins a Top-Mitmenschen und alles sie doch wären.

Wer sich mit der Selbstverständlichkeit, dass er das Anzünden und Totschlagen von fremden Menschen scheußlich findet, im Brustton des eigenen notorischen Gutseins auf die Straße stellt, muss jedes Gespür für Peinlichkeit verloren haben. »Ich bremse auch für Ausländer!« rufen und stolz drauf sein, geht einfach nicht.

Wem all das nicht reicht, der sei mit Reinhard Mey gestraft: Was ich noch zu sagen hätte / dauert eine Lichterkette / und ein letztes Fass im Stehn.

1993

Zur Dialektik von Vatermutterkind

Ein dringend erforderlicher Einwurf, geschrieben in schwerer Zeit

EINERSEITS IST GERADE DIE JUNGE, moderne, aufgeschlossene, ja aufgeklärte, bewusste, politisch um Himmels Willen keineswegs desinteressierte, undressierte und feministisch vollfrisierte Frau von heute zum Verzicht aufs Jungekriegen nun nicht länger bereit, sondern im Gegenteil zum Werfen, Gebären, Sichvermehren und Abmuttern wüst und wild entschlossen, so dass eine Fortsetzung von Kevin Costners »Robin Hood« unter dem Titel »Motherhood« wohl unabwendbar ins Haus steht;

andererseits fantert und gackert gerade diese Klientel über kein anderes Thema so gleichermaßen aufgekratzt wie ahnungslos durcheinander wie über das Modesujet der Saison 1992/93, Kindesmissbrauch. Denn über nichts lässt sich in entsprechenden Kränzchen und Runden, bzw. wenn der Fahrstuhl steckenbleibt, prickelnder und raumgreifender sprechen als über, so heißt das einschlägig, die diesbezüglichen eigenen »Erinnerungen und Nicht-Erinnerungen«, wobei noch zu klären wäre, was enervierender ist: das Sich-Brüsten mit tatsächlich Erlittenem, das Sich-Ergehen in permanenter Opfer-Gestik und -Rhetorik oder aber das Kramen in Nicht-Erinnerungen, das Zutagefördern erfundener Schrecken, um im Zuge der allgemeinen Wichtigmacherei nicht abseits stehen zu müssen;

drittens aber – auf These und Antithese folgt stets und zwingend die Prothese – hat die klassische Kleinfamilie als Organisationsform zur Sicherung des Populationsbestandes quasi ausgedient und verspielt, und das kleine Glück ist gleichermaßen fragil wie fragwürdig geworden, leicht geht alles in die Dutten und groß sind dann Ach und Krach;

und so kommt *viertens* und schlussendlich den jungen, frischgebackenen Vätern die schwere Aufgabe zu, sorgengepeitschte Mütter zu entlasten, beruhigend auf sie einzuwirken, ihnen mit Hilfe von vertrauensbildenden Maßnahmen die Angst, wenn nicht sogar die *Ängste* zu nehmen; denn wer Angst sagt, muss auch Ängste sagen, Angst vor der Zukunft z.B., oder, mit *Björn* gesprochen: »ein Stück weit Ängste vor den Zukünften«. In Zeiten allerdings, wo Woody Allen, der es wagte, ein Verhältnis mit einer zwar jungen, aber komplett volljährigen Frau zu haben, dennoch aber weiterhin seine kleine Tochter dann und wann auf dem Knie zu schaukeln, sie auf den Schoß zu nehmen u. dergl. und dafür in *Emma* von Alice Schwarzer zum Kinderficker deklariert wurde, als Verkörperung des Bösen schlechthin gilt – klar, Frau Schwarzer: Mann, Intellektueller, Komiker und auch noch Jude, das kann einfach nicht gutgehn –, in all dieser wirren Verzwacktheit aus Mutterschaft, bösen Onkels – nein, nicht auch noch die Nazi-Rocker mit ins allgemeine Gereiher hineingerührt, die sind hier nicht gemeint – und sog. »neuen Vätern« ist die Latte für den männlichen Erziehungsberechtigten hoch, sehr hoch gehängt, und unter den gleichsam hoffnungsvollen, wiewohl misstrauisch strengen Augen der Mütter kann es leicht zu einem folgenschweren Schnitzer kommen.

Ein Beispiel? – Nur zu gern: Kürzlich hatte ich Gelegenheit, Herrn Worgitzky, einem Kollegen und Neu-

Vater, beim Wickeln seiner vier Wochen zuvor geschlüpften Tochter Charlotte zuzusehen. Ruhig und geduldig, sanft und liebevoll, befreite sich der gut erhaltene Vierziger freudig von seiner Aufgabe und sein Töchterchen von der Kinderkacke. Die Kleine juchzte wonnig, alles war eitel Harmonie und Glück, an dem teilzuhaben die Mutter jetzt nahte, und kaum stand das familiäre Trio vereint, da entfuhr es Worgitzky geistesabwesend: »Aah, Lolita, du kleine geile Schlampe ...«

Muss ich noch berichten, wie die Sache ausging? Von Worgitzkys Zwangseinweisung in ein sog. Männerhaus erzählen? Ich glaube kaum.

1993

Keine Macht den Drögen!

MAN MUSS SIE NUR EINMAL ANSEHEN, die »Keine Macht den Drogen!«-Models: Berufslächler wie Jürgen Klinsmann, Landsertypen wie Lothar Matthäus, arme Schweine wie Steffi Graf, Dumm-macht-Sport-Figuren, gedopt und mit Medikamenten bis in die Haarspitzen voll; Jungpolizysten, die an der IQ-Minimalgrenze entlangschrappen; CSU-Heinis, chronisch im Dschum und dann bevorzugt mit dem Automobil unterwegs, damit eine kleine Todesfolge (für jemand anderes, natürlich) nicht unterbleibt, und alle gemeinsam mahnen und warnen und nölen und grölen sie dann, weil Denken ihre ganz starke Seite ist: Wer Haschisch spritzt, der raucht auch Heroin! Und nicken wichtig mit der Rübe und merken nichts, vor allem nicht, dass ihnen eh niemand zuhört, Millionen Kiffer im Lande nicht und auch sonst keiner, weil man seine Lebenszeit nicht mit Leuten verschwenden mag, die sich permanent als Lebensschützer aufspielen und so sichtlich alles hassen, was lebt und sich bewegt.

»Wenn Richter Selbstverständlichkeiten in Frage stellen, droht sich der Rechtsstaat ad absurdum zu führen«, kommentierte Ede Stoiber von der bayerischen Trinker- und Todesstrafepartei den Vorstoß des Lübecker Richters Nescovic zur Legalisierung von Cannabis und hat beinahe recht: Ja, wenn selbst ein Richter Allgemeinplätze bezweifelt und eigenständig zu denken beginnt, dann entfernt er sich tatsächlich von landesüblichen Gepflogenheiten. Dabei ist die Debatte de facto längst entschieden: Durchgezogen wird an jeder Ecke, die Einstiegsdrogentheorie ist, außer bei den ganzganz Dummen, längst vom Tisch, ob legal oder illegal gekifft wird, ist den Kiffern längst so gut wie scheißegal, sie tun es so oder so.

Und nicht einmal Angehörige und Freunde von toten Junkies, sonst die allerletzte Talkshow-Waffe im Anti-Hanf-Kampf, lassen sich mehr willig zu Instrumenten einer falschen Drogenpolitik machen, die, weil sie keine Argumente hat, auf nichts setzen kann als auf Ressentiments, Uninformiertheit und die daraus resultierende *Betroffenheit.*

Wer einem allen Ernstes ein drogen- und rauschfreies Leben andienen möchte, ist entweder sehr schlicht, Christ oder lügt; dass die Trinkerfraktion im Lande aus Angst vor Illegalisierung ihrer Droge andere kriminalisiert, ist der dumpfe Reflex von Abhängigen, die sich ihre Ration sichern wollen und dabei das Rauschrecht anderer verletzen, das da heißt, dass jeder nach seiner Fasson high werden möge. Ob er dazu 100 Kilometer läuft, damit körpereigene Opiate ausgeschüttet werden, ein paar Schachteln Pils oder diverse Kannen Sekt in sich hineinpüttchert oder eben den einen oder anderen Joint schmaucht, ist in erster Linie eine Frage des persönlichen Stils und Geschmacks; dass aber gerade die Alkoholikermajorität futterneidisch jede andere Droge neben König Alkohol wegzubeißen versucht, ist unverschämt: Trinken ist eine feine Sache, wenn sie zum zufriedenen Betrunkensein führt, aber gerade der Trinker fällt im Gegensatz zum Kiffer immer wieder unangenehm auf, benimmt sich schlecht, schlägt Frau, Kind, Hund, und das ist nicht gut. Die Süchtigen aller Fraktionen sollen sich vertragen, Politiker sollten sich, wenn überhaupt, statt zu ihrer uninteressanten Homosexualität zu den von ihnen bevorzugten Drogen bekennen, und wer meint, dass ein drogenfreies Leben ein Garant für einen klaren Kopf sei, der soll in diesem Wahn leben und andere damit zufrieden lassen, anstatt ihnen weiszumachen, ein rauschfreies Leben sei nicht nur möglich, sondern auch noch erstrebenswert.

Wie sagte Herr Morgenstern so richtig:

> Lass die Moleküle rasen
> heilig halte die Ekstasen!

1993

Antrag an meine lieben Mitmenschen

WÜRDEN SIE BITTE ALLE, ja unbedingt und ausnahmslos alle, 24 Stunden am Tag, rund um die Uhr, ohne Pause und lebenslang, ein Schild mit dieser Aufschrift um Ihren Hals tragen:

> Das Elend hat viele Gesichter
> – wie gefällt Ihnen meins?

Das stünde Ihnen allen nämlich sehr gut zu Gesicht.

1993

»Den Faschisten Barolo bieten!«

ES IST UNGLAUBLICH WARM IN DER KNEIPE »Zur betrunkenen Antifa« an diesem Sommerabend im Prenzlauer Berg. Mehrere hundert zumeist junge Menschen stehen sich in dem winzigen Kellerlokal in der Nähe des Kollwitzplatzes gegenseitig in den Schuhen. Getrunken wird viel, vor allem Wernesgrüner Bier, aber auch die Hausspezialität, ein Wodkacocktail namens »Stalin-Orgel«, findet reißenden Absatz. Dietmar Dath, bei *Spex* und *Heaven Sent* als Dauerrekonvaleszent unter Vertrag, trägt auch bei 45° Celsius und subtropischer Luftfeuchtigkeit eine schwarze Skimütze aus Wolle mit aufgenähtem weißen X: Wer schön blöd sein will, muss leiden. »Malcolm zehn«, quatscht ihn ein Kumpel an, »hab ich mir nicht angekuckt. Ich hatte die ersten neun Teile nicht gesehen. Da wäre ich dann nicht mehr reingekommen.«

Im Hinterzimmer ist die Luft noch dicker. Auf einer Kleinstbühne findet eine Podiumsdiskussion statt. Thema ist natürlich: Deutschland und die Welt. Soeben liest *junge Welt*-Chefredakteur Jürgen Elsässer angewidert aus der *FAZ* vor; *Konkret*-Herausgeber Gremliza hört nicht minder angeekelt zu. »Hermann L. Gremliza, grammatisches Gewissen der Nation / Verteilt Zensuren für den besten antideutschen Spott und Hohn«, ruft der blutjunge Kollege Gumhur Güzel schnippisch in die Runde, räumt nach einem gestrengen Blick aber selbst ein:

»Das ist natürlich viel besser, als wenn Martin Walser den Faschos im *Spiegel* gute Deutschnoten gibt.« Puuh, das war knapp, aber für dieses Mal kann der Generationskonflikt in der Welt des Linksradikalismus noch abgebogen werden.

»Kein Fassbreit den Faschisten!« grölt ein Kreuzberger Alt-81er unter Beifall in die Runde; »Genau! Scheiß-Flaschisten! Das sind doch voll leere Typen! Und wo is' überhaupt mein Glas, ey?« pflichtet ihm ein schon etwas angeschlagener Baseballkappenträger – Schirm natürlich nach hinten! – bei.

Alles will sich in Wohlgefallen und Seligkeit auflösen, da betreten zwei späte und unerwartete Gäste den antifaschistischen Boden: Diether Dehm, marxistischer Überbau der SPD und Texteschreiber u.a. für Klaus Lage, dem z.B. die Zeile »das Telefon schweigt wie gefrorenes Holz« gelang, und, das ist *Der Hammer*: Gregor Gysi. Arm in Arm stehen die beiden Hoffnungsträger. Und lächeln, obwohl keine Kamera da ist. »Wir kommen gerade aus der Toscana«, strahlt Dehm, und Gysi nickt ihm zu und lacht: »Faschisten, Diether, Faschisten muss man Barolo bieten! Prösterchen.« – »Prostata, Gregor. Prostata.«

1993

Ich bin ein toleranter Panther

Ich bin ein toleranter Panther:
Ich jage niemals mehr ein Reh.
Zwar war ich früher eleganter
Doch tat ich damit – wie ich lernte – meiner Umwelt weh.
Denn ich vernaschte Hasen, Bambis, manches schicke Schaf.
Warum auch nicht?: Es schmeckte lecker, mjamm!, und ich
zog weiter fort.
Ich schleppte mehrmals täglich einen prallen Ranzen zum Verdauungsschlaf.
Und wenn der um war, ging es stante pede, heißa!,
auf – zu neuem Mord.

Ja, damals, als geschmeidiger, gewandter
Und hemmungslos intoleranter Panther
Da war mein Lebensstil um einiges rasanter.
Denn ich soff Blut. Und nicht, wie heute, kalorienarme *Fanta*.

Doch bin ich damit ständig angeeckt
Als politisch nicht korrekt.

Das Pantherplenum tagte, und es war nicht freundlich
Zu mir, denn mein Verhalten, hieß es, sei höchst häschenfeindlich

Und reh- und schafverachtend ohnehin,
Monierte wütend – und auch traurig – eine junge
  Pantherin.
Ich wehrte mich, ich maulte – doch nicht lange.
Das Kollektiv der Panther nahm mich ziemlich in die
  Zange.
Am Ende tat ich, mehr, als ich es war, zerknirscht.
Seit jenem Abend bin ich nur noch heimlich und bei
  Nacht herumgepirscht.

Am Tage schiebe ich die Rehe, die im Rollstuhl sitzen,
Und sieche Kühe durch den Wald. Ich schreite ein bei
  Hasenwitzen.
Ich führe blinde Schafe über Straßen, gratis, ohne Lohn.
Und sonntagmorgens, in der Kirche, hört man meinen
  sanften Pantherbariton.

Ich arbeite als Therapeut. Ich bin jetzt ein bekannter
Und hochdotierter, vielgeachteter Drei-Sterne-Panther.
Den Schafen gelte ich als naher Blutsverwandter. –
Und sucht mich mal ein mir bekannter Panther auf und
  seufzt: Die Welt, die war auch schon charmanter,
Dann sag ich dem: Komm lass es, sträub dich nicht,
  gelobe:
Kein Panther mehr zu sein, sondern wie ich, ein Ehrenreh
  – auf Probe.

                                                    1993

Mit Nazis *reden*?

AM MITTWOCH, DEM 25.8.1993, hatte man erneut Gelegenheit, deutschem TV-Topjournalismus beizuwohnen. In den ARD-Tagesthemen führte Sabine Christiansen ein Interview mit dem sächsischen Innenminister Heinz Eggert über die Frage, ob man junge Neonazis in freundliche, milde Menschen verwandeln könne, indem man sie mit Jugendzentren, Sozialarbeitern usw. überhäufe. Eggert, dessen Äußeres immer wieder in Erinnerung ruft, dass die Folge *Amok in Bethel* aus der TV-Serie *Peter Strohm* noch nicht gedreht worden ist, kippte die Interviewsituation um und fragte Frau Christiansen: »Wann haben Sie oder ich das letzte Mal mit einem Rechtsradikalen gesprochen?«

Nun ist allgemein bekannt, dass Sabine Christiansens berufliche Qualifikation im Besitz eines CDU-Parteibuchs besteht, und gerne erzählen Kollegen, dass sie, als einzige in der *Tagesthemen*-Redaktion, nicht in der Lage ist, sich ihre Nachrichtentexte selbst zu schreiben. Ihre parteigebundene Beschränktheit macht Frau Christiansen dadurch wett, dass sie bei jeder ihr sich bietenden Gelegenheit mit Volkes Stimme spricht; ihr journalistisches Rückgrat kommt dem einer Salatschnecke gleich. Und dennoch hätte selbst sie auf Eggerts o.g. Frage mit Leichtigkeit antworten können: »Aber wieso? Das tue ich doch gerade«, oder, ganz simpel: »Warum? Ist das jetzt Pflicht?«

Es scheint so. Alle Welt sucht das Gespräch mit

Rechtsradikalen. Warum? Haben sie einem etwas zu sagen? Ist nicht hinlänglich bekannt, was sie denken, fordern und propagieren? Wo liegt der beschworene aufklärerische Wert, wenn Henryk Broder in der *taz* Franz Schönhuber interviewt? Muss man an jeder Mülltonne schnuppern? Niemand wählt Nazis oder wird einer, weil er sich über deren Ziele täuscht – das Gegenteil ist der Fall: Nazis sind Nazis, weil sie welche sein wollen. Eine der unangenehmsten deutschen Eigenschaften, das triefende Mitleid mit sich selbst und den eigenen Landsleuten, aber macht aus solchen Irrläufern der Evolution arme Verführte, ihrem Wesen nach gut, nur eben ein bisschen labil etc., »Menschen« jedenfalls, so Heinz Eggert, »um die wir kämpfen müssen«.

Warum? Das Schicksal von Nazis ist mir komplett gleichgültig; ob sie hungern, frieren, bettnässen, schlecht träumen usw., geht mich nichts an. Was mich an ihnen interessiert, ist nur eins; dass man sie hindert, das zu tun, was sie eben tun, wenn man sie nicht hindert: die bedrohen und nach Möglichkeit umbringen, die nicht in ihre Zigarrenschachtelwelt passen. Ob man sie dafür einsperrt oder ob sie dafür auf den Obduktionstisch gelegt werden müssen, ist mir gleich, und wer vom Lager für andere träumt, kann gerne selbst hinein. Dort, in der deutschen Baracke, dürfen dann Leute wie Rainer Langhans, Wolfgang Niedecken und Christine Ostrowski zu Besuch kommen und nach Herzenslust mit denen plaudern, zu denen es sie ständig zieht.

1993

Der Schokoladenonkel bei der Arbeit

Eine Opferrolle vorwärts

KREUZBERG IST KEIN KÄSEKIEZ, den Käse fraß die Kiezmiliz, singe ich vor mich hin, als ich durch den vielgerühmten und vielgescholtenen Berliner Bezirk stapfe, der aber in erster Linie heruntergekommen bis *stino* ist, wie sich Leute ausdrücken, die damit bekunden wollen, dass sie auf keinen Fall *stinknormal* seien und es u.a. deswegen natürlich sind. Nein, kein Käsekiez ist Kreuzberg (meine Bekannte Frau Wagner sagt tatsächlich jedesmal *Crossmountain*); mein Versuch, ein Stück *Greyerzer* zu erwerben, das den Höhepunkt seiner Existenz dergestalt erreichen soll, dass es als Zutat in Gisela Güzels *Quiche Lorraine* endet, schlug fehl, denn dem Kreuzberger wird nur Mampfpampf à la *Aldi* oder *Penny* gegönnt, *Dönab*, wie meine Mutter sagt, und *Schultheiß*-Dosenbrühe, und es gilt ja auch beim sich selbst als politisch korrekt definierenden Teil der Insassen dieses Stadtteils als zumindest bürgerlich, wenn nicht reaktionär bzw. sogar faschistisch, sich lecker und nahrhaft zu ernähren, was mich allerdings nicht davon abhält, es zu tun, ohne dass mein Verstand daran Schaden nähme; wer mich einmal gesehen hat, wird gern glauben, dass ich es durchaus schätze, Erfreulichkeiten in fester wie flüssiger Form meine Kehle hinabzujagen.

So schlüre ich also, zwar ohne Käse, aber ansonsten bepackt wie ein Vertriebener, durch den Görlitzer Park, als mich plötzlich ein kleines Mädchen von vielleicht vier Jahren fragt:»Gibst du mir eine Mark für Eis?« – »Nein«, sage ich, denn man soll bettelnden Kindern niemals Geld geben.»Aber vielleicht eine Mark für Schokolade?« hakt die Kleine nach und setzt ein schwer kokettes Lächeln auf.»Wie früh die das lernen«, denke ich und antworte:»Nein. Aber ein Stück Schokolade kannst du haben«, bleibe stehen und wühle in meinem mit Frosch, Schildkröte, Regenbogen und Herzchen bunt bedruckten *Schützt unsere Umwelt*-Leinenbeutel – was erwachsene Menschen alles mit sich machen lassen! – nach der eben gekauften Schokolade, *Zabaione-Knusper-Käfer aus weißer Chocolade*, die ich Gisela Güzel mitbringen will aus Gründen der Verehrung. (Wer Blumen- oder Pralinengeschenke für einfallslos, spießig oder *bourgeois* hält, weiß nichts, aber auch gar nichts von Frauen, jedenfalls nichts von aufregenden.)

Endlich finde ich die Schokolade, reiße die Cellophanpackung auf und biete dem kleinen Mädchen einen der weißen Käfer an – »Kann ich alle?« – »Nein, nur einen.« –, da blitzt es mir siedend durchs Hirn:»Ach du Scheiße! Jetzt bist du dran. Jetzt haben sie dich. Das gefundene Fressen für die – schreckliches Wort – Kiez-Camarilla, die durch die Gegend streift, aufgepeitscht und gierig, auf der Suche nach Tätern, gerne auch Väter als Täter, oha, jetzt bist du reif, sie liegen im Gebüsch, die ganze Gegend rund um den Görlitzer Park ist vermint mit einschlägigen Plakaten und Graffiti, die Situation ist absolut eindeutig, ich bin der Mann (!), der einem kleinen (!!) Mädchen (!!!) im Park (!!!!) Schokolade (!!!!!) gibt, einen Schokoladenkäfer (!!!!!!) sogar, oh Gott, Dürrenmatt, »Das Versprechen« und »Es geschah am hellichten Tag«, das Grittli, die Igel, Heinz Rühmann, Gert Fröbe, und jetzt ich, ich weiß schon, was sie schreiben werden in der Schweinepresse von *Bild* bis *Emma*: »Der Michael Jackson vom Görlitzer Park«.

Apropos *Emma*: Ob deren Redakteurin Cornelia Filter das ganze eingefädelt hat, Ex-Bielefelderin wie ich, Spitzname Körnchen, zuzutrauen ist es ihr, alternativer Investigativjournalismus, vielleicht noch die eigene Tochter als Lockvogel in den Park schicken, vorher drei Tage lang den Betteltext auswendig lernen lassen, und wenn sie nicht will, gibt's Liebesentzug und keinen Nachtisch. Paranoia, was heißt hier Paranoia, jedenfalls noch lange nicht, dass sie nicht hinter einem her wären, und dann, endlich, pflückt das Mädchen den Schokokäfer, und ich stürze davon auf meinen schnellen Schuhen, Eis im Genick.

Knapp bin ich entkommen, der Park war leer, die Mädels anderweitig unterwegs, Andrew Vachss lesen, Kindern im Vorschulalter beibiegen, wie man richtig mit anatomischen Puppen spielt, was sexualisiertes Verhalten ist, oder wie man sonst sein Langeweilerleben als Erzieherin aufpept.

»Junge, du hast doch nicht etwa Angst vor Frauen?« spricht eine vertraute Stimme, kein Wunder, es ist ja meine eigene, »Ach, I wo«, gebe ich zurück, »bloß die Schabracken, die im Leben immer nur eins sein wollen, nämlich *Opfer*, und das natürlich im warmen Mief der Gruppe, und die diese superkonservative Attitüde als schwer fortschrittlich juchheißen und jedem, der, wie z.B. Katharina Rutschky, die Benutzung des menschlichen Kopfes in die Debatte zurücktragen möchte, mit Angebervokabular wie *Backlash* das Leben sauer machen, ja, diese Geschosse des Grauens, die sind allerdings zum Fürchten, die stinken und die sollen alle nach Hause gehen.« An dieser Stelle endete meine innere Halluzination und Suada, denn ich musste mein Mikrophonköfferchen in die Rechte nehmen und zur Probe gehen. Meine Band heißt *The Schänders*, und unser Lieblingsstück ist *The Kids are allright*.

P.S.: Wenige Tage später durchquere ich abermals den Görlitzer Park. Vier Schulkinder mit Fahrrädern und Tornistern spielen auf dem Rasen. »Kuck mal, wir spielen ficken«, rufen sie mir zu. Ich kucke – ach was, glatt gelogen: Die halten bloß Händchen. »Komm her, wir wollen mit dir bumsen«, krähen jetzt zwei zu mir herüber. »Da träumt ihr doch nur von«, rufe ich zurück, winke und gehe meiner Wege, denn ich weiß, dass das eine Falle ist: Zweimal in sechs Tagen, das ist kein Zufall, nichts da, *Körnchen*, du kriegst mich nicht, und meine Schokolade schenke ich Frau Güzel oder esse sie selber.

1993

Frisch vom Fass:
Der Klassenhass

Nichts riskiert und nichts verwettet
Doch getan, als ob Ihr Hättet
Nachts die Bäckchen eingefettet
Hirn und Hintern wohlgebettet:
Blöde Brut.

Sinnlos um die Welt gejettet
Absturz – – – und dann *nicht* gerettet
Platter noch als platt geplättet
Ewig an Freund Hein gekettet:
Find ich gut.

1994

In 80 Phrasen um die Welt
Eine Welt, die uns gefällt

(Song-Version 1995)

Abschiednehmen ist ein bisschen wie sterben.
Irgendwie bin ich auch eine Frau.
In der Branche saufense doch alle.
Bei Geld da hört die Freundschaft auf.

Polizei: SA! SS!
Nazis raus! Im Endeffekt.
Hose runter! Alles klar.
Bargeld lacht. Im Grunde ja.

Und dies ist eine Schere
Es ist natürlich die Schere im Kopf.
Der Tod ist ein Meister aus Deutschland.
Und draußen gibt's nur Kännchen.

In 80 Phrasen um die Welt.
Eine Welt, die uns gefällt.
In 80 Phrasen um die Welt.

Ein gutes Pils braucht sieben Minuten.
Nichts gegen langes Haar, nur gepflegt muss es sein.
Es gibt kein richtiges Leben im falschen.
Vergleiche hinken. Man hat schon Pferde kotzen sehn.

Tschüssikowski! Kann ich drauf.
Bildet Banden! Nur für Frau'n.
Aber hallo! Subito!
Starker Tobak! Sowieos.

Bin ich der Himbeer-Toni?
Bitte nicht in diesem Ton!
Wie soll ich damit umgehn?
Nur die Guten sterben jung.

In 80 Phrasen um die Welt.
Eine Welt, die uns gefällt.
In 80 Phrasen um die Welt.

Wer zu spät kommt, den bestraft das Leben.
Prösterchen! Da steckt man nicht drin.
Ich bin ja sowas von Fix und Foxi.
Die sind doch alle vom Stamme Nimm.

Wut und Trauer. Stalinist!
Alter Schwede! Linksfaschist!
Besser ist das. Halb so schlimm.
Kommt drauf an. Wie man's nimmt.

Pikus heißt der Waldspecht.
Sie taugen alle nicht.
Die Mauer ist in unsren Köpfen.
Schluss mit Lustig. Hackedicht.

In 80 Phrasen um die Welt.
Eine Welt, die uns gefällt.
In 80 Phrasen um die Welt.

Jeder hat sein Päckchen zu tragen.
Es hat sich schon mal einer totgemischt.
Hilft alles nichts. Da kannste nichts dran machen.
Man sollte aufhörn, wenn's am schönsten ist.

»Wir bieten Schutz vor rassistischen Übergriffen«

SCHWARZ AUF GELB GEDRUCKT, klebt der kühne Satz wie eine TÜV-Plakette an den Türen von Cafés und Bars, von Brot- und Fahrradläden – bevorzugt allerdings in Quartieren, wo mit derlei Übergriffen nicht gerechnet werden muss. Richtig gut ist die Gesinnung eben erst, wenn sie wirklich gar nichts mehr kostet. Im Gegenteil – durch den schwarz-gelben Punkt signalisieren Kneipiers und Einzelhändler ihrer Kundschaft: Hier kannst du reinen Herzens konsumieren, alles dufte und korrekt hier, hey Leute, kauft beim Trödler Abraham, hier seid ihr unter euch und könnt über den »Hitler in uns allen«, »die Nazis in den Köpfen«, über Windeln wechseln, den Dalai Lama und das I Ging plaudern und ungestört am weichen Keks knabbern.

Abgesehen von dieser unangenehmen Mixtur aus Gratismut und Abgreife stellt sich bei der vollmundig angebotenen Schutzzone ein praktisches Problem: Wenn die studentischen Hilfskräfte und Szene-Figuren, die in solchen Etablissements das Gros des Personals stellen, mit der Hilfe so schnell bei der Hand sind wie mit dem Service, kann der im Fall des Falles rassistisch Attackierte erstmal ein Viertelstündchen vor sich hinbluten, bevor er überhaupt wahrgenommen wird.

Während drei deutsche Patrioten auf ihn einprügeln und -treten, halten die Tresenkräfte ein munteres Schwätzchen und lassen genervt durchblicken, dass sie dabei nicht gestört zu werden wünschen. Im besten Fall wird dem mittlerweile krankenhausreifen Gast ein launiges »Kollege kommt gleich« zuteil; eher aber muss er damit rechnen, dass eine der Bedienungen sich ihm nach frühenstens 20 Minuten zum ersten Mal nähert, um den mittlerweilen Verstorbenen anzuherrschen: »Kann ich bei dir schon mal abkassieren?«

1995

Späte Rache oder:

The Köln Concert

EINMAL, EIN EINZIGES MAL NUR in diesem Leben, schrieb ich einen Text aus persönlich motivierter Rachsucht, und Grund zur Rache hatte ich, Grund zur Rache an Keith Jarrett. Nicht an Jarrett als Person allerdings, sondern an einem seiner Werke: an der 1976 erschienenen Doppel-LP »The Köln Concert«. Dieser in schwarz-grau-weiß gehaltene Tonträger, auf dem Cover einen schwer auf innerlich gestrickten Mann zeigend, hatte schlimme Auswirkungen.

Fünfzehn war ich, als »The Köln Concert« erschien, und verfügte und gebot über einen sog. *Freundeskreis*; ein Wort, das beinahe wie *Bibelkreis* klingt, und in genau einen solchen verwandelte sich dieser *Freundeskreis* eben auch schlagartig, nachdem jenes Werk ihn erreichte, infizierte und durchdrang.

Zuvor war man, fünfzehnjährig, wie man vor sich hin dölmerte, ein den Dingen des Lebens durchaus zugetaner junger Mensch, ja Jugendlicher gewesen. Auf Flokatis hatte man, so war es 1976 Pflicht, herumgelegen; unter jenen hirtenhundartigen Teppichen, von Müttern als »Staubfänger!« gefürchtet und verständnislos gehasst, befanden sich gern einige möglichst silberfischverseuchte blau-weiße Matratzen vom Sperrmüll. Räucherkerzen glommen und müffelten vor sich hin, Sandelholz, Patschouli, und was sonst noch streng roch. Unbedingt erforderlich war auch ein braunes, getöpfertes Teeservice mit natürlich henkellosen Tässchen und einem Stövchen, auf dem eine Kanne mit aromatisiertem Tee, oft leider sogar in der Geschmacksrichtung bzw. wohl eher Geschmacksverirrung Vanille, zu stehen hatte, um die herumgruppiert man auf eben jenem Flokati möglichst cool, freakig und lässig herumlag; die als etwas spießiger empfundene Variante zum weißen Webfellteppich war die – von Mutter oder Omma – gehäkelte Patchworkdecke, die dann als, auch ein schönes Wort, sog. *Tagesdecke* auf dem Bett des *Jugendzimmers* ausgebreitet lag.

In diesen in stundenlanger Kleinarbeit auf loker und unaufgeräumt getrimmten Kemenaten also lungerte man herum; einmal hatte man sich sogar für zwanzig Mark vom Bahnhof auch etwas ganz besonders Schönes mitgebracht: ein kleines Päckchen oder Tütchen, und als man es zuhause öffnete, durfte man feststellen, dass zwei Gramm Currypulver recht teuer sein können. Selbstverständlich sah, wusste und roch man, was man sich da hatte andrehen lassen als grüner Junge; nichtsdestotrotz krümelte man sich tapfer das Currypulver in die Zigarrette. Bedeutungsvoll zündete man sie an und inhalierte tief; nach sekundenlanger schwerer Stille ächzte man »Oh Alter ... günstig«, und gab den angeblichen Joint dann weiter an die anderen, die jetzt ihrerseits in Zugzwang kamen; zwar wussten auch sie ganz genau, was die Zigarette enthielt bzw. eben nicht enthielt, mochten sich aber keine Blöße geben – nein, wenn der stoned war, dann waren sie es schon lange, und so lagen am Ende eben alle auf dem Kreuz als eine Art Leistungskurs Buddhismus, die Augen geschlossen und vor lauter Autosuggestion schon selbst glaubend, dass sie den Adler kreisen sähen.

Aber auch andere Dinge tat man; z.B. hatte ich mit fünfzehn ein Mofa der Marke *Rixe*, Modell »High Sport«, das ich natürlich *spitzgemacht* hatte, wie das hieß: anderes

Ritzel drauf, kleinere Vergaserdüse und einen Klasse 5-Krümmer drunter; einmal wurde ich mit 57 Km/h bergauf von den Wachtmeistern gestoppt, konnte aber glaubhaft versichern, ich wüsste auch nicht, wie das käme ... tut mir leid ... ich habe das so gekauft ... äähh ... *ab Werk*.

Mit diesem Mofa aus der Fahrrad- und Mofafabrik *Rixe* in Bielefeld-Brake knatterte ich fröhlich durch die Gegend; ich wohnte damals in Bielefeld-Altenhagen und besuchte den bereits o.g. *Freundeskreis*, der in eben Brake, Heepen, Oldentrup, Hillegossen, Stieghorst, Kusenbaum, Jöllenbeck, Vilsendorf, Knetterheide oder Milse beheimatet war – allesamt Ortschaften, die so sind, wie sie heißen. Kaum aber hatte ich mein jeweiliges Ziel erreicht und das *Jugendzimmer* betreten, bot sich 1976 das immergleiche Bild des Grauens: Ein junger Mann oder eine junge Frau lagen, mit dem Gesicht nach unten, auf Flokati oder Patchworkdeke, und dazu lief Keith Jarrett, »The Köln Concert«, fast immer die dritte Seite, auf der Jarrett heftiges Füßetrampeln und noch heftigeres Atmen in die Klaviermusik einführte. Dagegen war ja auch gar nichts zu sagen, aber Jarretts elegisches, kunstgewerblerisches Spiel hatte eben auf die jungen Menschen die furchtbarsten Auswirkungen: Schlug man, während diese Platte lief – und sie lief quasi immer – egal was vor, so erhielt man chronisch die Antwort: »Ach nee ... mir geht's heut' nicht so gut«, tönte es aus der wie waidwund oder todesmatt herumliegenden Gestalt, »ich weiß auch gar nicht, wer ich bin.« So sprachen Fünfzehnjährige, und schon damals schwante mir, während ich eher fassungslos in einem Türrahmen stand und meinen Sturzhelm in der Hand drehte, dass es keine gute Idee ist, wenn Deutsche nach ihrer *Identität* suchen: Entweder langweilen sie sich selbst und andere damit zu Tode, oder aber die Sache endet in Stalingrad.

Erst Jahre später, man hat ja als Schriftsteller in

Deutschland *verletzlich*, wenn nicht *verwundbar* zu sein, konnte ich die mir 1976 zugefügten *Verletzungen* und *Verwundungen* bewältigen; 1985 war es, ich wohnte mittlerweile längst in Berlin (denn das war dann Anfang der 80er quasi Pflicht), schleppte mein damaliger Obermieter einen CD-Spieler und mehrere CDs an; im Sortiment hatte der geschmacksfreie Emigrant aus dem Rumänischen nicht nur alles von Pink Floyd und Genesis, sondern auch – genau: »The Köln Concert« von Keith Jarrett. So erfolgreich verdrängt hatte ich jenes Werk und seine fatalen, ja beinahe letalen Folgen, dass ich dem Angebot, da »mal reinzuhören«, bereitwillig zustimmte; kaum aber war die CD bei der ehemaligen Plattenseite drei angelangt, griff ich, ohne zu wissen, was und warum ich es tat, nicht etwa zu einem Joint, sondern zur Whiskykaraffe. Wiederholungen des Tests zeitigten stets dasselbe Ergebnis: Keith Jarrett, »The Köln Concert«, Seite drei: hastiger, ja panischer Griff des Probanden zur Karaffe.

Tief, ja metertief musste ich graben und buddeln, bis meine *inneren Verkrustungen* aufbrachen und ich sie *aufarbeiten*, ja aufessen bzw. sogar aufwischen konnte: In nur acht Zeilen fasste ich die immerhin knapp 80 Minuten dauernde Doppel-LP zusammen – ein Verfahren, das auch beleuchtet, was ich seitdem unter dem Begriff »Gerechtigkeit« verstehe:

> Schwarze Tasten, weiße Tasten
> Töne, die das Herz belasten
> Hände, die nicht ruh'n noch rasten
> Hasten über Tasten, Tasten
>
> Junge Menschen wurden Greise
> Wenn Keith Jarrett klimperte
> Auf dem Flokati litt ganz leise
> Wer vorher fröhlich pimperte.   1995

Über das Proletariat

VOR DREI MONATEN kam mir das Proletariat ins Haus, schlagartig und ungebeten wie sonst nur mormonische Bibel- und Seelenverkäufer, aber nicht halb so höflich. Es zog einfach ein, in die Wohnung über der, in der ich zur Untermiete wohne. Seitdem nehme ich rege an seinem Leben teil und beobachte und erforsche es mitunter sogar; es bleibt mir auch gar nichts anderes übrig, denn zur Ohrenzeugenschaft seines Daseins hat mich das Proletariat ohnehin vom ersten Tag an verdonnert.

Das Proletariat besteht aus Mann, Frau, diversen Kindern und vielen Sorgen. Je schlechter es materiell gestellt ist, desto höher die Anzahl der Haustiere, die das Proletariat solidarisch an seinem Elend beteiligt; ein Proletariat ohne wenigstens einen Köter ist quasi gar nicht denkbar. Mein Proletariat ist komplett ohne Erwerbsmöglichkeit, bezieht Stütze und beherbergt deshalb etwa ein halbes Dutzend Tiere aller Art.

Früh am Morgen, gegen halb sieben, erwacht das Proletariat. Es öffnet die Fenster und beginnt zu brüllen. So teilt es sich selbst wie auch der übrigen Welt, also zum Beispiel mir mit, dass es noch da ist und dass es ihm heute ebenso geht wie gestern und wie alle Tage: nicht gut.

Kraftvoll spricht das männliche Proletariat das weibliche an. Dazu benutzt es immer und ausschließlich einen Ausdruck, den ich nicht wiedergeben möchte. Zur Aufklärung des Publikums aber sei erwähnt, dass er sich auf die Abkürzung der Potsdamer Straße ebenso reimt wie auf eine umgangssprachliche Form des Begriffs »Erbrochenes«.

Mein Proletariat heißt Komatowski, das männliche sogar: Manne Komatowski. »Ha! Billige Klischees!« ruft jetzt einer dazwischen, ein sich links empfindender ist es wohl, und wenn er »Klischee« sagt, dann muss er auch »billig« sagen, sonst ist es nichts. Pech nur, dass Klischees oft stimmen, zum Beispiel dieses: Menschen, die sich selbst in einem Brustton *Linke* nennen oder *Antifaschisten*, als sei letzteres ein Beruf oder eine anbetungswürdige Sache und nicht schlicht eine Selbstverständlichkeit, sind dumm, denkfaul und selbstgerecht. Wer das nicht glauben will, muss nur den Politikteil einer sich *links* nennenden Tageszeitung lesen.

Mein Proletariat liest nie. Es brüllt. Gerade wieder nach seiner Frau: »Ey komm her, du alte...« Nein, ich sag das Wort nicht. Ist es nicht gut, dass sie sich nie vereinigt haben, die *Proletarier aller Länder*?

1995

Grandmaster Trash

Eine Hommage

ALS 1947 MICKEY SPILLANES erster Thriller erscheint, hält die Krimis lesende (und schreibende) Welt den Atem an. »I, the Jury« macht von der ersten Seite an unmissverständlich klar, dass Spillane sich die Maxime »Sei dein eigenes Gesetz« auf die Fahne geschrieben hat. Sein Held, der Privatdetektiv Mike Hammer, hat nichts von dem edelmütigen weißen Reiter Philip Marlowe, den Raymond Chandler kurz zuvor ersann, den Bogart im Kino verkörperte und der das traditionell übel beleumundete Genre Kriminalroman eben erst salonfähig gemacht hatte; Spillanes Hammer ist ein durchgeknallter, paranoider New Yorker Killer, pickepackevoll mit Hass, abgebrüht und den Werten der Sonntagsschule entwachsen, und jede Heuchelei über sich und seine Motive ist ihm fremd.

»I, the Jury« beginnt mit der Ermordung von Hammers bestem Freund Jack Williams: »Jack, der gesagt hatte, für einen Freund würde er sogar den rechten Arm geben – und der es auch getan hatte, als er einen von den elenden Japsen davon abhielt, mich aufzuschlitzen.« Hammer schwört unbedingte, 100%ige, persönliche Mein-ist-die-Rache!-Rache, die er sich nicht von Polizei und Justiz wegnehmen lassen wird, und löst den Schwur ein, auch als der Killer sich als die Frau entpuppt, von der er kurz vor Toresschluss noch sagt: »Wie ich dieses Mädchen liebte! Ich freute mich schon darauf, wenn das alles vorbei war und wir heiraten konnten.« Beim Finale aber trägt der Bräutigam schwarz: »Als ich sie auf dem Boden liegen sah, stand in ihrem Blick Schmerz, der Schmerz, der dem Tod vorausgeht, Schmerz und Fassungslosigkeit. ›Wie konntest du nur?‹, keuchte sie. Mir blieb nur ein kurzer Augenblick, bevor ich zu einer Leiche sprach, aber ich schaffte die Antwort gerade noch. ›Es war leicht‹, sagte ich.«

Sieben Verlage hatten »I, the Jury«, von Spillane in nur neun Tagen geschrieben, abgelehnt; der achte, E.P. Dutton in New York, machte ein Millionengeschäft mit dem, was die anständigen, humanistisch gebildeten und gesonnenen Bürgersmänner und –frauen und ihre Feuilletons angewidert unter Schmutz und Schund, nicht volksgesund' subsummierten. Raymond Chandler, der selbst als Schreiber für die »Pulps«, die Groschenheftchen, angefangen hatte, setzte sich 1952 auf das Ross des Edelromanciers und kommentierte voller Ekel: »Es ist noch nicht so lange her, da hätte ein anständiger Verlag so etwas nicht angerührt (...) Spillane ist (...) nichts als eine Mischung aus Gewalt und offener Pornographie.« Das »offen« ist deutlich – der Hauptvorwurf gegen Spillane ist der mangelnder Tünche und Verdrucksheit; etwas verklemmter und ornamentaler hätte man Sex & Crime ja durchaus goutiert, aber doch nicht so... – so unverbrämt, direkt und roh ans Publikum gebracht von einem Burschen aus der Gosse. Jörg Fauser, einer der wenigen, die in Deutschland dem kriminellen Trash auf die Beine und die Sprünge geholfen haben, schrieb im *Spiegel*: »Für das liberale Publikum rangiert Spillane irgendwo zwischen de Sade und ›Mein Kampf‹.«

42 Jahre und zehn weitere Mike Hammer-Romane nach »I, the Jury« veröffentlichte Spillane, mittlerweile über 70, seinen bislang letzten Roman, »The Killing Man« von 1989, auf deutsch ein Jahr später als »Ich, der Rächer« erschienen. Spillanes Schreibe hat nichts von ihrer brutalen

Vitalität eingebüßt. Auch »The Killing Man« ist ein Großstadtwestern, wieder ist Rache Mike Hammers Triebfeder, und wieder sind ihm die offiziellen Vertreter der Justizbehörden, die er nur verächtlich »die Jungs in den gestreiften Hosen« nennt, im Weg. Und wie schon in »I, the Jury« hat Hammer das letzte Wort, und es ist nicht das Wort zum Sonntag: »Ich sagte: ›*Jetzt* habe ich dich getötet, du Stück Scheiße.‹«

In den 42 Jahren zwischen »I, the Jury« und »The Killing Man« schreibt Spillane nicht nur seine Mike-Hammer-Krimis, sondern auch die Tiger-Mann-Serie um den Kommunistenjäger und Killer Tiger Mann, der die CIA für einen Haufen Waschlappen hält und es den Agenten des Kreml lieber alleine mit seiner 45er besorgt. Wie Hammer hat auch Mann eine Schwäche für große, üppig gebaute Frauen, und so unfreiwillig komisch sich die Abenteuer zwischen Couch, Kanone und Kommunismus auch heute lesen, so geben sie doch die amerikanische Russenangst und Paranoia, die sich weit über die McCarthy-Ära hinaus erhalten hat, stimmungsvoll wieder.

Mit dem Vermögen, das Spillane verdiente, trieb er allerlei Schabernack: Er geht zum Zirkus, tritt als Trampolinartist auf und lässt sich als lebende Kugel aus einer Kanone abschießen; er fährt Autorennen, taucht nach Schätzen, lernt fechten und holt sich, nachdem er die Lizenz als Privatdetektiv bekommt, bei der realen Verbrecherjagd Schuss- und Messerstichwunden, schreibt außer seinen Serien noch massenhaft Gangstergeschichten, dazu Abenteuer- und Kinderbücher, tritt in einer B-Picture-Verfilmung selbst als Mike Hammer auf, wird mit Bierreklame noch reicher und tritt den Zeugen Jehovas bei – kurz: Spillane ist ein Mann der Widersprüche, die auch seine Literatur durchziehen, und die alle Gutmenschen, auch wenn sie mal anders hießen, schon immer auf die

Palme brachten. Regelmäßig wurde Spillane – auch in Deutschland – von humanistisch gesonnenen Mitmenschen als »Nazi« denunziert, wo es doch Nazis waren, die Zeugen Jehovas in Lager steckten und ermordeten. In den neunziger Jahren, wo die hartnäckige, böswillige und hysterische Leugnung der Wirklichkeit sich als »politische Korrektheit« adelt und moralische Platitüden von anämischen Eierköpfen als Erkenntnisse ausgegeben werden, ist es ein gleichermaßen grimmiges wie diebisches Vergnügen, den Schmutz und Schund, den Trash von Mikkey Spillane wiederzulesen.

1995

Kann nit mehr BAP sage

AUSGERECHNET IM SCHLAFWAGEN, müde, nackt und ziemlich wehrlos, kriegte er mich: Wolfgang Niedecken alias BAP, der Mann, dessen penetrant einem um die Sinne geschlagenen beruflichen Werdegang ich seit Jahren konsequent zu ignorieren versuche – was schwierig ist, denn der Kerl und seine PR-Maschine sind klebrig.

Was war nur geschehen? Ich war in Frankfurt am Main gewesen, der Stadt, wo die Leute anstelle einer Stirn ein Display tragen, auf dem der aktuelle Kontostand aufleuchtet; die ideelle Gesamtversinnbildlichung Frankfurts (und speziell der Frankfurter Grünen) ist ein gigantischer Hintern, der sich in einem eher kleinen Kopf breitmacht.

Froh, diesem Kaff den Rücken zu kehren, machte ich es mir im Schlafwagen bequem, trank noch ein Glas – »Auf alle, die entkommen!« – und begann, die Geschichte »Goldschuss-Goofy gegen Dampfross-Danny« (Disneys Taschenbuch Nr. 109, Seite 147ff.) zu lesen, konnte mich aber nicht recht konzentrieren, denn irgendetwas Übles, Bösartiges, ja geradezu Frankfurterisches verbreitete seine miese Aura in dem kleinen Abteil. Bald wurde ich fündig: Das Gratismagazin der Deutschen Bahn AG, ein Heftchen namens *Zug*, hatte mir der Schlafwagenschaffner in freundlich gemeinter Gedankenlosigkeit hingelegt, und auf dem Titel der Novemberausgabe, unten auf der Ankündigungsleiste, prangte der Name von Ihro Penetranz: »AUF TOUR BAP-Sänger Wolfgang Niedecken«.

Weil man durch das, was einen quält, hindurch muss,

um es abhaken zu können, oder, wie Jörg Fauser schrieb, weil »die Scheiße des Lebens jeden Tag neu breitgetreten werden muss«, tat ich mir auch das noch an: »BAP war anders. Nicht abgehoben, noch nicht einmal exzentrisch. Hotelzimmer verwüsten? Dafür war man viel zu ehrlich«, hieß es in der »Ehrlich währt am längsten« betitelten Geschichte über den ehrlichen Menschen und den ehrlichen Künstler Wolfgang Niedecken, der alles, was er ehrlich sagt und ehrlich tut, auch ehrlich meint, egal, wie ehrlich eklig es ist:

Mit Christoph Dieckmann, dem verquollenen IKEA-INRI, auf dem Balkon sitzen und ein Buch zusammenplappern über, natürlich, Jugendliche und so; mit Nazis »reden« und sie »verstehen« wollen, weil »Kristallnaach!« nur brüllen eben doch nicht so richtig authentisch ist; für die Lego-Layout-Zeitung *Die Woche* nicht nur werben, sondern sich im selben Blatt selber »Loyalität« attestieren, ohne zu erwähnen, dass »Loyal« das Hundefutter bei Aldi ist; mit seiner Frau, ob sie nun »Carmen« hieß oder »Tina« heißt, hausieren gehen und herumprahlen und auch der Zeitschrift *Zug* ein Foto von ihr geben, damit jeder im Lande weiß, wie strähnchenblond und zahngepflegt und sonnenbrillig sie doch den rechten Arm des nicht minder gefönten BAP-Grinsekopfes auszufüllen versteht, und dabei, laut Auskunft von Niedecken, in gewissen Situationen »schnurrt wie eine räudige Katze«.

Denn das ist Ehrlichkeit: erst sich selbst ein Leben inklusive Empfindungen undsoweiter aufbügeln, dann bei sich selbst den Spitzel machen und allen alles verraten und damit durchs Land plachandern als Bonitätsdarsteller. Und natürlich Hotelzimmer ganz doll liebhaben. Ehrlich. BArPs.

1996

Sind Soldaten Faxgeräte?

Mörder darf man sie nicht nennen
Denn Soldaten sind sensibel
Legen Hand auf Herz und Bibel
Fangen dann noch an zu flennen:
»Ihr sollt uns nicht Mörder nennen!«
Ja wie soll man sie denn nennen?
Faxgeräte? Sackgesichter?
Zeugungsfähiges Gelichter?
Freddies, die auf Totschlag brennen?
Weder Geist noch Güte kennen?
Oder sind sie Schnabeltassen?
Tennisschläger? Liebestöter?
Kleiderständer? Brausepöter?
Die sich das gefallen lassen:
»Schütze Arsch! Los! Essen fassen!«
Sind sie vielleicht Käsesocken?
Die auf Pils und Deutschland schwören
Und gern Tote Hosen hören
Wenn sie in der Stube hocken
Und um Gonokokken zocken?
Ach, wie soll man Mörder nennen?
Man zerfleddert nur die Wörter
Nennt man Militärs nicht Mörter.
Selbst wer schlicht ist, muss erkennen
Mörder soll man Mörder nennen.

1996

Die Revolution

heute mit: Jürgen Elsässer!

MÖCHTEN SIE EINMAL SO RICHTIg gefährlich sein? Intelligent, verschwörerisch, psychedelisch? Bolschewikisch, guerillerisch und haschrebellisch? Kein Problem: Kommen Sie nach Berlin in die Humboldt-Universität am Samstag, 11. Januar 1997, zur Rosa Luxemburg-Konferenz mit dem Titel: »Die Revolution ist großartig, alles andere ist Quark!« Da nämlich gibt es das alles zu gucken, zu simulieren und zu sein: »Die Linken. Gefährliche Individualisten und Verschwörer. Sie operieren hinter den Linien des neuen Deutschland: Panzerknacker, Medienguerillas, Computer-Saboteure, psychedelische BolschewikInnen, umherstreifende Haschrebellen, ArbeitsverweigerInnen, La Pasionara von Sket Magdeburg und Die Kleinen Strolche. Ihr Gegner: Nation und Kapital. Ihr Slogan: Jeder nach seinen Fähigkeiten, jeder nach ihren Bedürfnissen.« (sic)

Genau so, eben ganz nach seinen Fähigkeiten und Bedürfnissen, schreibt sich Jürgen Elsässer im Vorfeld der Veranstaltung in der Tageszeitung *junge Welt* die Welt zurecht: Als lüde er zu einer Butterfahrt, Selbstbeweihräucherung inbegriffen. Jeder Teilnehmer erhält ein halbes Pfund Weltanschauung. Dass er dabei, wie sonst die Sozialdemokraten von der PDS, auf dem Rosa-Luxemburg-Ticket reist, ist unappetitlich.

Aber was soll der Mann machen? Wer keine Gedanken

hat, muss eklektizieren gehen. »Auf das Platteste, Abgeschmackteste fallen sie herein«, zitiert er Rosa Luxemburgs Urteil über ihre deutschnational verblendeten Landsleute. Und das, wo doch seine, Elsässers, einzige Hoffnung die sein kann, seine Zuhörerinnen und Zuhörer gingen ihm und seinen bauernfängerischen Platitüden auf den Leim. »Wir hoffen auf die kontroverse Diskussion der Veteranen von SDS und SED, der Castro-Fans und Castor-Gegner«, geht es mit dem alliterierenden Pathos weiter, in dem sich Erweckungsprediger und schlechte Volksredner so gerne sonnen. »Wir hoffen auf die schrägen Fragen der Kids.« Mit diesem Quark kann er nun wirklich der SPD beitreten. Zum Schluss seines Deliriums rückt Elsässer dann doch noch mit der Sprache heraus: »Wir hoffen auf die Unzufriedenheit der Verzweifelten.« Wer nur über ein Minimum an Verstand und Erfahrung verfügt, der weiß, dass unzufriedene, panische Deutsche niemals nach links laufen, sondern immer nur Richtung Heimat, nach rechts. Einer, der sich – den eigenen Hintern selbstredend wohlgebettet – wünscht, es möge möglichst vielen möglichst dreckig gehen, der ist dann doch nicht einfach nur meschugge, sondern, menschlich wie politisch gesehen, ein Fall für die Müllabfuhr.

In *junge Welt* leitet Jürgen Elsässer laut Impressum das Ressort »Besondere Aufgaben«, ein geradezu elsässerischer Euphemismus für Rumlungern und Redenschwingen. Viele Zeitungen halten sich jetzt so etwas: Der Berliner *Tagesspiegel* holte sich als Grüßaugust die Landplage Hellmuth Karasek ins Haus, dessen vakanten Job beim *Spiegel* Henlyk M. Blodel übernimmt, und in der *taz* hatte in den Achtzigern Klaus Hartung diesen Posten inne. Hartungs Spitzname übrigens – und damit schließt sich der Kreis zur Luxemburg-Konferenz – war »Quark«.

1997

Comandante Redundante

SCHWARZE GALLE, SCHWARZE GALLE / O wie hasse ich euch alle! So sitzt Hermann L. Gremliza seit 1974 als Herausgeber in der Redaktion der neuen *Konkret* und bricht von Hamburg aus schier unermüdlich den Stab über Deutschland. Das ist gut und verdienstvoll; für seine Kritik an Volk und Nation könnte man ihn bisweilen Hermann L. Grandezza nennen und ihm sogar die Fehler, die er reichlich hat und begeht, großzügig nachsehen oder schweren Herzens verzeihen.

Bedauerlicherweise aber steht dem eines entgegen, das ganz intolerabel ist an Gremliza: dass er, anlässlich der in politischer wie ästhetischer Beziehung abstoßenden Wiedervereinigung der Deutschen öffentlich aus der SPD ausgetreten, für seine erklärte Gegnerschaft zum deutschen Regime gelobt und anerkannt werden möchte – und sei es von seinen Angestellten und Skribenten. Seit 1989, also seitdem die Kritiker Deutschlands sich sortieren in die Masse der anschlussbereiten und -willigen Simulationisten und in die paar Handvoll, die es mit ihrer Kritik ernst meinen, ist das Ausbleiben von öffentlicher Schulterklopferei für einen radikalen Kritiker der herrschenden Verhältnisse, wie Gremliza ja einer sein will, kein schlechtes Zeichen. Gremliza aber kann offensichtlich nichts schlechter verknusen als den Mangel an Huldigung; wenn's kein anderer mehr tut, verleiht er sich eben selbst die höheren Weihen als der letzte der Mohikaner.

Was Gremliza über die unfähigen, korrupten und kopfmäßig erledigten Gestalten schreibt, die als Journaille das Land mit sich vollmachen, ist zu ca. 97,3 Prozent zutreffend. Es ist nützlich und angenehm, wenn jemand regelmäßig den Müll runterträgt – danke für den Service. Vor der eigenen Tonne aber wird des Hausmeisters Blick trübe: Fortwährend preist Gremliza sich und seinen Laden als die eine große Ausnahme im Lande. Das Eigenlob ist nicht nur peinlich, sondern auch Quatsch: Wie überall sonst übertraf und übertrifft auch in *Konkret* die Anzahl der dummen Texte die der etwas klügeren oder klugen.

Wie hat man sich geärgert als gelegentlicher *Konkret*-Autor über Gratisgesinnung, über moralisches Gekäse, über die Leier von »Ich hab's schon immer gewusst«, über die Jagd auf Linienabweichler oder auf tatsächliche oder vermeintliche »rechte Leute von links«, die Gremliza im August 1996 von einer studentischen Hilfskraft auf einer gleichnamigen Liste zusammenfassen ließ. Wiederholung schwächt bzw. der ärmste Hund im ganzen Land / ist dann doch der Redundant: Das starrsinnige Wiederholen immergleicher Attacken zermürbt die immergleichen Feinde eben nicht, sondern immunisiert sie im Gegenteil gegen die einfallslos immergleiche Kritik.

Wenn bei Gremliza und seiner *Konkret*-Mannschaft die Lichter ganz ausgehen, erfolgt vollautomatisch der Rückgriff auf die Null- und Notvokabel »Gesindel«. Nirgends – außer vielleicht noch in Jürgen Elsässers Links-Image-Vereinsblatt *Jungle World* – habe ich dieses Wort so oft gelesen wie in *Konkret*: »Gesindel« ist eine Allzweck-Ächtung, die Nazis gegen Linke, Ausländer, Schwule und Juden genauso aussprechen wie Linke gegen Nazis, wie jeder gegen jeden.

Auch der Berliner CDU-Fraktionsvorsitzende Klaus

Rüdiger Landowsky fand, mit Blick auf Einwanderer aus Osteuropa, Gefallen daran und sprach im Sommer 1997: »Es ist nun einmal so, dass dort, wo Müll ist, Ratten sind, und dort, wo Verwahrlosung herrscht, Gesindel ist. Das muss in der Stadt beseitigt werden.« Bzw. ist es eben so, dass jeder das Wort »Gesindel« ganz beliebig so verwenden kann, wie es ihm gerade passt. Dennoch ist es nicht völlig nichtssagend: Es verrät einiges über die notorischen Reflexe dessen, der es andauernd benutzt.

Was haben nicht alles für Pfeifen in *Konkret* geschrieben und schreiben dort, immer vorausgesetzt, sie sind mit dem Kammerton *Konkret* – Es spricht der Vertreter der Anklage, und er spricht schneidend! – vertraut und die Richtung stimmt. Deshalb ist sein Magazin, sieht man von seinem wirklich ragenden Kolumnisten Tomayer einmal ab, eben auch nur ein Käsblatt unter all den anderen Käsblättern im Land – von denen sich *Konkret* allerdings durch penetrantes Selbstlob noch unangenehm unterscheidet. Was um so betrüblicher ist, weil Gremlizas Kritik, wo sie politisch analysierender oder sprachästhetischer Natur ist, oft stimmt. Sein diesbezügliches Urteil über die Grünen und ihre Journalisten z.B. teile ich, und die *taz* einmal – oder auch ein paarmal – »Kinder-*FAZ*« zu nennen ist lustig; indem aber Gremliza die hübsche Formulierung zur Dutzendware machte, verdarb er sie.

Seine treffendste Kritik noch kriegt Gremliza in die Dutten, indem er sie, aus Gewohnheit oder marode geworden von der Enttäuschung über so viele ehemalige Weggefährten, chronisch mit moralischen Kategorien vermengt und so ihren Erkenntniswert gegen Null herabmindert. Sei's aus Hybris, sei's aus Betriebsblindheit, aus Trotz oder weil er's mittlerweile schon selbst glaubt: In einer Welt voller Verräter und Opportunisten, will Gremliza eben dieser Welt verklickern, bleibe allein

Konkret bestehen als publizistischer Felsen von Gibraltar, und so lautet sein Fazit beim Betrachten der deutschen Presse auch in der *Konkret*-Augabe vom August 1997: »Bleibt KONKRET.«

Wobei auch diese Wiederholung noch die Wiederholung einer Wiederholung ist: Gremlizas Leidartikel erscheint auch als eine Art Grußwort in »Vorwärts! Nieder! Hoch! Nie wieder! 40 Jahre KONKRET. Eine linke Geschichte 1957-1997. Herausgegeben von« – Na? Von wem? Genau: – »Hermann L. Gremliza«. Der allerdings mit »40 Jahren *Konkret*« nur bedingt zu schaffen hat: Mit der Begründung, »weil man bei Ihrem Text das Gefühl nicht los wird, als stellten Sie sich mit erhobenem Zeigefinger vor den Leser. Dies aber mag der garantiert ebenso wenig wie wir selber. Nichts für ungut«, lehnte Ulrike Meinhof im Juni 1963 für die *Konkret*-Redaktion einen vom damals noch in Tübingen lebenden Gremliza angebotenen Text ausgerechnet zum Thema »Moralische Aufrüstung« ab. Meinhofs Urteil über Gremliza hat seine Gültigkeit nicht verloren.

Wenn alle fallen, »bleibt KONKRET«, murmelt Hermann L. Gremliza um und um; sie taugen alle nicht, könnte das Mantra genauso gut oder schlecht heißen, oder auch: Alles Renegaten außer Mutti.

Diese zentrale Botschaft hektographiert Gremliza, der Comandante Redundante, ins Land hinaus, Monat für Monat – wovon sie aber weder wahrer noch unwahrer wird, bloß immer langweiliger.

Es gilt in diesem / wie in jedem Sumpf: / Repetition macht stumpf. / Und stumpf ist Trumpf.

Schade eigentlich.

1997

Die Menschenliebe des Lebensschützers

Dr. Motte und seine Love Parade

»GOTT IST IN MIR. MEINE LIEBE zu allen Menschen, zu allem was lebt. Zu allem. Die Liebe durchdringt alles.« Wer sprach da? Bertold Buddha? Pol Pot? Jesus, der alte Prittstift? Nö. Es war Matthias Roeingh, ein 37jähriger Mensch aus Berlin-Spandau, der unter dem Namen Dr. Motte Platten auflegt und die Berliner Love Parade organisiert. Der Mann ist klebrig wie Christus und spricht auch gerne. »Alle Menschen« möchte er »als seine Kinder ansehen« und ihnen dann »Mutter und Vater« sein, »genauso wie Gott auch, der alles liebt in diesem Universum«. Das hat er der *Süddeutschen Zeitung* erzählt, und die hat es am 10. Juli 1997 gedruckt.

Der letzte, der mir im Ton des Erweckungspredigers mit seiner Liebe zu allem und jedem das Ohr abkaute, war ein christlicher Lebensschützer in der Fußgängerzone in Bielefeld. Er hielt eine Art Einmachglas in den Händen und schüttelte es heftig. In dem Glas befand sich ein wenige Monate alter menschlicher Embryo, der in dem Glas aber eher wie ein schlesischer Gurkenhappen aussah. Diesen Fötus behauptete der Mann zu lieben, aber nicht nur ihn, sondern alle Föten. Die dürfe man auch nicht töten, denn »Abtreibung ist Mord!« Das wußte der Mann ganz genau. Und schüttelte das Glas. Ich hörte seine Predigt, sah ihn an und musste lachen. Da war es dann ganz fix Essig mit der Menschenliebe. Der Mann wurde plötzlich sehr böse. Das war aber auch das einzig Wahre an ihm. 1997 heißen die Nachfahren solcher Einmachglasschüttler Dr. Motte und erzählen denselben Stiefel in bunt. »Die Naturgeister, die Elfen, die Dämonen« wollte Dr. Motte »einladen, an der Love Parade teilzuhaben«. Ich ging aber trotzdem nicht hin. Obwohl ich eine Elfe bin. Naja, wenn ich so in den Spiegel kucke, vielleicht doch eher eine Zwölfe.

Jedenfalls ging ich nicht. Jugend trainiert für Karneval interessiert mich nicht so. Dafür gefällt der Umzug aber der Berliner CDU. Die macht sich mit jedem zum Kumpel, der ihr ein paar Mark zusteckt. Zahlemann und Söhne, das ist ihre Idee von Politik. Und zwar ihre einzige. Mit Olympia 2000 hat es nicht geklappt. Da kommt die jährliche Love Parade wie gerufen.

Die Love Parade ist ein Aufmarsch konsumfreudiger Konformisten. Solche Leute mag die Berliner CDU. Auch politisch. »Dies ist mein Aufruf an alle Juden der Welt: Sie sollten mal eine neue Platte auflegen. Und nicht immer nur rumheulen.« Diesen Tagesbefehl erließ Dr. Motte anläßlich der Love Parade 1995 in einem Interview mit dem Berliner *Tagesspiegel*. Warum nur? Doch zuviele Pilze gegessen? Oder waren's bloß die durchschnittlichen Wahnvorstellungen in einem durchschnittlichen deutschen Kopf? Zwei Jahre später jedenfalls tat Dr. Motte das alles total leid. »Ich bitte hiermit vielmals um Entschuldigung, falls es irgend jemand falsch verstanden hat. Es war absolut lieb gemeint.«

Verstand heißt die Hürde, die nehmen muss, wer das vielgepriesene positive Denken hinkriegen möchte. Bei Dr. Motte und den Seinen war das Hindernis niedrig und wurde einfach überrannt. So entstand die Love Parade.

1997 kam etwa eine Million jener armen Tröpfe, die sich das Glück als Gleichschaltung vorstellen, nach Berlin. »Kleines dickes Mädchen aus Celle / warum bliebst du nicht zu Hause, warum bist du nicht so helle?« resümierte die Fotografin Katja Hoffmann, nachdem sie alles geknipst hatte. Der traurige Auflauf produzierte Unmengen an Unrat: kopfmäßigen, akustischen und den ganz veritablen Müll. Schade, daß man nicht in China ist, dachte ich. Dann könnte man diese Leute einfach erschießen lassen. Eine Million Arschgeigen weniger. Das wäre cool. Andererseits:

Soll man Phantasien der Gewalt / immer auf Chinesen projizieren? / Wie auf Leinwand und Tapete / auf Chinesen projizieren? / Nein! / Die armen Chinesen sind doch so klein! / Denen geht das Projizieren / auf die Dauer an die Nieren. / Also lassen wir das sein!

Diejenigen aber, die unter dem Rubrum *Hate Parade* zu einer überflüssigen Gegendemonstration aufrufen, haben es zumindest terminologisch auch nicht gepeilt. Indem der Liebesbegriff der Love Parade identisch ist mit dem des sein Embryoneneinmachglas schüttelnden Lebensschützers, ist die Love Parade ja bereits ihre eigene Hate Parade: Hier marschiert der Selbsthass auf der Suche nach einem neuen Objekt. Das hatten die Love Paradeler 1997 noch nicht gefunden, da wiegten sie sich noch als autistische Masse. Aber man wird ihrem Hass schon geeignete Objekte zur Verfügung stellen – irgendwelche Negativlinge eben, sog. »Anti-Berliner« z.B., oder wer sonst den Gang der Geschäfte stört. Die Berliner CDU ist auch in diesem Punkt ein kompetenter und vielversprechender Partner der Love Parade.

1997

Über das Faulenzen

Eine Matratzendichtung
Faulsein kostet reichlich Kraft:
Man liegt da und ist geschafft
Man liegt da und denkt verpennt:
Puuh, ist Faulsein anstrengend
Denn man musste soviel tun:
Schlummern, dösen, und dann ruh'n!
Siesta halten! Oh! Strapaze!
Rasch zurück auf die Matratze
Lecker essen. Lecker trinken.
Wieder in die Kissen sinken.
Schnurrend in der Suhle liegen
Und sich umeinander schmiegen
Um in diesem guten Hafen
Wiederum sich auszuschlafen
Bald singt man in höchstem Ton:
»Regression, ich komme schon!
Welt, du bist aus einem Guss:
Glück ist, wenn man nichts mehr muss!«

1997

Die rauchende Frau

Eine Liebeserklärung

FRAUEN, DIE RAUCHEN, SIND KLASSE. Wenn man sie anruft, sagen sie Sachen wie »Nein, ich kann jetzt nicht, ich muss gerade meine Haare entbeinen«, und dann hört man sie einen tiefen Zug aus der Lulle nehmen. Man sieht sie vor sich, wie sie da in ihrer Küche sitzen, inmitten einer gigantischen Unordnung, und den ganzen Tag tun sie sinnlose Dinge, zu denen Männer oder nichtrauchende Frauen niemals fähig wären.

Rauchende Frauen versetzen Männer in intellektuelle Raserei und stacheln sie, einfach so, nur durch ein bisschen Paffen, zu Höchstem an. Das Höchste aber ist dies: Ein ansonsten recht zurechnungsfähiger Mann verfällt angesichts einer schmökenden Frau schlagartig dem Wunsch, ihr zu gefallen und sagt: »Ich brauche keine harte D-Mark. Hart bin ich selber.« Zur gerechten Strafe wird er in Folge von der rauchenden Frau zirka alle fünf Minuten angerufen und mit dem Satz »Junge, mach die D-Mark weich! Ja! Ja! Ja!« weiter angefeuert.

Nichtrauchende Frauen sind völlig scheiße. Sie haben Sprühdosen dabei und sprayen »Männerkrieg ist Frauenmord« an Wände. Das finden sie gut, und es fällt ihnen dabei auch gar nichts auf. Nichtrauchende Frauen sind sowas wie Eva Braun und müssen daher das Schicksal Eva Brauns teilen: an der Seite eines bekloppten Vegetariers verdorren. Claudia Nolte zum Beispiel würde nie rauchen, denn: Die deutsche Frau raucht nicht! Sondern riecht ein bisschen nach Turnhalle und Medizinball. Und sieht auch so aus.

Rauchende Frauen dagegen hätten den Faschismus verhindert. Hätten 1933 mehr deutsche Frauen geraucht, ein Würstchen wie Hitler hätte niemals etwas werden können. Doch statt zu rauchen, himmelte die deutsche Nichtraucherin den Führer an. Warum? Weil der auch nicht rauchte. So simpel sind Nichtraucherinnen oft gestrickt. Von der Roten Armee, die Hitler zu Fall brachte, sind dagegen folgende Verse überliefert: Hört den Russen zärtlich hauchen: Komm Frau! Komm Frau! Du sollst rauchen! Stoisch, ja heldenmütig lässt die rauchende Frau mannigfaltige Anfeindungen an sich abperlen. Aus der täglich größer und niederträchtiger werdenden Gemeinschaft der AOK-Aktiven, die joggend um die Häuser torkelt, ist sie, als »überraucht« eingestuft, längst ausgeschlossen worden. Das ficht sie nicht. Cool qualmend steht sie auch im Winter auf Balkonen von sogenannten guten Freunden, die ihren »Es ist nichts Persönliches, aber ich vertrage den Rauch einfach nicht«-Faschismus dringend ausleben müssen und anschließend weder gut sind noch Freunde, sondern unmenschlich hart gestraft: Unter sich und ihresgleichen müssen sie bleiben.

Wundervoll ist es, einer rauchenden Frau bei ihrer Haupttätigkeit zuzusehen – dem Rauchen. Lässig sitzt sie am Tisch, schlägt lange Beine übereinander und lackiert ihre Fingernägel. Und raucht dabei, die wippende Kippe zwischen den Lippen. Beziehungsweise die wuppende Fluppe zwischen den Luppen. Da muss man dann nicht in ein zivilisiertes Land fliehen, sondern bleibt – in der Barbarei, die allein gemildert wird durch das Frauenrauchen, durch die rauchende Frau.

1997

Grün im Gesicht

EINE SELTSAME BEKLOMMENHEIT umhüllt einen, wenn man einen Bioladen betritt; eben noch munter und guter Dinge, findet man sich jedesmal schlagartig in einem Paralleluniversum wieder, von dem man nur eins weiß: Hier hast du keine Freunde, hier bist du ganz allein. Selbst häufige, regelmäßige Wiederholung hilft nicht; es tritt keine Gewöhnung ein, der Grusel bleibt.

Woran liegt es? Ist es der etwas staubige, leicht muffige, zuweilen auch ins Faulige spielende Geruch? Ist es diese gedämpfte, beinahe sakrale Stimmung, mit der die eher banale Verrichtung eines Einkaufs zu einem Akt höherer Bewusstheit stilisiert werden soll? Ist es das instinktive Misstrauen gegenüber Bürgern, die zugunsten eines besseren Lebens für alle – und wehe nicht! – ausgerechnet Reisschleim und Tofuwurst kaufen und verkaufen?

Sind es die gestrengen Blicke, an denen Dr. Röntgen seine Freude gehabt hätte? Diese Der-liebe-Gott-sieht-alles-Mienen, die die Kundschaft durchleuchten: So, du willst hier also ein Brot kaufen? Bist du dafür denn qualifiziert? Und gehörst du überhaupt dazu, zu uns? Du siehst aber gar nicht so aus, als ob du dich richtig ernährst, du mit deiner *Edeka*-Tüte Naja, dein Geld nehmen wir, aber gern gesehen bist du hier nicht, Fremder.

Einkaufen im Bioladen ist wie Konfirmationsunterricht: Man fühlt sich ständig ertappt. Ein Sünder ist man, und das kriegt man auch immer schön reingereicht. Der alternative Protestantismus müffelt nach Geiz und Getreide; seine Protagonisten sind mürrisch, übellaunig, rechthaberisch und geschlechtsneutral aussehende Figuren, die eine Aura derart knieperiger Zugekniffenheit umgibt, gegen die selbst ein Zeuge Jehovas noch Hedonismus und Daseinsfreude verströmt.

Flink schnappt man sein Brot und tritt ins Freie; puuh, durchatmen, wie früher, nach dem Kirchgang, raus in die Welt, die voller Schrecken sein mag, aber verglichen mit einem Bioladen doch immer ein Ort des Trostes ist. Der Punk an der Ecke trinkt schon am Morgen Bier; ich gebe ihm Geld für mehr davon, denn er ist ein Verbündeter.

1997

Lob des lehrerlosen Sommers

WORAN ERKENNT MAN, dass der Sommer vorbei ist? – Daran, dass die Lehrer wieder da sind.

Wie angenehm war das Dasein doch, als sie fort waren: Leer das Gartenlokal, aber nicht wüst und leer, sondern schön leer, und frei auch von Lehrernachwuchsgeplärr, denn Nachwuchs bastelt sich der Lehrer gern und reichlich, allein schon, damit er auch nach Feierabend und am Wochenende noch etwas zum Quälen hat.

Himmlisch war die lehrerabsenzbedingte Stille, ertönte doch kein Erziehungspersonal- und Ehrgeizgezeter über die durch die Bank egalweg Stück für Stück natürlich hochbegabte, überdurchschnittlich intelligente und entwickelte Brut; auf das Ergebnis seiner Zucht und Aufzucht nämlich ist der Lehrer in ähnlicher Weise stolz wie der Nationalfahnenschwenker auf sein Vaterland: Er projiziert und pfropft seine Zwangsvorstellungen hinein und singt währenddessen von Liebe.

Dann ist der Lehrer zurückgekommen. Warum? Aus Bosheit? Bestimmt. Weil man ihn da, wohin er verreiste, auch nicht mehr länger behalten wollte? Man kann es sich lebhaft vorstellen; schließlich hängt der Lehrer dem Aberglauben an, er sei eine Bereicherung für die Welt, und merkt dementsprechend nicht, wie er anderen auf den Sack geht.

Auf fremder Leute Nervenkosten erfrischt, ist der Lehrer ganz unverändert in seine Stadt zurückgekehrt und trampelt wieder durch das Quartier, das er am liebsten hat, weil's dort so viele von seiner Sorte gibt; gemeinsam haben sie dafür gesorgt, dass die Grünen hier mehr als ein Drittel der Wählerstimmen bekommen, was wiederum den Bezirk noch attraktiver macht für noch mehr die Grünen wählende Lehrer, die den Stadtteil aber nicht Stadtteil nennen oder Bezirk, sondern mit salbungsvollem Understatement: Kiez. Und der Kiez, das ist ihre feste Überzeugung, sei eine Art verlängertes Wohnzimmer; damit auch ganz sichergestellt ist, dass der angenehm anonyme öffentliche Raum gänzlich verschwindet, gebärdet man sich hier folgerichtig so wie privat, denn man ist ja unter sich.

Unter sich sein geht so: Im Straßenlokal bedient ein Wirt, der ein selbstgemachtes Kleinkind auf dem Arm trägt. Entsprechend schleppend erfolgt die Bedienung; zur prophylaktischen Abwehr jeder berechtigten Kritik, und sei sie auch nur scherzhaft oder milde ironisch vorgebracht, hat sich der Wirt einen Gesichtsausdruck angeschraubt, der jeden zum Menschenfeind stempelt, der für sein unprofessionelles, wurschtiges Gebaren etwas anderes übrig hat als klebriges Einverständnis. Am Nebentisch hockt, ebenfalls ein Eigenbalg im Arm, ein demonstrativ hochengagierter Vater, einer jener Vertreter, die einen Geburtsvorbereitungskursus nur deshalb besuchen, um auch auf diesem Felde noch alles besser zu wissen und bei der Entbindung zu ihrer Frau sagen zu können: »Schatz, du presst falsch.«

Jener Mensch nun posaunt, mit dem Finger auf sein Kind zeigend, durch's Lokal: »Maruscha hatte die Masern! 14 Tage!« Warum er das tut? Da das Lehrerkind sonst noch nichts Vorzeig- und vor allem Vergleichbares aufzuweisen hat, muss es wenigstens die schlimmsten aller Masern gehabt haben, Hochleistungsmasern quasi. Den beiden gegenüber sitzt eine Frau, deren wollige Waden die Vision von hundert elektrisch brummenden Rasierapparaten erstehen lassen; auch sie quetscht einen Säugling an sich und stopft einen Brei in ihn hinein, den sie, wie sie zu betonen nicht müde wird, »selbst gemacht« hat.

»Genauso sieht der graue Pampf auch aus«, möchte man ihr zurufen, »wie von Frau Sauertopf persönlich angeführt«, aber da verkündet sie schon: »Meiner ist ein guter Futterverwerter!« – mit einer Begeisterung, die aus dem Verdacht, Gesundheitsfixiertheit und blanke Dummheit speisten sich aus ein und derselben Quelle, eine Gewissheit macht.

Irgendwann ist auch dieser Nachmittag verquasselt; Lehrerin und Lehrer dackeln nach Hause, ihrer Bestimmung entgegen: ohne Nachtisch ins garantiert verkehrsberuhigte Bett.

1997

Als Party-Tester unterwegs

DER SAMSTAGABEND BEGANN vielversprechend: Bruder Finn kam vorbei und schenkte mir einen Pürierstab. Sogleich brachte ich das Gerät gegen ein Kilogramm trittfester Tomaten aus Holland zum Einsatz, um einige Nudeln mit einer schicken Tunke zu versehen: Die Tomaten mit 4 Zehen Knoblauch, 1 Zwiebel, 1 Döschen Kapern, 1 Schachtel Thunfisch und 100 g entkernten Oliven kurz und klein pürieren, mit reichlich Rotwein, grünem Pfeffer und Salz abschmecken und schön lange einköcheln lassen. Mjamm!

In der Wartezeit lösten wir – wenn auch zunächst nur theoretisch – ein dringendes Menschheitsproblem: Hämorrhoiden. Diese quälenden Kameraden würden in unserer Pürierstab-Klinik keine Chance mehr haben. Ein Knopfdruck, und – dschmmh! – wäre die Sache aus der Welt. Das Geld für die Klinik würden wir uns mit einem Arztroman verdienen: *Hämo – das geduldige Fleisch.*

Nach dem Spachteln kam das Wannenbad: Wir suhlten uns in Melisse, Rosmarin und Eukalyptus, machten unsere Ex-Astralleiber mit Franz Branntwein, Arnika und Melkfett geschmeidig, legten nach der Rasur ordentlich Duft auf, und in dem schönen Bewusstsein, wahrhaft würzige Männer zu sein, stiefelten wir los.

Der Plan hieß: Parties vergleichen. Bei der ersten würden wir als 35- bzw. 32jährige zum Alteisen gehören, auf der zweiten in diesem Alter aber zu den Benjaminen zählen. Unterwegs wollte sich der zufällig des Wegs kommende Freund Stein an unsere hochinteressante Unternehmung anflanschen, wurde aber mit einem »schon zu betrunken« abschlägig beschieden.

Party 1 quälte mit dem *Killing me softly*-Cover der Fugees, einer von der Kölner *spex* schwer gehypten Band; den Mitgliedern dieser Redaktion kann man mittlerweile auch Gurkenscheiben vorspielen, wenn's ihnen nur die Möglichkeit bietet, das – und damit sich selbst – als hip zu etikettieren. Ansonsten saßen diverse recht ansprechend aussehende Damen um die 22 herum, die allesamt aus Marburg stammten, demzufolge studierten – zumindest bis zu ihrer späteren Heirat – und in einer Weise über Männer sprachen, wie ich das zuletzt 1980 auf einer Familienfeier bei meiner Omma gehört hatte. Einer der schnieken Jungs, der zu enge Lederhosen und eine Baseballkappe mit dem Schirm nach hinten trug, schien den Damen deshalb diskussionswürdig; ein Dreadlockträger stellte sich als »Ich bin der Sick« vor, was man unbedingt bejahen musste. »Riecht wie'n Teppich, der nass geworden ist«, kommentierte Bruder Finn den Hautgout punktgenau.

Party 2 bot »Lola« von den Kinks und »Don't let me be misunderstood«; immerhin waren die Getränke gepflegter als bei den JungmenschInnen, und auch getanzt wurde wesentlich kompetenter. Die ungebremsten Bemühungen einiger Besucher allerdings, die übrigen Gäste über den Stand ihrer Karrieren zu informieren, trieben uns wieder zu Party 1 zurück.

Dort wrang man mittlerweile die letzten Tropfen aus den Flaschen. Also wurde die Party ausgelagert; mit einer ausgesuchten Schar junger Marburgerinnen im Gepäck ging es der freien Wildbahn, dem Sonnenaufgang und dem Frühlokal Blabla entgegen. Und während wir draußen auf der Straße den ersten Alkohol des jungen Tages schlürften, kam plötzlich Freund Stein natternstramm um die Ecke geschlingert. »Mensch Wigi, alte Fotze, wo hast du denn die ganzen Mädels her?«, rief er aufgeräumt; die studierenden Marburgerinnen wurden schlagartig blass.

Noch nie habe ich das Berliner Proletariat so liebgehabt wie an diesem Morgen.

1997

Nähe zulassen

Ein Männergruppensong

Lernen loszulassen
Lernen loszulassen

Einfach nur ich selbst sein
Seele baumeln lassen
Leben aus dem Bauch raus
Lernen sich zu öffnen
Trauerarbeit leisten
Sich einfach fallenlassen
An sich selber glauben
Zu seinen Ängsten stehen
Jede volle Stunde
Finger in die Wunde

Aua Aua Aua
Heulen gibt mir Power
Aua Aua Aua
Heulen gibt mir Power

Weinen, bis Blut kommt
Weinen, bis Blut kommt
Weinen, bis Blut kommt
Weinen, weinen

Lernen loszulassen
Lernen loszulassen

Dinge aufarbeiten
Sieben Brücken bauen
Trennung überwinden
Neue Wege finden
Nichts tabuisieren
Gefühle investieren
Frauen nicht mehr klammern
In der Gruppe jammern
Männergruppe gründen
Gründe dafür finden

Aua Aua Aua
Heulen gibt mir Power
Aua Aua Aua
Heulen gibt mir Power

Weinen, bis Blut kommt
Weinen, bis Blut kommt
Weinen, bis Blut kommt
Weinen, weinen

Weinen, weinen

Gemeinsam mit Ekkehard Busch, Adalbert Dziuk und Kai Struwe

1998

Leben wie Gott gegen Frankreich

ES WAR EIN DURCH UND DURCH finsterer Tag für Gott. Schon früh am Morgen hockte er auf dem kleinen Kanonenofen in seinem Arbeitszimmer. Er fror erbärmlich und knackte mürrisch mit den Knöcheln. Gott hatte Depressionen. Irgendetwas fehlte ihm – ein anständiger Zug durch die Gemeinde, die Weltherrschaft möglicherweise? Er wusste es nicht.

Vielleicht war er auch einfach nur müde, ausgebrannt, hatte den Burn-out, wie man heute sagte, war schlichtweg zu lange im Job, demotiviert, die Schiene? Viel Freude hatte er nicht gehabt in seinem Leben, dachte er niedergeschlagen. Sogar sein dämlicher Sohn hatte ihm den Rang abgelaufen; bei den letzten Meinungsumfragen hatte Jesus weit besser abgeschnitten als Gott.

Es war immer dasselbe: Mit der billigsten Zirkusnummer kamen diese Typen zum Erfolg. Christus der Erlöser! Was für ein Witz: Diesem Simulanten, diesem André Heller der Spiritualität rannten die Leute hinterher. Gott lachte bitter.

Seine Frau kam ins Zimmer. Sie war Französin, ein ziemlicher Feger und ein lustiger Vogel dazu. Gott hatte unverschämtes Glück: Trotz seiner Launen liebte sie ihn wirklich, und ohne ihre unbeirrbare Heiterkeit wäre er längst völlig zum Sauertopf geworden. Sie sah ihn an, kommentierte sein Möff-Möff-Gesicht mit keinem Wort, nahm seinen Kopf in beide Hände, küsste ihn auf den Mund, ließ ihn los, drehte sich leicht im Kreis und trällerte: »Ein bissschen Marx, ein bissschen Nietzsche, so soll er denken, der Mann, bei dem isch quietsche.«

Anstatt sich zu freuen, was für einen klasse Fang er gemacht hatte, spulte Gott sich auf. Gott war Deutscher. Es reichte ihm nicht, dass er das Glück frei Haus bekam. Er musste unbedingt auch rechthaben, und zwar in allem, sonst gildete es nicht. Entsprechend panne reagierte er auf den freundlich-albernen Gesang seiner Frau. »Ich liebe dich, France«, murrte er, »aber ich habe dir schon tausendmal gesagt: Sing keine Lieder!«

Gott kam in Fahrt. »La musique pop! Hahaha! Der Franzose und die Popmusik! Das größte Missverständnis aller Zeiten!« Er lachte gehässig. »Ihr haltet Johnny Hallyday für einen Rock'n'Roller! Hallyday! Dieses Stück Nappaleder! Diesen nachgemachten Kautschuk-Rocker! Franzmann, ferme la guelle!«

Gott wurde richtig eklig. »Der französische Beitrag zur Popkultur – und zwar der einzige! –«, dozierte er auftrumpfend und stocherte mit dem rechten Zeigefinger im Zimmer herum, »war Plastic Bertrand! Und der ist Belgier!« Gott warf sich ironisch in Positur und begann zu juhuien: »Ça plane pour moi! Ça plane pour moi! Ça plane pour moi, moi, moi, moi, moi, ça plane pour moi, Uuhuuwhuuhuu...«

Er hätte endlos weitermachen können, aber dann bemerkte er den Blick seiner Frau. »Du tust mir leid«, sagte sie. »Du bist äscht bescheuärt.« Sie schüttelte den Kopf. »Und wer sagt, ›Isch liebö disch, abör‹, hat sowieso nischts begriffön und kann sich den Fingör in den Hintörn steckön.«

Mit diesen Worten verließ sie Gott und ging zurück zur Mutter aller Franzosen, zu Serge Gainsbourg, bei dem es immer ein paar gute Flaschen und ein paar schöne Lieder gab für Frauen wie sie.

Gott aber verkam und verelendete völlig, pinselte den Himmel schwarz-rot-golden an und nannte ihn nach seinem täglichen Doseneintopf: Protektorat Bohnen und Möhren.

1999

Es bleibt ein Stück Hannover zurück

HANNOVER. WAS FÜR EIN WORT! Kundigen wird der Mund trocken, ihr Magen zieht sich zusammen, das Blut fällt ihnen aus dem Gesicht direkt in die Füße. Und doch hat die Stadt, aus der Gerhard Schröder kroch, auch ein Gutes. Man kann sie leicht verlassen. Zugreisende wissen es längst: Hannover ist geradezu ideal zum Umsteigen und Wegsein.

Auf dem Weg nach Bremen wurde ein Hannover-Aufenthalt von 20 Minuten bereits als bedrückend empfunden; ich erbot mich, etwas Reiseproviant zu besorgen, und verschwand in den Untiefen des hannöverschen Hauptbahnhofs. Eine Imbissbude lockte mit fiesem Geruch; es gibt diese Tage, an denen man glaubt, so etwas essen zu wollen. Für meine Begleiter erstand ich zwei Hot Dogs: Weichwürstchen im Weichbrötchen, Erzeugnisse, wie sie von wirklicher Wurst und wirklichem Brot nicht weiter entfernt sein könnten. Dasselbe galt auch für das Ensemble, das ich mir selbst gönnte: eine Bratwurst im aufgeschnittenen Brötchen mit einem Strang hellgelbem Senf drauf.

Die in Alufolie eingewickelten Hot Dogs in der linken und mein Bratwurstbrötchen in der rechten Hand, ging ich zurück und biss auf dem Weg schon mal ein Stück Wurststriemen ab. Und, weil es so sonderbar schmeckte, gleich noch eins. Kaum dass ich den Bahnsteig erreicht hatte, waren offenbar auch die zwei Wurstbissen beim Magenpförtner angelangt.

Der gab ihnen allerdings einen entschieden abschlägigen Bescheid. Mit Händen und Füßen, das merkte ich nun ebenso plötzlich wie vehement, wehrte sich mein Magen gegen das hochtoxische Wurst-Senf-Gemisch. Es gelang mir, die Reste des Bratwurstbrötchens, die ich noch in der Hand hielt, in einem ihnen angemessenen Aufbewahrungsort zu versenken, einem Mülleimer, so dass ich die Rechte wieder frei hatte; ich brauchte sie auch dringend, um mir den Mund zuzuhalten, denn dem Magenpförtner war es ganz offensichtlich gelungen, die Wursthalunken davonzujagen, und nun waren sie auf dem schnellsten Weg ins Freie.

Dagegen hatte ich auch nichts einzuwenden, allerdings: nicht jetzt, nicht hier!, wie es in diesen Filmen immer heißt. Es war heller Nachmittag, der Bahnsteig mäßig mit Menschen besetzt und ein angenehmer, weil anonymer Ort zur Entsorgung nirgends in Sicht. Wie peinlich, dachte ich; Verzweiflung machte sich in mir breit wie Wurst hinter meinen Zähnen, die ich zusammenbiss wie nie und zur Sicherheit noch die freie Hand davorpresste. Dieser äußerste Verteidigungsdamm, noch hielt er, noch brach er nicht.

Weiterhin die Hot Dogs in der Linken balancierend, taumelte ich den Bahnsteig entlang, Bahnsteig 13 las ich immer wieder, Bahnsteig 13, wieso las ich das?, egal, hastete, nur weiter! nur weiter!, dem Druck kaum mehr standhalten könnend, das Pflaster entlang, bis endlich niemand mehr vor mir zu sehen war und ich zum Stehen kam, um, selbst verwundert über diese Premiere, eine grellgelbe Fontäne in erstaunlich elegant geschwungenem Bogen auf die Bahngleise sich ergießen zu sehen. So musste sich Jesus gefühlt haben, als er sagte: Es ist vollbracht.

Verstohlen prüfte ich, ob mir jemand zugesehen hatte. Anscheinend hatte ich Glück gehabt. Nur eine ältere Dame sah mich mit einem Gesichtsausdruck an, in dem Entsetzen, Angst und Mitgefühl eine verblüffende Ampelkoalition eingingen. Dann kam auch schon der Zug, erleichtert verließ ich Hannover und sah, ganz entspannt, meinen Reisebegleitern beim Verzehren der Mahlzeit zu, die ich ihnen mitgebracht hatte.

1999

Kanak Sprak und Feri Ultra

»IM TRATSCHTEIL DER *Woche* gibt es regelmäßig einen Fragebogen. Der Kandidat wird unter anderem gefragt: ›Wie würden Sie einem Blinden Ihr Äußeres beschreiben?‹ Eine Antwort könnte lauten: ›In der Syntax streift die gegenwärtige Zeit mit einem kurzen Knirschen die Zeitlosigkeit des gegenwärtigen Diskurses. Es scheint daher keinen Widerstand zu geben beim Sprung von einer Zeitscholle zur nächsten.‹ Die Antwort des Blinden wäre: ›Dann müssen Sie Klaus Hartung sein.‹« (Eike Geisel)

Der natürliche Feind der Sprache ist der Journalist. Wo Familie Lall & Quall hinschreibt, läuft Paul Celan die schwarze Milch über. Was diese Leute für Wörter können: »Bertis Buben« schreiben sie, millionenmal »Bertis Buben«, immer wieder, bis zur letzten Sekunde: »Bertis Buben«, und sie kommen sich noch kritisch dabei vor oder sogar komisch. Sind sie älter geworden und haben es in einem der größeren Gemeindebriefe des Landes zum Rang des Oberbauchredners gebracht, sprechen sie auch gern einmal von sich. Natürlich nicht einfach so, sondern schon etwas bedeutsamer: Unter »Ich persönlich« tun sie's nicht, denn wo kein Ich ist, muss es wenigstens persönlich sein. Gern angewandt wird auch die Methode Biolek: Der kopfmäßige Brei wird auf Stelzen serviert. Anstatt also beispielsweise zu sagen, »Ich esse gerne Wurstbrot«, heißt es dann: »Ich persönlich bin ja ein Mensch, der gerne

Wurstbrote isst«, damit dann gar nichts mehr stimmt, am allerwenigsten das mit dem Menschen.

Sind die Schwatzköpfe noch etwas jünger und fühlen sich also fetziger, können sie auch Sachen sagen wie »Event« oder »Location«; das Zeug hat den Vorteil, dass es sich bewusstlos von selbst wegbrabbelt, seinem Sprecher aber das wohltuende Gefühl vermittelt, besonders wichtig aufzutreten, während es dem unfreiwilligen Zuhörer die Identifizierung des Gegenübers erleichtert. Er weiß, dass er einen vom Stamm der Sabbler vor sich hat und kann sich hilfesuchend ans Personal wenden: »Kellner, zwei frische Ohren bitte, die alten sind voll.«

Sehr geübt im Ausgießen von Stanzen sind auch junge Menschen, die sich moderner Musik verschrieben haben und so ziemlich alles »phatt« finden, beziehungsweise »voll phatt« oder auch ein »phattes Brett«, das notorische »Ey Allter isch sag dir ey« dabei ebenso im Gepäck wie die entsprechende Jungmänner-Gestik, die sagen will: Ich habe zwar von nichts eine Ahnung, aber das stochere ich mit den Fingern in euch hinein.

Bei diesen Grenzdebilen direkt ums Eck lugt der Kieler Salontürke Feridun Zaimoglu, dessen »Kanak Sprak«, wie er sein sprachliches Kurzwarenangebot getauft hat, das Bedürfnis des Kulturbetriebs nach Exotik vollkommen widerstandslos befriedigt. Als eine Art Malcolm XY ungelöst tingelt er durchs Land, euphemisiert sich als »alipoet«, nennt Leute, die sich's gefallen lassen, »brother« und ist in toto ein wunderbar nachgemachter Ghetto-Darsteller featuring Fotzenbart und Siegelring, alles dran, tip top, und während er an der virtuellen brennenden Mülltonne lehnt, teilt er dem Feuilleton mit: Kanak Sprak is sswere Sprak. Freunde, so liest man, nennen ihn Feri. Warum eigentlich nicht Feri ultra?

1999

Über die Hohe Kunst der nicht sinngebundenen Beleidigung

Ein Seminar

»NICHT DENKEN – FLUCHEN!« ist der Leitspruch der Heimwerkersorte Mensch. Wenn so ein Bastler, wahlweise in Latzhosen oder im graublauen Kittel, in seinem Keller oder seiner Garage steht, hält man sich besser von ihm fern. Aus sicherer Deckung heraus kann man ihn beobachten, wie er da herummochelt. »Ich hatte da doch noch so ein schönes Muffenstück«, kann man ihn sagen hören, aber meistens nörgelt und knörmelt er vor sich hin, das Werkzeug »taugt nicht« und das Material, das er im »Bauhaus«, im »Obi« oder in einem ähnlichen Amateurverbrechermarkt zusammengerakt hat, sowieso nicht. Wenn er einen Nagel nicht in die Wand bekommt, ächzt er »Rein musst du, und wenn wir beide weinen« – ein Satz, der interessante, wenn auch nicht unbedingt erfreuliche Einblicke gewährt in das Privat- und Intimleben des notorisch von Unrast und Ruhelosigkeit getriebenen Heimwerkers.

Sein Leib- und Magenfluch aber ist und bleibt das eher einfallslose »Scheiße!«, und mit der Vorsilbe »Scheiß-« überzieht er alle Gerätschaften, die ihm unter die unegalen Finger kommen. Dabei hat die Scheiße, wie Hans Magnus Enzensberger in seinem gleichnamigen Gedicht bemerkte, etwas eigentümlich Sanftes, Bescheidenes, Nachgiebiges, Gewaltloses und Friedfertiges an sich; jemanden als Scheiße zu bezeichnen, kann daher einen untertreibenden Zug und in diesem Understatement beinahe schon wieder etwas Elegantes bekommen. Man muss aber vorsichtig damit umgehen.

Als ich einmal die von Fanny Müller gelernte Generalvokabel »Scheiße in Menschengestalt« in einem privaten Brief und wohlbegründet zur Anwendung brachte, lief der Adressat damit zu seinem Anwalt, der sogleich ein paar Briefbögen füllte und die Staatsanwaltschaft mit der Sache behelligte. Es kostete eine vierstellige Summe, um diese Verneinung eines Rechtspflegers zu stoppen. Das Recht ist in solchen Fällen auf der Seite von Leuten, für die man sich andere Schimpfwörter ausdenken muss – »Ehrenmann« zum Beispiel. Auch »Napfsülze« ist sehr hübsch, und das westfälisch-masemattesche »Hacho« zeigt ebenfalls immer wieder Wirkung. Die Frage »Was bist du denn für'n Hacho?« versetzt die meisten Angesprochenen in den erwünschten Aggregatzustand: Sie halten den Schnabel und grübeln verzweifelt darüber nach, ob sie jetzt beleidigt sein müssen.

Ähnliche Effekte lassen sich mit den – gleichwohl freundlicheren – Invektiven »Tünsel« und »Dölmer« erzielen. Ausgedient haben die Anwürfe »Weichei« und »Warmduscher«, die längst hineingefunden haben in die Neue Mitte. Als »Weicheier« und »Warmduscher« werden Leute denunziert, die sympathischerweise nicht bereit sind, anderen für einen Arbeitsplatz das Gesicht einzutreten. Asoziale und bundeswehrsoldatige Existenzen dürfen ihre beiden Lieblingswörter aber gerne weiter benutzen.

Für mein Schimpfwort Nummer eins möchte ich mich bei Henning Harnisch bedanken: »Schattenparker!« Was für eine Kraft, was für ein Groove: »Schattenparker«. Man kann es pausenlos sagen, zu allem und jedem: »Schattenparker!« Was es bedeutet? Egal. Die nicht sinngebundene Beleidigung, das weiß man seit Käpt'n Haddock, trifft am besten. Ha, Schurke, nimm das: »Schattenparker!«

1999

Einiges über den jungen Mann

Eine Recherche

DAS AUFFÄLLIGSTE AM JUNGEN MANN ist, dass er ständig auffällt. Das liegt daran, dass er im Weg steht. Aus Prinzip. Weil er's nicht anders kann und nicht besser weiß. Niemand steht einem so dull und klumsig vor den Füßen herum wie ein junger Mann. Selbst wenn eine drei Meter breite Schneise da ist – der junge Mann schafft es, einem vor den Knochen herumzuölen. In der Fußgängerzone, im Lokal, im Konzertsaal – egal wo. Weil er nicht weiß, wer er ist und wo er hingehört. Er ist nicht Fisch und nicht Fleisch und leidet daran. Das ist entsetzlich – vor allem für die anderen, denen er sich und sein quälendes Ungeschick vor die Füße kippt.

Eigentlich will der junge Mann ja nur zu Mama. Aber das weiß er nicht und darf das nicht einmal denken. Vor allem darf Mama nicht nach Mama aussehen. Frisch soll sie sein, straff und trotzdem erfahren, mit allen Fruchtwassern gewaschen, ohne dass man das sieht. Und geile Sachen soll sie anhaben – die Mischung aus Dessous und Mütterlichkeit ist es, die den jungen Mann schwindelig macht. Er möchte Mama und Hure in einem, endlich Mutti & Nutti statt Hanni & Nanni. Eine Frau, die alles weiß, wovon er allenfalls eine feuchte Vorstellung hat. Und lieb soll sie sein und nicht lachen über seine Dusseligkeit, über seinen Hang, alles falsch zu machen, was man nur falsch machen kann. Ficken wie bei Muttern heißt sein Traum.

Zurückkriechen können. Nicht mehr der bösen Welt ausgesetzt sein, in der man einen auf hart macht. In der man klarkommt bis zum Exitus. Bis man so funktioniert, wie man soll. Und sich gut dabei fühlt. Der echt coole Typ, der ganz brav alles mitmacht. Aber nach Rebell aussieht. Den kann der junge Mann noch nicht, den hat er noch nicht fertig gelernt. Deshalb muß er nachts an die Mama. Die ist so nachgiebig, so freundlich, so gut. Gar nicht wie die Schweinewelt da draußen. In der er allerdings unbedingt etwas gelten will, der junge Mann. Aber hallo.

Das gibt er natürlich nicht zu. Gerne schläft der junge Mann mit einer Frau, die rund ist, warm und weich, aber zum Ausführen und Vorzeigen und Renommieren bei den Kumpels und beim Chef möchte der junge Mann dann doch eine illustriertentauglich dünne Frau haben. Eine, die ihm nachts im Bett eigentlich nicht pneumatisch genug ist, die aber zur Aufwertung der eigenen Person, zur Verbesserung des Status ordentlich was hermacht. Er kann bereits prima heucheln, der junge Mann. So grün er ist, so hat er schon gelernt, worauf es ankommt. Aber er ist noch kein ausgereifter Drecksack, sondern erst auf dem Weg dahin. Deshalb wirkt er manchmal süß, fast liebenswürdig. Wenn er hart drauf sein möchte zum Beispiel, und so gar keine Ahnung hat, wie das geht. Das sieht ulkig aus und wärmt manches Herz. Aber das täuscht. Was soll man nur mit ihm machen? Man kann ihn schließlich nicht gut mit dem nassen Handtuch totschlagen. Auch wenn man das manchmal möchte. Wenn er wieder nervt. Und einem in seiner Daddeligkeit womöglich noch dankbar dafür wäre.

Manchmal, sehr selten, entwickelt sich aus einem jungen Mann sogar etwas halbwegs Passables und immerhin Semihumanoides. Das man dann vergleichsweise begrüßen muss, denn man freut sich ja schon über Kleinigkeiten.

1999

Über die Vorzüge des Nichtstuns

AM SCHÖNSTEN IST, WENN NICHTS IST. Nichts zu tun, nichts zu reden, kein Geräusch, nichts. Nichts ist selten. Nichts ist fast nie. Irgendetwas ist immer. Oder irgendeiner. Der muss Pipi, hat Durst oder fragt: »Kann ich ein Eis? Ist es noch wei-heit?« Wenn er Ruhe gibt, ist es wieder still. Beinahe wäre nichts. Aber das nächste Irgendetwas ist immer schon unterwegs.

»Haaalllooo!« Ah – jemand quengelt. Man soll sich um ihn kümmern. Kümmern und liebhaben! Ein verständlicher Wunsch. Schade nur, dass man jetzt etwas tun muss. Aber gut: Erkaufen wir uns ein bisschen Ruhe und Frieden. Vielleicht kann man dem Nichts auch auf Umwegen näher kommen. Über den Umweg Tee und Gebäck? Tee? Wirklich Tee? Tee ist ein gutes Getränk, aber Teetrinker sind seltsam. Einmal betrat ich ein Bekleidungsgeschäft, das auf Leinen spezialisiert ist. Mit Leinen ist es wie mit Tee: Der Stoff an sich ist gut, hat aber viele falsche Freunde. Kaum hatte ich den Laden betreten, eilte mir der Besitzer entgegen. Er trug eine sackartige Pluderhose aus Leinen und eine Weste aus demselben Material. Sonst trug er nichts. Der Mann, der seine Produkte weit weniger günstig bewarb, als er wahrscheinlich dachte, lächelte unterwürfig und fragte: »Willsten Tee?«

Also keinen Tee. Aber Gebäck. Gebäck ist gut. Wer isst, spricht nicht. Backen wir also Gebäck! Wenn man schon etwas tun muss, ist backen gut. Überhaupt kochen – sehr meditativ. Gemüse putzen zum Beispiel ist eine astreine Sache. Aber – man soll sich nichts vormachen: Es ist nicht nichts. Sondern eine Tätigkeit. Eine Aktivität.

Aktivität ist ein grauenhaftes Wort. Es klingt nach gehobener Freizeit für Leute, die nicht still sitzen und nichts tun können, und die deshalb Sportarten ausüben, die auf –ing enden müssen: Freeclimbing, Canyoning, Jogging, Rafting, Piercing, Trekking. Ab und zu enden diese Sportarten nicht nur auf –ing, sondern mit dem Exitus. Es gibt Leute, die bringen sogar den Tod auf den Hund.

Ähnlich gemein klingt das Wort Aktivität im Zusammenhang mit aufgepeitschten Seniorengruppen, die busladungsweise durch die Welt gekarrt werden, weil es keine alten Leute mehr gibt, nur noch Senioren. Alten Leuten haftet das Stigma des Passiven an – Senioren aber sind aktiv! Und zwar permanent.

Sollte ich alt werden, werde ich es vorziehen, zu den Alten zu zählen statt zu den Senioren. Jedenfalls werde ich schön passiv sein. Passivität ist ein erfreuliches Wort – für Pädagogen, Psychologen und gefechtsmäßig ausgerüstete Freizeitaktionisten hat es einen bösen Klang. Auch das ist gut. Vielleicht werde ich sogar das tun, was für Aktivitätsfanatiker das Verbotenste überhaupt zu sein scheint: einfach nur dasitzen und auf den Tod warten. Mir erscheint das ziemlich klug. Nahezu jede menschliche Beschäftigung zieht mehr Unheil nach sich, als dazusitzen und auf den Tod zu warten. Was also ist so schrecklich zum Schluchzen daran? Einstweilen aber sitze ich noch hier herum und übe mich im Nichts. Träge fließt der Strom durchs Bild, hin und wieder treibt die Leiche eines Feindes vorbei. Man muss gar nichts dazu tun, nicht zielen, nicht schießen. Sie machen sich alle hübsch selber fertig. Ich bin sicher, es hat mit Mangel an Nichtstun zu tun.

1999

Am Grabmal des unbekannten Handwerkers

Ein Frontbericht

SIE HÄMMERN. HIER. DIREKT NEBEN meinem Kopf. Hämmer hämmer hämmer. Sie sind da. Sie leben.

Was hämmern sie? Sie hämmern die Inschrift in meinen Grabstein: Er wurde von der Banalität des Alltags zermalmt. Von uns. Den Handwerkern.

Jetzt sägen sie. Mit einer Kreissäge. Nein: Kreischsäge heißt das Instrument. Während es kreischt, sprechen die Handwerker. Laut. Direkt unter meinem Fenster. Ich lebe Parterre. Das ist ein Fehler.

Wenn der Handwerker spricht – und er spricht, o ja, er spricht! –, spricht er über Probleme des Automobilwesens. Das ist schade. Ich interessiere mich gar nicht für Autos. Auch nicht für Autozubehör. Oder für Autoreifen. »Sone Puschen!« Gar nicht. Aber das kümmert den Handwerker nicht. O nein.

Der Kolben ist sein Thema. Sein eines Thema. Das andere Thema ist der Kolben in seiner Hose. Und in wen er den hineinsteckt. In alles und jedes, wenn man ihm Glauben schenkt. Ihm, dem Handwerker. Unter meinem Fenster. Er fickt sie alle. Er ist super. Er ist GTI. Auch schwanzmäßig.

Er lügt aber, der Handwerker. Er hat gar keinen Kolben in der Hose. Sondern einen Wasserhahn. Einen kleinen, tropfenden Wasserhahn. Oder eine Wurst. Genau: eine

Schlackwurst. Oder eine Fleischwurst. Von der schneidet er sich mit seinem Handwerkermesser dicke Scheiben ab, bestreicht sie mit mittelscharfem Senf und futtert sie auf. Schmatz schmatz. Der Handwerker. Faulig tönt's aus seinem Schritt: Bifi muss mit! Bifi muss mit!

Jetzt schabt der Handwerker. In einem Rohr. Das macht schnarrende, kratzende Geräusche. Als säße er in meinem Kopf und schabte an der Schädeldecke. Von innen. Mit einem Löffel.

Eine Mischmaschine hat er auch. Hier. Direkt unter meinem Fenster. Die stellt er morgens als erstes an. Klödder klödder. Schön laut. Damit alle wissen, dass er da ist. Morgens um sieben. Damit man beruhigt ist und weiß: Er hat Arbeit, der Handwerker. Er kann auch eine Schippe so laut in den Hof werfen, dass alle aufwachen. Keiner darf schlafen, wenn der Handwerker wacht. Alle müssen ihn hören. Erst dann kann er zufrieden und in Ruhe Pause machen und frühstücken, der Handwerker. Schließlich hat er seine sinnlose Existenz nicht umsonst gewählt. Er hat ja uns. Nein, nicht uns: Er hat mich.

Jetzt bohrt der Handwerker. Er bohrt jaulend in eine Wand hinein. Damit die Wand ein Loch hat. Das kann er dann später wieder zumachen, das Loch. Der Handwerker. Mit Speis. Den schmeißt er mit der Kelle in das Loch, den Speis. Flatsch. Aber erst später. Erst muss er das Wasser abstellen. Und dann weggehen. Und erst in drei Tagen wiederkommen. Oder gar nicht. Dann muss man ihn anrufen, den Handwerker. Er ist dann nicht da. Aber seine Frau. Eine mittelschwere Frau. Mein Mann ist nicht da, sagt die Frau. Sie lügt. Ich weiß, dass sie lügt. Sie weiß, dass ich weiß, dass sie lügt. Aber sie lügt. Sie ist patent, die Frau.

Es steht etwas in der Zeitung. Über den Handwerker. Es geht so: »Rätselhaftes Handwerkersterben. Handwerker grausam ermordet. Das Markenzeichen des Killers: Er tötet die Handwerker mit ihrem eigenen Werkzeug.«

Das bin ich. Noch nicht, aber bald. Wenn ich fit bin und alle Handwerker erlöst sind, errichte ich das Grabmal des unbekannten Handwerkers. Eins kann ich versprechen: Eine Klanginstallation wird es nicht.

1999

Alles im Schlaf

WINTERSCHLAFEN GEHT GANZ LEICHT: Man zieht den Stecker raus und geht vom Netz. Das sogenannte soziale Leben erfährt eine Gesundschrumpfung und schnurrt auf den Tagesordnungspunkt Nahrungsbeschaffung zusammen. »Und? Noch?« wird man von der Dame an der Käse-ist-Folter!-Theke angeherrscht; stumm und scheu lächelnd wendet man sich gleichwohl hastig ab, wird aber nach zwei Schritten doch noch von ihrem »Tüte?« erwischt und hinterrücks durchbohrt. Ein oder zwei Sozialkontakte dieser Art pro Tag genügen völlig, um nicht zu vergessen, dass der Mensch geboren ist, um in Gemeinschaft zu leben.

Manche tun das unbegreiflicherweise sogar privat, also freiwillig, obwohl sie gar nicht müssen, und bilden sogenannte Lebens-, Ehe- oder Wohngemeinschaften, die vor allem den Zweck haben, dass eins der Gemeinschaftsmitglieder im Winter nicht einmal mehr zur Nahrungsbeschaffung das Haus verlassen muss. Dieser Mensch nämlich hält sich einen oder mehrere Lakaien, die er je nach Milieu Freundin oder Freund, Frau oder Mann, bevorzugt aber Mitbewohner nennt; es gibt wohl keine Vokabel, in der Verachtung, Gereiztheit und die Hoffnung, man könne die so bezeichnete Person dennoch auch weiterhin, und zwar noch möglichst lange, ausbeuten, so kulminieren wie in dem Wort Mitbewohner.

Etwas ganz anderes ist dagegen das geordnete Verhältnis, in dem man als Untermieter lebt; ist man hier einmal

Diener, dann aus freien Stücken, und das tut dem Seelenhaushalt von Zeit zu Zeit sehr gut. Ohne weitere Störungen und Unterbrechungen aber kehrt jetzt der in Untermiete lebende Winterschläfer in die heimische Höhle zurück, wo er mit zufriedenem Brummen seine Beute begutachtet. Er fühlt sich behaglich, so, als tauche er bereits die Pranke in den Honigtopf und schlecke sie ab.

Der Winterschläfer reduziert seine Tätigkeiten auf Schlaf, Traum, Nahrungsaufnahme und –entsorgung und maximal hier und da etwas Selbstbefriedigung. So gesehen richtet er weniger Schaden an als zu irgendeiner anderen Jahreszeit. Doch wird ihm das weder gegönnt noch gedankt. Im Gegenteil: Ständig rummeln und ramentern Mitbewohner des Erdballs um ihn herum; beispielsweise ruft jemand an, um gewichtig zu verkünden, seit heute keine Bronchientropfen mehr einnehmen zu müssen. Das ist schön; beinahe so schön wie das Wort Bronchientropfen.

Gern auch wird der Winterschläfer mit dem unsittlichen Antrag behelligt, er möge doch etwas arbeiten; telefonisch geäußerte Zumutungen dieser Art geben dem Wort Telefonterror eine ganz neue Bedeutung und Dimension. Menschen, die dem Fußballspiel verfallen sind und von ihren sogenannten guten Freunden natürlich immer und geradezu ausschließlich samstags zwischen 18 und 19 Uhr 30 angerufen werden, vermögen zu erahnen, wie es sich anfühlt, von jemandem aus dem Winterschlaf gerissen zu werden, der mit reißerischer Stimme fragt, ob man nicht »eine geile Story auf Lager« habe. »Dreimal nein!« heißt die Antwort, »weder geil noch Story, und auf Lager schon gar nicht!«

Grollend schreibt man diesem Fredie in Gedanken vorsorglich schon mal eine Grabinschrift:

Sie nannten ihn Aufschnitt
Weil er so aufschnitt.

Auf diese Weise hochgescheucht, geht der Winterschläfer in den Aggregatzustand eines Hilfsbären über. Nachdem er sich an einem möglichst grobborkigen Kratzbaum das Fell gescheuert und geschubbert hat, empfängt er sogar Besucher, meist fröstelnde Frauen, denn Frauen – das haben amerikanische Wissenschaftler bewiesen – frösteln oft arg. Zu ihren Gunsten verwandelt sich der Hilfsbär in einen sogenannten Petschinek – so nennen Russ' wie Russin einen kleinen Ofen –, der dann nach Kräften bullert, um das schändliche Frauenfrösteln zu bannen; gern blättert der Winterschläfer dabei in Broschüren mit Titeln wie »Sorge dich nicht, bullere« oder »Männer sind Wärmflaschen mit Ohren«.

Lieber allerdings liegt er selbst am Ofen und erfreut sich der Musse. Es gibt nichts zu tun als einen Tee, eine kräftige Brühe oder ein Quantum Rotwein in sich hinüberzuleiten, leckere kleine Brote zu verzehren und dabei gemütliche Bücher zu lesen, von Chesterton oder Conan Doyle zum Beispiel, oder Rattus Rex von Colin McLaren; realitäts-, aber keinesfalls geistferne Werke, geschrieben, um den menschlichen Geist zu spannen und zu entspannen, zu spannen und zu entspannen, zu spannen und zu entspann...

Von süßem Schlummer erfrischt und erquickt, begibt sich der Winterschläfer an seinen Traumaufzeichner; diese Maschine hat er sich selbst gebaut, da die Welt sie ihm, wie manches andere, aus blanker Unfreundlichkeit und Tünselei bislang vorenthielt. Mit dem Traumaufzeichner kann er alle seine Träume nicht nur festhalten, sondern sich auch per Videogerät direkt ansehen, was in seinem Innenleben gerade wieder vor sich ging. Technisch funktioniert die Sache in etwa so: Mit Hilfe von Sensoren tastet der Traumaufzeichner sämtliche elektronische Impulse des Schläferhirns ab und verwandelt sie per Decoder in elektromagnetische Signale, die als Bilder und Töne auf Videomaterial gespeichert werden. Schnitt und Mischung erfolgen automatisch, so dass der erwachte Schläfer, wann immer er es wünscht, auf einem Monitor seinen soeben geträumten Traum in bester Bild- und Tonqualität betrachten und genießen kann.

Genaueres kann hier leider nicht verraten werden, denn der Traumaufzeichner birgt hohe Risiken: Erste Versuchsreihen haben gezeigt, dass Personen mit gesteigerten narzisstischen Tendenzen bei seiner Benutzung in eine Art Trance fallen, in der sie zu nichts anderem mehr in der Lage sind als zu permanenter Nabelschau; Fachleute sprechen hier vom »Wenders-Kinski-Komplex«. Noch gefährlicher aber wäre es, wenn die Maschine der Gedankenpolizei in die Hände fiele, die ohne Zögern ideologisch Verdächtige und andere unsichere Kantonisten an den Traumaufzeichner zwangsanschließen könnte. In der Folge würden freudig Mitbewohner-Kommissionen eingerichtet, deren Mitglieder begierig über die Träume der Delinquenten zu Gericht säßen, immer in der Hoffnung, etwas zu finden, von dem sie selbst immer schon geträumt haben, was sie aber niemals zugeben würden, und das sie dann möglichst drakonisch ahnden dürften. »If my thought dreams could be seen, they'd probably pur my head in a guillotine«, sang schon Mitte der 6oer Jahre Bob Dylan, Konstrukteur eines der ersten Traumaufzeichner; er wusste , dass es klüger ist, die Bänder zu vernichten, wenn Leute in der Nähe sind, deren Pfadfindertum zu rasender Denunzianz mutiert ist, von ihnen selbst allerdings für grundgutes Engagement gehalten und ausgegeben wird.

Der Winterschläfer schließt diskret die Geheimtür des Traumaufzeichnungszimmers; bei dem Gedanken daran, dass er gerade in Gedanken das Wort diskret verwendet hat, muss er lächeln, denn es gibt nichts Indiskreteres, als diskret zu sagen. Als vor kurzem eine auswärts wohnende und fest liierte Kollegin anrief und ihn bat, in einem guten Hotel ein Doppelzimmer zu buchen, fügte sie hinzu, er möge das bitte diskret tun, womit die Indiskretion erst begangen war; erst danach war klar, dass ihr Begleiter wohl nicht der übliche sei, sondern ein anderer, was der Winterschläfer ja gar nicht hatte wissen wollen, aber diskret war er in die Komplizenpflicht genommen worden, beinahe so, als ob ihm jemand zugezwinkert und den Ellbogen in die Rippen gestoßen hätte: diskret, Sie verstehen, diskreeet!

Der Bitte der Kollegin hatte er dennoch entsprochen; immerhin hatte sie ihm nicht aufgetragen, ein Zimmer für sich und ihren Lover zu besorgen, denn das hätte er verweigert, und zwar mit exakt diesen Worten: Menschen, die – ganz gleich, welchen Geschlechts und welcher sexuellen Orientierung – das Wort Lover benutzen, lehne ich ab.

Mittlerweile hat sich der Winterschläfer vor dem Ofen zusammengerollt und schaut gefasst aus dem Fenster. Draußen schneit es dicke Flocken; eine junge Nachbarin, von der er nur weiß, dass sie Biologin ist und dass er sie sehr attraktiv findet, tollt mit einigen Nachbarskindern im Schnee herum und baut eine Schneefrau und einen Schneemann. Die Schneefrau wird von den Kindern sehr archaisch gestaltet, mit riesigem, ballonrundem Hintern und nicht minder üppigen Brüsten. »Monstermöpse greifen an!« kräht einer der Fünfjährigen, stolz auf sein Werk, jetzt auch laut und vernehmlich.

Ganz schön gemein, denkt der Winterschläfer; andererseits sind Brüste in Kindermund zumindest zeitweise natur- und bestimmungsgemäß plaziert. Zudem lassen die Kinder und die Biologin Gerechtigkeit walten: Dem vergleichsweise dürren und klapprigen Schneemann verpassen sie eine Gurke, eine grüne Schlangengurke, die ihm auf Halbmast steht; damit bietet er einen Anblick von fast rührender Lächerlichkeit, wie ihn sonst nur Männer, die nichts als Unterhose und Socken anhaben, zu erzeugen vermögen. Das weibliche Pendant dazu ist die nur mit einer Strumpfhose bekleidete Frau; beim Unterhose-und-Socken-Mann kommt allerdings noch strafverschärfend hinzu, dass es sich bei den Füßlingen bevorzugt um solche handelt, die man allenfalls und nur mit viel gutem Willen an Tennisspielern erträgt, oder aber, Abgrundtiefpunkt aller menschlichen Verworfenheit, um halblange, schwarze Geräte, die ab sofort nur noch Pornosocken heißen sollen.

Das Klingeln des Telefons stört diese interessanten Betrachtungen, mit denen der Winterschläfer noch mehrere Wintertage zu seiner vollsten Zufriedenheit hätte füllen können. Mürrisch nur greift er zum Hörer, doch rasch hebt sich seine Stimmung: Es ist die junge, attraktive Biologin. »Mein Mitbewohner und ich«, sagt sie, »möchten Sie zu einer Party einladen. Nächsten Samstag. Haben Sie Lust und Zeit?« Eine Party im Februar, würde der Winterschläfer beinahe ältlich den Kopf schütteln, was sind das denn für Hinterwäldler! Oder Vorderlader. Oder Rohrkrepierer, aber das sagte er nicht, sondern: »Einen Moment – ich muss mal nachsehen.« Raschelnd blättert er in seinem Kalender, und zwar so, dass man das Rascheln durchs Telefon
hören kann; das hat er in einem Seminar mit dem Titel »Wie werde ich wichtig und attraktiv?« gelernt. Zum Abschluss hat ihm der Kursleiter, ein Mitbewohner der

Aufschnitt-Sorte, zwei Kalender geschenkt, sogenannte Chefplaner, die jeden Tag mit je einem Piktogramm für Telefonate, einem für Post und einem für Privates – gekennzeichnet durch ein Herzchen – strukturieren. »Wieso zwei Chefplaner?« hatte der Winterschläfer seinen Seminarleiter eher verständnislos angesehen, »Ich führe zwar ein Doppelleben, schreibe aber nicht getrennt auf.«

Jetzt raschelt er vielversprechend mit seinem Kalender herum, um die attraktive Biologin zu beeindrucken, die, um das Schweigen zu brechen, fortfährt: »Ach kommen Sie doch. Das wird eine schöne Party. Ich werde auch Ständer verteilen.« – »Wie bitte?« fragt der Winterschläfer verwundert, »Was werden Sie tun? Ständer verteilen?« – »Ja«, lacht die attraktive Biologin am anderen Ende, »tanzen. Wenn ich tanze, verteile ich Ständer.« Jetzt versteht der Winterschläfer endlich. Er stellt sich die Biologin vor, wie sie tanzt. Sie hat nicht aufgeschnitten.

Diskret sagt er sein Erscheinen bei der Party zu. Der Winterschlaf ist vorbei. Es beginnt jetzt die Jahreszeit, die von vielen Mitbewohnern des Landes als äußerst attraktiv empfunden wird.

1999

Zen-Buddhismus und Zellulitis

»Gaza-Streifen interessiert mich nicht. Ich habe selber Problemzonen genug«, hörte ich eine junge Frau am Nebentisch sagen. Eben noch hatte ich aufbrechen wollen, aber jetzt flüsterte mir eine innere Stimme sehr eindringlich zu: Hier sollst du bleiben, denn hier, am Quell des Quasselns, wirst du vieles erfahren.

Ich bestellte mir ein neues Getränk und ging auf Horchposten. Am Nebentisch war einiges los. Die junge Frau war zu viert und putzmunter. »Mit zweiundzwanzig schon Zellulitis. Das ist doch kein Leben«, lamentierte eine der vier. »Wusstest du, dass du schon ab achtzehn anfängst zu altern?«, pflichtete ihr die nächste bei. Die dritte protestierte scharf und entschieden: »Du vielleicht. Aber ich nicht!« Allein die vierte versprühte Frohsinn und Pragmatismus. »Seid doch nicht so äußerlich. Darauf kommt es doch nicht an. Man kann schließlich etwas dagegen tun. Wenn man sich fit hält, kriegt man diese Probleme erst mit dreißig.«

Noch oft fielen in den nächsten Stunden die bösen Worte Orangenhaut, Bindegewebsschwäche, Krähenfüße und Schwangerschaftsstreifen, auch Todesstreifen genannt; als Ohrenzeuge hätte man meinen können, einer hochgradig depressiven Menopausen-Vollversammlung beizuwohnen, aber ein Blick strafte diesen Eindruck Lügen: Die vier waren alle um die zwanzig, frisch geschlüpft quasi und fühlten sich schon super oll. Woher sie den Quatsch nur hatten? Von sadistischen Müttern? Aus dem Internet? Oder machten sie unter der Dusche Bindegewebevergleiche? Nur eine von ihnen hielt ein bisschen gegen das geriatrische Schnattern: »Ich möchte auch mit fünfzig noch genau so glücklich sein wie jetzt.« Genauso glücklich wie jetzt, dachte ich – das ist ja Masochismus. Ich erinnerte mich meiner zen-buddhistischen Studien, die ich, inspiriert von den Romanen Janwillem van de Weterings, zu Zeiten juveniler Zerwirrnis getrieben hatte. Damals war ich ein Schüler gewesen, heute aber, obwohl noch immer ein Lernender, war ich ein Lehrer, ein Meister. Ich trug Verantwortung für diese jungen Menschen, ich musste ihnen etwas geben, einen Wink, einen Fingerzeig, ein Licht. Aber wie? Würden sie sich von einem 36jährigen Alteisen etwas sagen lassen? Würden sie mir nicht eher raten, ich solle mein Bruchband satteln und mich verpfeifen? Auch im öligen, schmissigen Ton eines hauptamtlich jugendlichen Radio-Moderators, dessen Sprache sie vielleicht verstanden hätten, konnte und wollte ich sie nicht ansprechen – bis zur Selbsterniedrigung wollte ich meine Nächstenliebe nicht ausweiten.

Von einem zen-buddhistischen Meister darf man erwarten, dass er unkonventionelle Lehrmethoden zur Anwendung bringt. Er gibt keine Direktiven, sondern verblüfft seine Schüler; diese Irritation kann ein Auslöser sein, auf dem Pfad der Erleuchtung zu wandeln und dort vielleicht sogar ein Stück voranzukommen.

Als ich vom Nebentisch erneut das Wort Zellulitis vernahm, stand ich auf, ging hinüber, verbeugte mich, sagte: »Es heißt Zellulose«, bückte mich, zog meine Sandalen aus und gab damit allen vieren eine sachte Ohrfeige auf jede Wange. »Zählen Sie mal bis Zen«, sagte ich noch, zog die Sandalen wieder an und ging meiner Wege, denn der Umweg über den nächsten Ausschank war das Ziel.

1999

Über die Großherzigkeit des Rauchens

WENN DIE LEUTE ÜBER RAUCHEN oder Nichtrauchen debattieren, werden sie gleich kriegerisch und erbittert. Streitende Nichtraucher benehmen sich wie ihr eigenes Klischee: Sie bekommen diesen sauren Zug um den Mund, fallen ihrer Umgebung mit Vorträgen über hinlänglich bekannte, langweilige Gefahren des Rauchens und über die Volksgesundheit zur Last, und mit Vorliebe hetzen sie gegen schwangere Frauen, die sich und dem Kleenen mal ein Zigarettchen gönnen. Häufig ist ihnen eine protestantische Neigung zur Hysterie eigen; zückt jemand in ihrer Nähe eine Schachtel Zichten, führen sie sich auf, als hielte ihnen ein Meuchelmörder sein Messer an den Hals. Hauptsächlicher Daseinszweck solch berufsmäßiger Nichtraucher ist es, sich ständig und überall bedroht zu fühlen und darüber in großes Lamento auszubrechen. Was soll nur aus ihnen werden, wenn niemand mehr raucht?

Wer sich Gäste einlädt, damit er ein paar Leute zum Schikanieren hat (oder die er wenigstens ins sichere Drittland Balkonien abschieben darf), der soll sein Brot allein, aber mit Tränen essen; auch wer in Heiratsannoncen von Liebe singt, aber kleingeistig auf »NR« – wahrscheinlich wie NagelRochen – besteht, der sei mit Einsamkeit geschlagen für und für, beziehungsweise ist er das ja gerechterweise bereits. Die schwerste, härteste Prüfung sind diejenigen Nichtraucher, die sich mit Märtyreraura in eine Gastwirtschaft hineinsetzen und, demonstratives Leiden im Gesicht, davon erzählen, wie unglaublich tolerant und tapfer sie doch seien. Wer sich selbst salben und seligsprechen will, soll das zu Hause vor dem Spiegel tun; er kann sich dabei ja Mahatma nennen.

Unter Berufung auf dasselbe Notwehrrecht, das Nichtraucherfreischärler für sich in Anspruch nehmen, ziehen auch Raucher in den Krieg: Es gibt Nikotinguerilleros, die in Hotels prinzipiell ein Nichtraucherzimmer ordern und es dann unter gehässigem Hähähä vollqualmen. Statt die Anfeindungen durch arme Willis, die sich verzweifelt an ihre Nichtraucherexistenz klammern, würdig zu ignorieren und pingelige Antizigarettler durch eine Großzügigkeit zu beschämen, zu der diese niemals fähig wären, wird manch ehedem friedfertig Schmauchender seinem Gegner ähnlich und mutiert zum Trotz- und Kampfraucher. Das Rauchen verklärt er zur letzten Bastion der Freiheit, und seine Gewohnheit, hektisch zu süchteln, zum gelebten Heldentum. Wenn er – möglichst in einer verschworenen Gemeinschaft Gleichgesinnter – Kette raucht, kommt er sich mutig vor oder sogar, Teufel auch, wie widerständig!, »politisch inkorrekt«. Der verwegene Gesichtsausdruck, den diese Sorte Spießer dabei aufsetzt, ist der des Ehemanns auf dem Weg in den Puff.

Den Fortgeschrittenen, die den Kriegsdienst in Sachen Rauch verweigern, bleibt nur, sich auf wesentliche Schauplätze zu konzentrieren und sich mit dem größten Vergnügen hin und wieder ein paar gute Mundvoll Tabak anzustecken. Denn so lautet die großherzige, weil von Genussrauchern aufgestellte alte Regel: rauchen und mitrauchen lassen. Beziehungsweise rauchen und gerochen werden.

1999

Gastwirtschaft

Über die Alkoholresistenz

Manche fangen schon beim zweiten Bier an zu lallen. Ich spreche hier nicht von kleinen Kindern oder juvenildelinquenten Trinkanfängern und auch nicht von Literhumpen; die Rede ist von erwachsenen, sogenannten gestandenen Männern mit Frau, Kindern und langen Berufsjahren beziehungsweise nicht weniger zermürbend empfundener Arbeitslosigkeit auf dem Buckel, die im Verlauf eines zweiten kleinen Biers nicht mehr wirklich artikulationsfähig sind. Das ist nicht nur lästig, sondern hat darüber hinaus auch einen untergrabenden, einen defätisierenden Effekt: Wer möchte einem Mann trauen müssen, dessen Zunge und Geist bereits nach einem winzigen Quantum Alkohol nicht mehr wissen, wer sie sind und was sie zu tun haben, und die ins Schlingern und Trudeln geraten wie wenig später vermutlich der ganze Mann?

Alkoholresistenz ist eine conditio sine qua non aller Zivilisationen. Das erfuhr ich schon in jungen Jahren, als ich kurzfristig in der Gastronomiebranche arbeitete. Als Kellner erlebte ich die Niedergänge und Abstürze schlecht geübter Trinker unangenehm hautnah: Fremde Menschen, die anfangs friedlich oder sogar halbwegs höflich ihre Getränke bestellt hatten, gingen einem nach kurzer Trinkfrist an die Wäsche, fassten einem an den Arsch, wurden laut, stritten und versuchten, einen in ihre Streitigkeiten hineinzuziehen. Andere wurden weinerlich und heulten einem das Hemd nass über weggelaufene Frauen oder verstorbene Haustiere. Ich lernte, dass ein guter Kneiper vor allem ein guter Beichtvater zu sein hat – kein Job für Menschenfreunde und andere Romantiker. Ich quittierte den Dienst und tat einen Schwur: Nie nie nie wollte ich so werden wie jene, deren Verfall ich im Lokal hatte erleben müssen.

Vom guten Vorsatz bis zum eingelösten Versprechen vergingen lange Leer- und Wanderjahre. Ich watete durch Ströme von Alkohol, ließ zahllose Kaschemmen hinter mir, schwamm durch Meere von Gläsern und Flaschen. Meinem Ziel, der maximalen Alkoholresistenz, kam ich dabei nur langsam näher; soweit ich mich erinnern kann, pflasterten Entgleisungen meinen Weg – vor allem Frankfurt am Main war ein düsteres Kapitel. Aber ich tat das alles ja für einen guten Zweck – ich trank nicht, um »fröhlich« zu werden, wie gewöhnliche Säufer ihre unappetitlichen und meist sogar in der Gruppe vollzogenen Enthemmungen euphemistisch zu nennen pflegen. Ich trank ja gerade, um nicht enthemmt zu sein – ich trank, um zu trinken und gewissermaßen mit höherem Vorsatz: Ich wollte Distanz. Zwischen mir und der Welt sollte immer eine volle Flasche stehen. Oder doch wenigstens ein volles Glas.

Rückschläge blieben selbstverständlich nicht aus. In manchem Katzenjammer schwor ich, als sei ich ein banaler Hobby-, ja, Hobbythek-Trinker, »nie wieder« wolle ich einen Tropfen anrühren. Aber auch diese Phase der Anfechtung und der Unprofessionalität durchmaß ich, meinen Bestimmungshafen vor Augen: Wenn schon voll bis zum Rand, dann aber klaren Geistes; wenn die Welt, wie man so sagt, nur vermittels Alkohol zu ertragen war, dann sollte der mir wenigstens nichts anhaben können. In einem Wort: Giftfestigkeit war es, wonach meine Seele dürstete und schrie. Zu bedauern habe ich, abgesehen von den erwähnten Entgleisungen, die aber nur wenige Leute etwas angehen, nicht viel. Nur eins schmerzt mich: Auf dem Weg zum Resistenzler, der ich heute bin, habe ich viele, die ganz andere oder, bei Licht besehen, zumeist wohl gar keine Ziele verfolgten, mit in den Strudel des Alkoholabuses hineingerissen. Unter ihnen sind auch einige Frauen; eine Frau aber ist, rein biologisch, das kleinere Gefäß. Mit ihr soll ein Mann die harten Exzesse, die es braucht, um wahrhaft giftfest zu werden, nicht teilen wollen.

Wie einem die erlangte Alkoholresistenz ohnehin die Bürde des Alleinseins auferlegt. Auf einer Party etwa, wenn die anderen Kinder der zweifelhaften Gnade teilhaftig werden, die Kontrolle über sich selbst zu verlieren beziehungsweise sie mit vollen Händen und voller Absicht fortzuschleudern, steht man, in der Hand ein Glas und das Gesicht eine Maske gleichbleibender Höflichkeit, ein wenig abseits und beobachtet das Treiben mit mäßigem Interesse.

Die Vorgänge sind bekannt und werden nur selten interessant oder überraschend variiert: Männer steigern ihre Lautstärke und spucken, ohne das zu bemerken, in die Gläser ihrer Gegenüber, denen das aber ebensowenig auffällt, und die deshalb munter aus diesen Gläsern weitertrinken. Ein gewisser Zwang zur Wiederholung setzt ein, denn wenn man schon keine Gedanken hat, ist es hilfreich, sie in Leute hineinzupumpen, die allgemein Gesprächspartner genannt werden: arme Teufel, die zur Höchststrafe verurteilt sind – zum Zuhörenmüssen. Wo nicht gebölkt und nicht räsoniert wird, da wird sich versöhnt: Männer schwappen auf einer Woge von Sentimentalität wie Fett auf der Brühe, tunken ihre schweißnassen, glitschigen Gesichter in kaum minder derangierte

Damenantlitze, wechselseitig wird aneinander geleckt. Hornige Hände tasten mit der bewährten Mischung aus Routiniertheit, Gier und Mangel an Gefühl nach Miederwaren beziehungsweise deren Inhalt. Das ist nicht tragisch, aber auch – außer für die Protagonisten vielleicht – nicht sehr aufregend.

Durch Alkoholresistenz am Mittun gehindert, schaut man mit mildem Amusement zu. Es gibt nichts zu sehen, dass man nicht schon kennte. Oder mischt sich da nicht doch das Gift des Neids in den Empfindungscocktail? Nicht ein bisschen vielleicht? Nein, nicht mehr: Längst sind die Würfel gefallen. Ein Leben, in Giftfestigkeit gelebt, ist Segen und Fluch zugleich: Hinter die Zivilisationsleistung Alkoholresistenz zurückzufallen, ist aus Gründen des Stils und der Würde nicht möglich; unbeteiligt und ohne über das Ventil des Vollrausches zu verfügen, muss man die Exzesse der anderen betrachten, ohne Abscheu, Ekel oder jede andere moralische Regung, und eben auch ohne die Möglichkeit, sich am allgemeinen Gewühl zu beteiligen.

Sich dieses selbstgewählten Schicksals in all seinen Bedeutungen bewusst, leert man noch ein Glas, winkt den anderen zum Abschied freundlich zu und geht aus der Tür, fern und unerreichbar.

1999

Respect, don't do it!

IMMER WIEDER VERBLÜFFEND sind junge Männer, die einem mit den Fingern vor dem Gesicht herumfuchteln und verlangen: »Respekt!« Warum nur? Wofür? Für wen? Für was? Einfach so? Nur für da sein? So hätten sie es gern, stochern weiter in der Luft herum und schreien: »Respekt!«

Häufig bringen sie dazu ihre geballte Lebenserfahrung in holprige Reime und werfen dieses enorme Gewicht in die Waagschale. Nicht wenige kultivieren eine Art Pidgindeutsch: »Ey Allta, geb isch disch korreckt! Ey Allta, hau isch Fresse!« Das ist natürlich höchst repektabel; deshalb ist die Verwunderung der jungen Männer darüber auch so groß, dass die Welt nicht ehrfurchtsvoll beiseite tritt, wenn sie des Weges gestampft kommen. In tiefe, ehrlich empfundene Gekränktheit schlägt diese Verwunderung um, wenn die Welt, so sie weiblich ist, nicht vor ihnen auf die Knie fällt zur Fellatio. Und anschließend haucht: »Oooh, bist du guuut!«

Denn darauf haben sie ein Anrecht. Wenn ihnen das verweigert wird, werden sie sauer. Richtig stinkig. So eine Respektlosigkeit! Sie haben doch alles, was tätige Bewunderung auslösen muss: Lack oder Schmiere im Haar, Angeberklamotten, Ringe und Kettchen in ausreichender Menge, gern ein Fotzenbärtchen oder hausschlappenbreite Koteletten – allesamt Insignien ihrer Großartigkeit. Wie kann man ihnen da den Respekt verweigern?

Wo sie doch auch Kloppsport machen und schlechte

Musik hören können. Das sind doch wichtige Fähigkeiten! So richtig den Max raushängen lassen! Den Charme eines Bulldozers auspacken, und ab geht's! Raumgreifend den Lauten machen! Was ist das nur für eine miese, schäbige Welt, die ihnen dafür nicht an den Lippen hängt respektive an der Pupe nuckelt?

Manchmal können sie sogar lesen und schreiben und haben einige Wörter gelernt. »Definitionsmacht, Baby!« oder »Deutungshoheit«. Dann machen die jungen Männer in Kultur. Kultur geht so: Was muss man hören, was muss man tragen, was muss man sagen? Wie muss man sein? Was darf man nicht? Wie spricht der aktuelle DIN-A Null-Kopf? Welches Schuhwerk trägt er, welches Zierbuch liegt aufgeschlagen auf dem Tisch? Welcher Dickdenker ist Accessoire des Monats?

Aufgeregte Benimmlehrer werden es dir erzählen, ob du willst oder nicht. Früher gab es dafür Frisöre und Tanzschulen. Heute hat das Feuilleton diese wichtige Aufgabe übernommen. Doch hinter dem Krawattenknoten sitzt das Schlucken im Hals, das bibbernde Ego, das ganz arme Betteln um Respekt.

Der aber wird nicht gewährt, nicht für nichts. Das ist eine gute Regel. Die Welt, das ist der große Jungmännerschmerz und –jammer, nimmt niemals genügend Notiz, beachtet sie niemals gebührend, sieht durch sie hindurch, weicht ihnen aus, wenn sie Aufmerksamkeit erpressen, oder, und das ist das Ärgste, begegnet den aufgeplusterten Komplexies mit milde amüsiertem Spott und singt: »Respect, don't do it!« Da könnten sie dann heulen vor Wut und trösten sich mit einer Fassade, die sie zum Stil verklären. Von Spiegelbildern umstellt steht der junge Mann in der Welt herum und wütet darüber, dass er von selbstmitleidigen Eiweißschleudern umgeben ist.

1999

Die Rolle der Frau

WENN MAN GEFRAGT WIRD, welche Eigenschaften man an einer Frau besonders schätzt, kann man eine Menge ins Spiel bringen, das die fünf Sinne erfreut: Schönheit, weil man nicht blind geboren wurde, Intelligenz, Klugheit und eine keiffreie Stimme, weil man nicht taub ist, lecker riechen und lecker schmecken sind ganz wichtig, und der Tastsinn empfindet Vergnügen, ja Jubel an einer gewissen Griffigkeit. Leidenschaft, Hingabe, Weisheit und Sanftmut sind auch feine Sachen, und höchst beglückend ist die Fähigkeit zu erkennen, wann es geraten ist, einfach mal den Schnabel zu halten. Das alles aber, vor allem letzteres, gilt auch für Männer. Es muss da bei Frauen noch etwas anderes geben, etwas Magisches, Mysteriöses, und ich glaube, ich weiß, was es ist. Es ist die Rolle der Frau.

Ich meine das nicht gesellschaftlich. Das Gendergeschwatze überlasse ich gerne den dafür gut geeigneten Wichtigköpfen, und die von Alice Schwarzer ein Leben lang repetierte Behauptung, sie – und sie ganz allein – habe Deutschland im Sinne des Frauenrechts zivilisiert, ist so langweilig, dass sie nicht einmal mehr zum Widerspruch reizt. Man kommentiert ja auch Wolf Biermanns Eigensaga nicht mehr, die ihn als Ein-Mann-Helden und solitären Bezwinger der DDR ausweist. Wer sich aber für das von Schwarzers eigenen Lügen entkleidete, wahrhaft bundesverdienstkreuztaugliche Leben Alice Schwarzers interessiert, dem möchte ich Kay Sokolowskys materialreiches, haarfein geschriebenes Buch über Alice Schwarzer empfehlen: »Who the fuck is Alice? Was man wissen muss, um Alice Schwarzer vergessen zu können«.

Aber ich schweife ab vom Schönen, von der Rolle der Frau. Ich spreche nicht von dicken Frauen. Dick bin ich selber. Ich meine nicht das, was spießig und verdruckst als »üppig« oder, Gipfel der Klemmsprache, als »Rubens-Figur« beschrieben wird. Ich spreche von einem kleinen Halbmond unter dem Nabel. Schöne Frauen haben sie, die Rolle der Frau – die süße, kleine Rolle am Bauch.

Einmal, als sehr junger Mann, schrieb ich mit einem schwarzen Edding genau diese Worte auf die hübsche Bauchtasche der neben mir Schlummernden: Die Rolle der Frau. Sie erwachte – und fragte mich nicht unempört, ob ich sie noch alle hätte. Ich hoffte doch, gab ich zur Antwort, verlegte mich aufs Beschwatzen und Beschwichtigen und war mir sicher, die Sache mit ein paar elegant übertriebenen Komplimenten aus der Welt schaffen zu können. Weil aber in den achtziger Jahren Frauen und Männer erbitterter und prinzipienfixierter aufeinander einhieben, als sie das heute tun, brachte die Sache mir doch Verdruss ein. Vielleicht lag es aber auch daran, dass der Edding acht Tage lang nicht abging.

Doch ich bereue nichts. Im Gegenteil. Ich verfeinerte meine Anbetung. Die Fütterungsreflexe, die sehr schlanke Frauen bei mir auslösen, ließen mich zu einem versierten Koch heranreifen. Mein Leben hat einen Sinn gefunden, ein Ziel: Frauen in meine Küche einladen. Schon nach kurzer Zeit ist sie da, die wundervolle Rolle der Frau.

2000

Eine Nacht in der Ampütte

DIE AMPÜTTE IN ESSEN ist ein Lokal, in dem der schlimmste Hunger gestillt wird, der Nachthunger. »Kohldampf! Abfüttan! Ampütte!«, schallt es morgens um drei durch den Stadtteil Rüttenscheid. Schön noch die Plautze voll mit Warm! Und nicht zu McDumpfig, dem Hauptquartier der Essener Polizisten und sonstigen Kleinkriminellen. Sondern: in die Ampütte.

Hier bekommt der Besucher unter anderem »pikantes Goulasch« geboten – aber das ist für Fortgeschrittene, die eine neue Sportart ausprobieren wollen: Eating beziehungsweise sogar Extrem-Eating. Also muss der Gast lernen, Pils und halben Hahn mit Pommes zu lieben; es bleibt ihm auch gar nichts anderes übrig. Mancher allerdings packte das in der Friteuse ertränkte und zerbrutzelte, fetttriefende Halbtier auch schon mit bloßen Händen und wrang es über einem großen Steingutaschenbecher aus, bis das Fluppengrab randvoll und das Hähnchen einigermaßen entfettet war. Um es dann trocken zu verschlingen, während der »Koch« sich nennende Unhold daneben stand, mäßig interessiert zuschaute und am Ende grunzte: »Ah ja. Geht doch!« Ein ehemaliger Freund selig aber, der in der Ampütte einmal die so genannten »frischen Muscheln« bestellte, wand sich nur drei Stunden später in rasendsten Schmerzen. Er rief den Notarzt an und wimmerte sein Problem durch den Hörer. »Muscheln?«, fragte der Arzt. »Wo haben Sie die gegessen?« – »Ampütte!«, ächzte der Gequälte. Der Arzt schwieg verdächtig lange – um dann zur finalen Ferndiagnose zu schreiten: »Ampütte? Dann kann ich nichts mehr für Sie tun.« Und legte anschließend für immer auf.

Manchmal wird der Gast aber auch Zeuge, wie in der Kaschemme unvorstellbar zarte Bande geknüpft werden durch bonobohafte, vorbildlich freundliche Darreichung dieser Verneinungen von Speise. Sogar inmitten des Garküchen- und Friteusensumpfs kann Glück überleben. Mit angehaltenem Atem sieht man, wie ein verliebter junger Mann einer schönen Frau in einem Akt tiefer, wahrer Zuneigung eine der gefürchteten Ampütte-Frikadellen anbietet. Sie, im Gegensatz zum jungen Mann um die Heimtükke dieses Geschenks wissend, nimmt es dennoch ernsthaft und huldvoll an. Man erlebt einen der raren Momente, in denen eine noble Geste die schäbige Wirklichkeit überwindet – zumal die gnädigen Mächte der Romantik und des Senfs sogar diese Frikadellen gut ausgehen lassen. So gütig, so himmlisch kann sie sein, die Welt des Essens.

Aber auch die Aufkündigung der Liebe nach Art des Hauses erlebt der Nachtgast. Ein trunkenes Pärchen am Tresen streitet; sie hat genug und will deshalb gehen, er hat mehr als genug und will deshalb unbedingt bleiben: Das ist der Unterschied zwischen Männern und Frauen. Sie quengelt, er nöckelt, irgendwann drückt er seinen Hirnschwamm aus, grob und in der reformierten Grammatik des Ruhrgebiets: »Dann geh doch ßu Haußse, du Scheiße!«

Etwas später erklingt, wie jeden Morgen, das Rausschmeißerlied: »Gute Nacht, Freunde«, in der Version von Inga und Wolf. Die Ampütte, Trost der Ungetrösteten, schließt die Pforten der Wahrnehmung.

2000

Solidarität und Solitäterä

WENN EIN LANGE ÜBERSTRAPAZIERTER Begriff verschwindet, tut das wohl. Wie oft wurde sie beschworen und beschrien, die Solidarität: »Hoch die inter-natio-naa-le So-li-da-ri-tät!« Es klang nicht gut – phrasenhaft, dröhnend, muffig und auch verzweifelt, als müssten sich die Beschreier vor allem selber von der Kraft ihrer Parole überzeugen. Unvergessen ist das millionenfach repetierte Diktum »Solidarität ist die Zärtlichkeit der Völker.« Der Kitschsatz wird Che Guevara angelastet, der, je toter er ist, immer mehr als Jesus für Linke aufschimmert. Hört man den Satz, ist man sofort im miesen Romänchen: »»Solidarität ist die Zärtlichkeit der Völker, Schätzchen!‹, orgelte Don Alfonso. Der ölige Haciendiero lächelte vieldeutig und schob seine Hand zwischen die Schenkel der minderjährigen Magd Maria, die in wilder Verzweiflung nach einer Heugabel griff, die sie sich vom Munde abgespart hatte...« Oder so ähnlich.

Das Unangenehmste an dem Wort Solidarität ist das moralisch Erpresserische, das es verströmt: Wie, Sie abonnieren diese Zeitung, der es so schlecht geht, nicht, Sie Schuft? Sie haben also nichts übrig für eine bessere Welt? – Viel Beutelschneiderei wurde betrieben im Namen der Solidarität, und ein bisschen klappt es immer noch. Die Religionen kommen und gehen, ihre Essenz, der Klingelbeutel, bleibt bestehen.

Ganz finster wird es, wenn Daumenschrauben gesellschaftlich verordnet werden. Das staatlich organisierte

Gutsein hat etwas von Winterhilfswerk, von Blockwart und Fleischmarken, auch wenn es umgetopft und Volkssolidarität genannt wird. Ein Staat, der seinen Angehörigen Sonderschichten abverlangt, macht sie zu seinen Insassen.

Auf freiwilliger Basis ist das Ackern für andere eine hoch raffinierte Form der Eitelkeit. Ich erinnere mich an eine Redakteurin, die in den achtziger Jahren ihren Urlaub in Nicaragua verbrachte, um dort Extraschichten abzuleisten. Was die im Kaffeepflücken völlig ungeübte Frau den Nicaraguanern – damals knuffig »Nicas« genannt – einbrachte, dürfte gegen Null tendiert haben. Ihr moralischer Gewinn aber war ungeheuer groß – sie war so gut wie unangreifbar. Kein Wunder, dass sie »die Petra Kelly der *taz*« genannt wurde.

Wer von Leben und Stil nichts weiß, flüchtet sich ins Engagement. Die eingesetzte Kraft wird in Macht verwandelt. Leuten, die ihr Leben und Tun dergestalt moralisch aufladen, ist nicht zu trauen. Protestantische Arbeitsethik, die stärkste Waffe des Pietcong, führt zu nichts Gutem. Wer nicht arbeitet, der soll auch nicht essen, heißt es da. Oder: Wer saufen kann, der kann auch arbeiten. Das ist nun ein ganz großer Quatsch. Wer gesoffen hat, muss ausschlafen! Was soll denn die Welt mit einem taumeligen Katerkopf, der wegen der teuflischen Mischung aus Alkoholabusus und Schlafmangel nicht nur alles zuschanden und in Klump wurschtelt, sondern auch noch ganz und gar misslaunig und unausstehlich ist?

Die ethische Selbstbeschwörung, die das Wort Solidarität impliziert, führte allerdings auch zu viel Ulkigem. Schon in den Achtzigern wurden Solidaritätsveranstaltungen aller Art von ihren solidaritätsmüden, aber gutwilligen Besuchern als »Soli-Saufen« rubrifiziert. Analog scherzte man vom Einparken für den Frieden, vom Knutschen für Gerechtigkeit und vor allem frühmorgens vom Liegenbleiben für eine neue und bessere Welt. Besonders geeignet als Solidaritätserpresser sind Kommunisten – die größten Euphemisten, die sich je selbst schufen. Jede noch so vergeigte Sache vermögen sie golden anzupinseln und so umzumünzen, dass eigentlich wieder einmal ein Sieg herausgesprungen ist, wenn man ihn auch mit bloßem Auge nicht erkennen kann. Meldet man Zweifel an, folgt automatisch dieses gedehnte, selbstgefällige »Jaaah, aaber...«, allenfalls werden ein paar »Mühen der Ebene« eingeräumt, und dann biegen diese trostlosen Leute die Geschichte so hin, dass sie, wenn sie nicht gewonnen, so aber doch historisch recht haben.

Auf keinen Fall soll der Kaltherzigkeit und der Sparschlitzsorte Mensch das Wort geredet werden. Nur ist Solidarität ein so großes und so ausgelutschtes Wort – reicht nicht Hilfsbereitschaft? Also die Einsicht, dass einer, der stärker ist als andere, sich kümmern muss – aber doch nicht volle Kanne Soli um alle. Seine Familie sucht man sich selbst aus, dabei zählen die Bande des Blutes ebensowenig wie irgendein nationaler, patriotischer Murks. Man hilft, wo man will und wo man kann. Das Gute im Menschen ist vielleicht doch eher dieses: Zweifel säen am Aktionismus, auf die Bremse treten und nicht immer aufs Gaspedal, gutes altes Sand-im-Betriebe-Sein, es ganz piano angehen und den lieben Gott einen guten Mann sein lassen. Das Dickwort Solidarität ist dabei überflüssig. Ohnehin lud es zur Verlogenheit ein, zu Pathos und Etikettenschwindel. Wenn es verschwindet, ist das gut. Tschüssikowski, Soli! Mach et joot!

2000

Hui hui!

Eine Verbeugung vor dem gespielten Orgasmus

DER SIMULIERTE ORGASMUS hat einen schweren Stand. Er ist übel beleumundet, keiner will ihn haben. Offiziell heißt er vorgetäuschter Orgasmus – das klingt nach einem Delikt, nach einem betrügerischen Anschlag auf das männliche Selbstwertgefühl. Und das sagt: Die Frau hat den Orgasmus nicht zu simulieren, sie hat ihn zu haben! Punktum!

Zauberhaft und herzweichend ist es, mit Mädchen die Köpfe zusammenzustecken, herumzukichern und über die wirklich wichtigen Dinge des Lebens zu sprechen. Hast du schon einmal einen Orgasmus geschauspielert? – Einmal? Du bist ja drollig! Na klar. – Und warum? – Naja, weil er sich so Mühe gegeben hat. Er war so rührend bemüht, so süß, und außerdem hat es mir auch gefallen. Ich wollte ihm nicht das Gefühl geben, dass es mir keinen Spaß macht. Das hätte auch nicht gestimmt, nur war es bei mir eben nicht so wie bei ihm. Außerdem fand ich es lustig, mich da so reinzusteigern, zu seufzen und zu stöhnen, mmmh mmmh zu machen und oooh oooh. Dann hat es mich auch erregt, weil es ihn erregt hat. Und war auch deswegen sehr amüsant, eben ein ganz anderer Spaß.

Manche Mädchen sehen die Sache etwas taffer: Natürlich spiele ich denen was vor. Sonst hört das Gestochere doch nie auf. Die denken, dass sie uns einen Orgasmus schenken, die Trottel. Dass wir Kraft ihrer Gnade zum Mond fliegen, dass sie und nur sie uns glücklich machen können. Man kann es ihnen nicht ausreden, sie mocheln herum in ihrem Orgasmusgewährwahn, sie ackern und malochen, und wenn man dann schön keucht und den Atem pfeifen lässt und so richtig spitz losschreit, sind sie endlich zufrieden und geben Ruhe. Und sind dann wenigstens einigermaßen erträglich.

Ui ui, das klingt nicht schön, nach Erfahrung, die man gerne nicht hätte. Da fragen wir lieber eine Frau, die glücklicher liebte und entsprechend milder plaudert: Bei einer Affäre ist das anders. Die geht man ja eigentlich ein, um wilde Sachen zu machen und sich auszutoben. Aber bei mir und dem als Liebhaber auserkorenen Mann fluppte das überhaupt nicht. Ich merkte etwas zu spät, dass ich in Wirklichkeit keine Lust auf ihn hatte. Er fummelte mit der Hand an mir herum, und um die Sache abzukürzen, habe ich ihm dreimal hintereinander unglaubliche Höhepunkte vorgespielt. Er konnte ja nichts dafür, dass ich mich umentschieden hatte, und ich wollte nichts erklären und ihn auch nicht enttäuschen. Meine Heftigkeit hat ihn so erschreckt, er hat dann ganz stolz gesagt: Wenn das so ist, dürfen wir uns nie wiedersehen! Er ist dann glücklich weggegangen, und das war doch gut.

Irgendwann kommt die Frage, der auszuweichen dann doch zu feige wäre: Hast du denn auch schon mal bei mir ... so ... ääh ... geflunkert? – Unbeschreiblich ist das Gelächter, eine Woge der Heiterkeit ergießt sich, ein Sturzbach freundlicher Erkenntnis. Was sich über das staatliche Gewaltmonopol nur zähneknirschend und mit Einschränkungen sagen lässt, für die Lüge und für den gespielten Orgasmus gilt es uneingeschränkt: Sie sind eine Errungenschaft und ein Bollwerk der Zivilisation.

2001

Kassettchen hören

Wie alles anfing

ZUM VORGELESENEN BUCH habe ich ein innigliches Verhältnis. Meine Eltern lasen ihren Kindern vor, Wilhelm Busch zum Beispiel, »Tobias Knopp«, und weil Kinder konservativ sind, reaktionär und redundant, mussten die Eltern das immer wieder tun, und wehe, sie ließen zum Versuch der Zeitersparnis einen der köstlichen Verse aus. Dann war das Gemaule groß, nein, immer wieder genau so wie vorher und wie immer, hieß die Zauberformel für das Kinderglück der Regression.

»Tobias Knopp« ist bis heute eins meiner liebsten Bücher, und viele der lebensnützlichen Reime sind als Wort quasi Geflügel geworden: »Wie erschrak die Gouvernante / als sie die Gefahr erkannte«, »Schwierig, aus verschiednen Gründen, / ist das Schlüsselloch zu finden«, »Dies ist Debisch sein Prinzip / oberflächlich ist der Hieb / Nur des Geistes Kraft allein / schneidet in die Seele ein.« Irgendwann schaffte mein Vater ein Tonbandgerät an. Von da an wurden Geschichten auf Band gelesen, Kästners »Emil und die Detektive«, Grimms Märchen, und mein Vater trommelte sogar den Rhythmus der Serie »Fahrt ins Abenteuer« auf Band und pfiff die Melodie dazu. Es war ein Glück, krank zu sein. Man bekam das Tonband neben das Bett gestellt, und Daddys Stimme las vor.

Etwa 20 Jahre lang hörte ich keine Bücher mehr, sondern las sie lieber leise selber. Dann trat das Hörbuch mit

Macht in mein Leben. Ich verliebte mich. Als die Liebe nach der dafür festgesetzten Frist vom Hormonischen ins Harmonische schwenkte, zerrte mich die Schönheit nicht, wie es sonst gern gemacht wird, vor den Fernsehapparat. Sondern sah mich hold an und fragte: »Na – Kassettchen hören?« Ich nahm an, und das war mein Glück. »Glück hat auf Dauer nur der Süchtige«, hat Wolfgang Neuss gekalauert – im Fall der Kassettchensucht stimmt das. Es ist so beruhigend, sich nachts in den Schlaf lesen zu lassen. Man holt sich ein mehrstündiges Hörspiel, Umberto Ecos »Der Name der Rose«, Tolkiens »Der Herr der Ringe« oder »Der Meister und Margarita« von Michail Bulgakow, und man hat lange etwas davon, denn natürlich schläft man beim Klang sonorer Männerstimmen zügig ein, und am nächsten Abend geht die Sache von vorne los. Bis man mit einer größeren Hörspielproduktion durch ist, kann ein Jahr vergehen, und jedesmal wieder hört man Dinge, die man bis dahin verschlief. Hört man die Kassette einmal tagsüber und wach, ist das Hörspiel plötzlich ein ganz anderes.

Einschlaftauglichkeit ist eins der wichtigsten Kriterien des Kassettchens. Klirrende, sinnlos schluchzende Stimmen wie die von Corinna Kirchhoff trüben das Vergnügen ungemein. Das Hörspiel steht und fällt, wie auch das Hörbuch, mit den Stimmen der Sprecher. Ich habe meinen Vater im Ohr, wie er das Märchen »Sechse kommen durch die ganze Welt« liest, und stelle fest: Gegen Otto Droste sehen viele Leseprofis ziemlich alt aus. Christian Brückner, so klasse und so viel er liest, kann eben nicht überall sein. Dennoch wird der Kassettchenstapel neben meinem Bett immer größer, und unterwegs habe ich einen kleinen Kassettenrecorder dabei, der noch dem fiesesten Hotelzimmer die Trostlosigkeit nimmt. Licht aus, Kassettchen an: humm humm humm.

2001

Lob der Aspirin-Tablette

Ein morgendliches Küchenlied

Schädel, was tust du mir weh!
Alkohol hat mich genudelt.
Ich weiß nicht, werwo ich bin.
Aspirin – kriegst du das hin?
Ein ganzes Päckchen sprudelt
und schäumt optimistisch, plus C.

Schönster Sturm im Wasserglas
Wirst du mich wieder heilen?
Dein Name macht mir Mut.
Aspirin – wird alles gut?
Kannst du dich bitte beeilen?
Glaub mir, das ist jetzt kein Spaß.

Weißt du, Aspirin-Tablette
Wenn ich zu bestimmen hätte
Ich machte dich zur Königin.
Dich, meine Lebensretterin.
Du bist das beste Adelshaus:
Die Fürstin von Saus und von Braus.

Milder als Mutter Teresa
Hilfst du schon nach Sekunden
Dann lichtet sich der Schädelbrei
Aspirin – es ist vorbei!

Der Muskopf ist überwunden
Ein brandneuer Morgen ist da.

Glaub mir, Aspirin-Tablette
Wenn ich zu bestimmen hätte
Ich machte dich zur Königin.
Dich, meine weiße Ritterin
Du bist das schönste Adelshaus:
Du Fürstin von Saus und von Braus
Du Fürstin von Saus und von Braus.

2001

Ausgeplündert werden in Paris

für Franziska

Ausgeplündert werden in Paris
Der Franzmann nimmt gern das und nimmt auch dies
Café und Croissant:
Nur hundert Francs
Dazu ein Chanson
Oui oui, ç'est si bon
La vie ici ist ausgesprochen fies:
Ausgeplündert werden in Paris

Großer Auftrieb auf dem Trottoir
Voulez-vous mit mir noch heute soir?
Ja, der Franzos
Findet sisch groß
Er macht viel Alarm
Und hält das für Charme
Er flirtet und sieht dabei auf die Uhr
Er schreitet gerne pünktlisch ßur l'amour:

Kleine Mademoiselle
Komm ßu mir ganz schnell
'ab disch doch nisch so:
ßeig mir dein' Popo-o
Der Kreisverkaire, ma chère

Ist doch gar nischt schwaire
Du und isch in Trance
So 'errlisch ist La France

Ausgeplündert werden in Paris
Der Franzmann nimmt gern das und gibt dir dies:
Die größte Kultur
Rund um die Uhr
Centre Pompidou
Louvre, aus bist du-u
Im Portemonnaie kein Sous, den man mir ließ:
Ausgeplündert werden in Paris

Paris ist eine wunderschöne Stadt
Wenn man sie sich schöngetrunken hat
Baguette ohne beurre
Oui oui, toute à l'heure
Ein Gläschen vin blanc
Das war der letzte Franc
Gestern noch die Taschen voller Kies
'eute ausgeplündert in Paris

2001

Kommissar Wallander und die belegten Brote

Wie der Protestantismus wirklich ist

KRIMINALSCHRIFTSTELLER, deren Romane mit Blut getränkte moralische Traktate sind, gibt es viele; selten aber hat einer so säuerliche protestantische Ware aufgetischt wie der Schwede Henning Mankell. In seinem Roman »Der Mann, der lächelte« lässt Mankell seinen Kriminalkommissar Kurt Wallander einen Großunternehmer jagen, hinter dessen sorgfältig geschönter Fassade sich erstaunlicherweise kein Ehrenmann verbirgt, sondern – huch! – ein übler Schurke. Schlimme Sache das, überhaupt ist alles schlimmschlimmschlimm bei Wallander, und früher war alles besser, sogar das Verbrechen.

Das Buch ist so faszinierend wie ein Pfarrer mit Mundgeruch. Als Alternative zum erfolgsgrinsenden Geschäftemacher, der so gewohnheitsmäßig über Leichen geht wie einst Jesus übers Wasser, dient Mankell der Welt die reformierte Jugendherberge an, mit Kommissar Wallander als Herbergsvater, einer Einrichtung von Ikea, vielen Diskussionen, gemeinsamem kaltem Abendbrot und trister Heimleiterprosa:»Er beschloss, an diesem Abend keinen Kaffee mehr zu trinken und legte sich statt dessen aufs Bett, um vor der Durchsicht der Unterlagen noch ein wenig auszuruhen.« Es sind Sätze aus dem Fahrtenbuch des Gewerkschaftssekretärs:»Die letzten Abendstunden widmete er der Vorbereitung der Pressekonferenz.« Mankells zähes Geholper wimmelt von Wörtern wie »Konferenzzentrum« und »Etatkonferenz«, und der Weg zur sozialdemokratischen Vorhölle ist gepflastert mit guten Vorsätzen und schlechtem Essen. Mir ist kein Buch bekannt, in dem so oft und so viele belegte Brote gemampft werden, immer und immer wieder belegte Brote.

Die wundersame Brotvermehrung beginnt bei einem sommerlichen Fahrradausflug: »Auf dem Gepäckträger hatte er eine Plastiktüte mit belegten Broten.« Ein spätherbstlicher Marsch durch die Dünen gestaltet sich ähnlich: »Er holte die belegten Brote und die Thermosflasche hervor.« Auch der Polizistenalltag ist ein hartes, belegtes Brot: »Er hielt an der OK-Tankstelle nach Ystad, trank eine Tasse Kaffee und aß ein belegtes Brot.« Ssso sssön issst Sssweden: »Er war allein im Lokal und bestellte Kaffee und ein Käsebrötchen.« Zur Abwechslung wird Auto gefahren, aber nicht zu lange: »Unterwegs hielt er an Fridolfs Konditorei und kaufte sich ein paar belegte Brote.«

Einmal scheint Mankell zu ahnen, wie seinen Lesern zumute sein mag: »Wallander gähnte und spürte, dass er hungrig war.« Doch wieder gönnt er seinem Kommissar nur gnadenlos belegtes Brot: »Durch die halboffene Tür konnte er in einen Speisesaal blicken. Er ging hinüber. Auf dem Tisch stand ein Korb mit Käsebrötchen.« Hier zeigt der ansonsten zum Einschlafen anständige Wallander seine dunklen Seiten, seine geradezu kriminellen Abgründe: »Er nahm sich eins und aß es. Dann noch eins.« Nach diesem Verbrechen aus Leidenschaft reißt er sich jedoch flugs wieder zusammen und lehnt eine Einladung zum Abendessen ab – »mit dem Hinweis auf berufliche Verpflichtungen.« Die sehen so aus: »Schließlich erstarb die Diskussion. Sie gingen hinaus, um frischen Kaffee zu holen und erhielten belegte Brote von einem müden Verkehrspolizisten, der in der Kantine saß und vor sich hin starrte.«

Weil man gar nicht genug an der Entwicklung seiner Persönlichkeit arbeiten und feilen kann, wird zuhause tüchtig nachgesessen und –gegessen: »Wallander fuhr nach Hause und aß in der Küche ein paar belegte Brote, bevor er zu Bett ging. Lange wälzte er sich hin und her; er konnte einfach nicht einschlafen.« Allen Ernstes wundert sich ein Mann mit solch betrüblichen Ernährungsgewohnheiten darüber, dass er ständig Depressionen hat.

2001

Wider die Adilette

FRÜHER HIESSEN DIE TEILE SCHLAPPEN. Das war schon demoralisierend genug: Menschen, frei geboren, und doch den baren Fuß in Schlappen hineinsteckend und durch die Wohnung latschend, ein feuchtschmatzendes Geräusch erzeugend, schlapp-schlapp. Der Schlappen ist das Insignium der Kapitulation. Wer Schlappen trägt, hat schon verloren.

Modern nennt man die Dinger Adiletten. Dabei geht es nicht um die Marke Adidas – auch Puma- oder Nike-letten sind genauso des Teufels wie die Adilette und jede andere Fußlette auch. Sportiv und kurz behost adilettet der Jungmann durch die Welt. Weil er die Katastrophe seiner Existenz nicht spürt, fühlt er sich glänzend, und weil es solche Männer gibt, ist die Welt vollgeprengelt mit Autohäusern und Baumärkten. Und mit Adiletten, original verpackt, im Plastikbeutel. Wer zur Adilette greift, kommt darin um. Die Adilette ist der Abschied von Stil und Herzensbildung, ein lang gedehnter, langsamer, qualvoller Abschied für alle, die zur Augenzeugenschaft verurteilt sind.

Aber die Adilette ist doch so praktisch!, ruft jemand und hält das für einen Einwand. Ja, stimmt genau, praktisch, und das ist ja das Furchtbare, das Primat des Praktischen, die Diktatur des Nützlichen, die patente Menschen hervorbringt, die sich gern zusammentun und verbünden zu wetterfesten Pärchen.

Zu Tode betrüblich ist der Anblick einer Adilette tragenden Frau. Frau und Adilette geht gar nicht. Die Adilette schändet den Frauenfuß. Der Herrenfuß ist mir gleichgültig, er gibt mir nichts. Der Frauenfuß aber ist zauberhaft: feingliedrige Zehen, die sich vorn runden zu süßen Nupsis wie kleine Kirschdauerlutscher. Da kann der Herrenfuß doch gleich nach Hause gehen. Und komme mir niemand damit, das sei jetzt positive Diskriminierung von Frauen. Wenn ich mich in der Welt um- und mich selbst ankucke, stelle ich fest: Ein bisschen positive Diskriminierung können wir alle ganz gut gebrauchen.

Alptraumhaft erinnere ich mich an die erste Begegnung mit einer Frau, die ich Adiletta zwar nicht nennen möchte, aber wohl so nennen muss. Sie war hochgewachsen, ihre Silhouette die reine Poesie, und für ihr Lächeln hätte ich mich kreuzigen lassen. In schüchterner Bewunderung glitt mein Blick an ihr herab – und dann: Hölle ist ein zu mildes Wort für das, was ich sah. Oberflächlich war es ein Tritt ins Gemächt, doch ging er tiefer, ins Gemüt. Ich wollte nicht weiterleben. Adiletta aber schlurfte und schlappte gleichgültig davon.

Frauen dürfen, außer blöd sein, so ziemlich alles. Aber nicht schlurfen! Schlurfende Frauen rauben einem den Lebensmut. Man kann dann nicht mehr.

Die Adilette ist ein Missgriff, immer. Am Frauenfuß aber wird sie zu einem Verbrechen gegen Schönheit und Menschlichkeit. Frauen, bitte: Meidet die Adilette! Und wenn sie schon in eurem Besitz ist – entsorgt sie. Gebt sie zum Giftmüll! Ein Castorenzug bringt die Adilette weit weit fort, und am Horizont schreibt das Abendrot die frohe Botschaft leuchtend in den Himmel: Nie wieder Schlappen!

2001

Kastanienfieber!

Eine Danksagung an die glänzenden, ungleichrunden Trösterinnen

SCHON ANFANG SEPTEMBER geht das los. Die ersten Kastanien, noch unreif und in ihren grünen, stacheligen Hüllen steckend, fallen vom Baum. Kleine Kügelchen sind es zumeist, oft noch weiß oder braun-weiß gescheckt; zu Hause, auf dem Tisch oder in der Jackentasche dunkeln sie nach, werden gelb, orange, rotbräunlich, sehen fast aus wie Pralinen. In der Mitte sind sie am dunkelsten, am geheimnisvollsten. Ich kann mich an keinen Herbst erinnern, in dem sie mich nicht mit Faszination und Entzücken erfüllt hätten.

Kastanien sind das Glück, das man in die Hände nehmen kann. Ich sehe Ulrike Kowalsky vor mir, 1987, eine erwachsene Frau Mitte 30, die auf dem morgendlichen Weg zur Arbeit vom Radel springt und Kastanien aufsucht, sie in eine rote Umhängetasche hineinstopft, gierig, hektisch sich umdrehend, ob Kastanienkonkurrenz droht, und nicht eher Ruhe gibt, bis noch die letzte Kastanie in der mittlerweile kiloschweren Tasche versenkt ist. Die schönsten Exemplare wurden schon beim Einsammeln beiseite in die Jacke gesteckt und den Rest des Tages angestaunt, in die Hand genommen, stolz gezeigt und wieder und wieder angefasst.

In meinem Hinterhof steht ein hoher Kastanienbaum, der mich seit Wochen mit Freude beschenkt, und jeden Tag wird sie größer. Seit Tagen prasseln die Kastanien aus dem Baum; man kann sie hören, das kurbelt die Vorfreude an. Dann geht es treppab in den Hof, und da liegen sie, leuchten und wecken die Gier. Anfangs hat man Mühe, ein paar gescheite Handvoll Kastanien zu finden, jetzt schöpft man aus dem Vollen: lauter Kastanien, und alles meine!

Wenn das Auge seinen Spaß gehabt hat, kommt das Haptische zu seinem Recht: befummeln, ja, ja, ja! Man nimmt die ungleichrunden, glänzenden Bollern in die Hand und dreht sie, prähistorische Meditationskugeln, mal gnubbelig, mal abgeplattet, was auch sehr gefällt: Mit dem Daumen fährt man über die Kante einer flachen Zwillingskastanie. Es fühlt sich sensationell an. So kann die Kastanie weibliche Eifersucht auslösen. Frauen, die zu der betrüblichen Fehlsicht neigen, das Leben sei ein Beschwerdeformular, begneisen voller Argwohn die unschuldige Liebe zur Kastanie. Wie der Mann sie aufsammelt, wild und voller Gier alle, alle haben will, sie in der Küche wäscht, zart abtrocknet, sie liebevoll in der Wohnung verteilt, auf dem Tisch herumrollt, seinen wohlwollenden Blick auf ihnen ruhen lässt, sie wieder und wieder streichelt – all das tut mancher Frau weh. Sie wollte, sie wäre alle diese Kastanien, Ziel seiner Sehnsucht eben, und wenn die Frau nicht klug ist, tritt sie in Konkurrenz zur Kastanie und sagt: sie oder ich. Das ist ein Fehler, da hat die Frau keine Schnitte.

Besser ist es, freundliche Distanz zu wahren, den Kastanienmann ölen zu lassen, wenn er in seinen Schätzen herumwühlt und die eigene Freude kaum fassen kann. Sie klingt ja ohnehin ab, leider, denn die Kastanie verliert recht zügig ihren magischen Glanz, wird oll, schrumpelig und etwas hohl, und nach ein paar Wochen ist das Fest vorbei. Ein knappes Jahr muss man dann warten bis zum nächsten Kastanienalarm und Kastanienfieber.

Zuverlässig unlangweilig ist die Kastanie. Belohnt hat sie mich immer reichlich: Als Kinder sammelten wir sie zentnerweise, brachten sie zum Tierpark, teilten 40 Mark durch fünf und fühlten uns wie Könige. Und das waren wir auch.

2001

Beobachtung
eines Zonenbrötchens

REISEN IST HERRLICH: Unterwegs sein, in Bewegung sein, Fahrtwind im Gesicht – hach...! Frau Knopf chauffiert den Wagen, ist mithin Fahrwart, ich als Beifahrer bin Flüppchen-, Kaffee-, Musik-, Bütterkes- und Plauderwart. Munter und gut gelaunt nehmen wir sogar einen Anhalter mit, einen jungen Mann, der ein großes zusammengeklapptes Metallgerät mit sich führt. Er verstaut es im Kofferraum. »Mein Bauchmuskeltrainer«, sagt er später stolz und möchte darüber reden. Da fahren wir leider schon und können ihn nicht mehr aus dem Wagen werfen.

Aber an der nächsten Raststätte ist er fällig. Das ist in Börde bei Magdeburg. Ich tanke und wasche die Scheiben, Frau Knopf hat derweil ein Brötchen gekauft. Das Brötchen heißt »Just for fun – der Frischesnack« und ist laut Etikett angeblich ein »Salamibaguette«. Hergestellt wurde es bei »Hess-Snack« in 14822 Borkheide, ist also ein waschechtes Zonenbrötchen mit Hess-Appeal. In einem Anfall temporärer Bewusstlosigkeit beiße ich dennoch hinein. Schon auf der Zunge beginnt die Kaumasse zu zischeln und zu britzeln, in der Kehle bleibt sie stecken. Ich greife zur Wasserflasche. »Nein!«, ruft Frau Knopf. »Kein Wasser – Cola! Sowas muss man mit Cola wegspülen!«

Ich tue wie mir geheißen; der Börder Zonenbrötchenpfropfen wird in einer Colaflut die Speiseröhre hinabbefördert, dann ist es besser. Ich rekonvalesziere, fühle mich aber nicht transportfähig. Es wird ein paar Tage dauern, bis ich mein Lieblingspräteritum werde aussprechen können: Ich genas.

»Lass mich hier liegen, es ist nur eine Würzfleischwunde«, ächze ich cowboyhaft. »Ohne mich hast du vielleicht eine Chance.« Frau Knopf fakelt nicht lange und fährt los. Kurz vor der Autobahnauffahrt steht ein weiterer Anhalter. Er hat keinen Bauchmuskeltrainer bei sich, sondern etwas sogar noch Verabscheuungswürdigeres: eine elektrische Gitarre. Frau Knopf lädt den Stromgitarristen ins Auto und braust davon.

Ich bleibe und beobachte das Zonenbrötchen. Es liegt in der prallen Sonne und verändert sich nicht. Es schimmelt nicht, es stinkt nicht – es ist geimpft, fitgespritzt, gedopt. Tagelang liegt es in der Hitze, die ihm kein Fitzelchen Leben einhaucht. Man kann einem Zonenbrötchen nicht beim Sterben zusehen, denn es ist schon tot. Tot geboren und nichts dazugelernt, Zone eben.

Ich harre aus und werde zum späten Wiedervereinigungsgewinnler. Nie scheute ich mich, die Bewohner der Zone mit dem gemeinen Wort Zonis zu belegen, so wie man ein Brot mit Schlimmeaugenwurst belegt. Doch hier, in Börde, lasse ich Zurückhaltung walten, denn ich lerne die allerreizendsten Damen kennen. Sie sehen mich mit meinem Zonenbrötchen sitzen; neugierig schnuppernd kommen sie näher, und ich stelle ihnen den gummigen Happen als Doktor Gregor Gysi vor. Dann sagen sie, wie sie heißen, und es wird ein bisschen traurig. Wenn jemand Sandy heißt oder Mandy, dann ist das der Ersatz dafür, dass die Eltern nicht uneingeschränkt reisen durften: Mandy heißen statt Reisefreiheit.

2002

Ich schulde einem Lokführer eine Geburt

EINE DRINGENDE HERZENSANGELEGENHEIT brachte mich in die etwas missliche Lage, in Bielefeld die Regionalbahn nach Altenbeken nehmen zu müssen, denn dort, in Altenbeken, wartete der Anschlusszug, der mich zu meinem Ziel bringen sollte. Die Regionalbahn indes verließ Bielefeld mit so großer Verspätung, dass der weitergehende Zug nicht würde erreicht werden können. Verzweiflung beschlich mich. Ich würde eine weitere Sehnsuchtschicht schieben müssen, und das in Altenbeken. Ich sah mich ausharren in Altenbeken, mit langem, gedehntem e: Altenbeeken. Es klang fast wie Altenhundem. Das es in der wirklichen Wirklichkeit genauso gibt wie Altenbeken: Altenhundem. Das liegt da, wo die alten Hundem verfroren sind, wenn nicht sogar die altem Hundem. Beziehungsweise eben die alten Beeken. Mir brach der Schweiß aus.

Ich hoffte auf den Schaffner, um ihn zu fragen, wie die Chancen stünden, die in Bielefeld vertrödelte Zeit aufzuholen. Niemand kam vorbei. So machte ich mich auf die Suche und wanderte zur Spitze des Zuges. Die wenigen Passagiere schliefen oder tranken Dosenbier, und schon nach zwei Waggons stand ich vor der Kabine des Lokführers. Es handelte sich um einen seriös melierten Herrn von schätzungsweise Mitte 50, dessen ernste Züge von Freundlichkeit aufgehellt wurden, als er zu mir herübersah. Ob wir Altenbeken vielleicht doch pünktlich erreichen könnten, fragte ich; sehr dringend müsse ich dort den Anschluss-Interregio erwischen. Er schüttelte den Kopf. Nein, leider nicht, bedauerte er, ich müsse wohl oder übel zwei Stunden auf die nächste Verbindung warten. Sein Bescheid traf mich voll. Und plötzlich, ohne die geringste vorhergehende Überlegung, hörte ich meine Stimme sagen: »Es ist wirklich wichtig. Meine Frau liegt in den Wehen!«

Ich sagte das mit sonorer Stimme, dem Thema angemessen leicht gepresst. Es klang unglaublich echt, ich war selber beeindruckt. Dabei bin ich weder verheiratet, noch war ein Kind unterwegs. Aber für den Lokführer, der mir glaubte, lagen die Dinge anders. Er sah mich mit großem Ernst an und schwieg. Etwas sehr Altes und Mächtiges war zwischen uns getreten, nackt und keinen Aufschub duldend: Mann-Frau-Kind, Keimzelle, Familie, Brut, das Überleben der Population. Wir waren zwei Männer, schicksalhaft verwoben, er konnte mein Los lindern, wenn er tat, was zu tun war, und er tat es ohne Zögern. Er nickte, noch immer schweigend, und ich bin sicher, dass er vor seinem geistigen Auge sah, was auch ich sah: eine Frau zwischen Laken, das Gesicht schweißbedeckt, eine Hebamme, einen Arzt, der eimerweise schwarzen Kaffee trank, um wach und wieder nüchtern zu werden, und eine Stimme rief: »Bringt heißes Wasser und frische Tücher!«

»Ich kümmere mich«, sagte der Lokführer in großer, schöner Einfachheit. Ich dankte ihm so ernsthaft, dass ich die geflunkerten Wehen beinahe selbst zu spüren glaubte. In Altenbeken wartete tatsächlich der Interregio, auf Gleis 22. Wer hätte gedacht, dass Altenbeken 22 Bahngleise hat? Es hat sogar 32, wenn ich richtig gesehen habe beim Rennen zum Zug. Im Bistrowagen trank ich in Ermangelung einer Alternative einen Cabernet Sauvignon aus der argentinischen Bodega Vollmer, den ich normalerweise verschmähe, weil er so schmeckt, wie ich mir einen Kuss der

Bielefelder Sauerkonserve Antje Vollmer vorstelle. An diesem Abend schmeckte er köstlich. Glück bestach meinen Gaumen, und Dankbarkeit: Glück über die eigene geradezu katholische Lügefähigkeit, und Dankbarkeit für die freundliche, selbstverständliche Entschlossenheit eines westfälischen Regionalbahnlokführers – dem ich nun, da gibt es kein Vertun, eine Geburt schuldig bin, mit allen Schikanen, mit heißem Wasser und frischen Tüchern.

2002

Affäre Waschbrettkopf

Eine Farce

AM 20. JULI 1999 HIELTEN ES DER deutsche Bundeskanzler Gerhard Schröder, sein Verteidigungsminister Rudolf Scharping und sein Außenminister Joseph Fischer für eine gute Idee, ausgerechnet im Berliner Bendlerblock eine Rekrutenvereidigung durchzuführen – der Bendlerblock ist das Gelände, auf dem die Nazis Widerstandskämpfer hinrichteten. Der Ort war mit Bedacht gewählt: Die deutsche Regierung, die sich mit anderen in einem Angriffskrieg gegen Serbien befand, behauptete damit, dass deutsche Soldaten, die Serben angriffen, eigentlich retrospektiv gegen Adolf Hitler kämpften. So absurd das klingt, so ernst war es doch gemeint. Geschichtsfälschung und Gehirnwäsche funktionierten sehr gut; die meisten Deutschen schluckten den Unsinn ohne Murren.

Etwa 20 Berlinerinnen und Berliner aber waren bei Verstand und störten die organisierte Seligsprechung deutscher Soldaten, indem sie nackt dazwischen liefen. So sehr ich ein Verfechter der vollständigen Angezogenheit auch im Sommer bin – diese Aktion gefiel mir, sie war strategisch intelligent: Fernsehkameras nahmen auf, wie deutsche Feldjäger mit Demonstrantinnen und Demonstranten umsprangen. Mit großer Brutalität gingen sie gegen die Frauen und Männer vor, und im Fernsehen konnte jeder sehen, was Feldjäger tun: zu fünft, angezogen und bewaffnet, auf eine nackte Frau losgehen, sie zusammenschlagen und fortschleifen. Gerhard Schröder wurde vor der Kamera zu dem Vorfall befragt und kommentierte ihn wörtlich so: »Das bestätigt, dass es nicht immer die Mädchen mit den besten Figuren sind, die sich ausziehen.« So ist er, der deutsche Kanzler Gerhard Schröder: schlicht und vom Land, nach Gutsherrenart gebacken.

Ich hatte das Privileg, die Angelegenheit in der *taz* zu beschreiben und nannte Schröder dort »den obersten Waschbrettkopf des Landes«; die Feldjäger bezeichnete ich entsprechend ebenfalls als »Waschbrettköpfe«. Das war sehr milde formuliert, die Feldjäger aber fühlten sich beleidigt und klagten in Gestalt eines Major Güldner – nicht etwa, weil ich sie mit Gerhard Schröder gleichgesetzt hatte, was wenigstens originell gewesen wäre, sondern ganz dumpf wegen »Beleidigung der Bundeswehr«, eventuell sei sogar »Volksverhetzung« im Spiel. Das Ganze geschah mit ausdrücklicher Billigung des damaligen Verteidigungsministers Scharping. Das Amtsgericht Berlin verurteilte im September 2000 wegen »Beleidigung der Bundeswehr« zu einer Geldstrafe. Ich wusste gar nicht, dass man solche Typen beleidigen kann.

Anwalt Albrecht Götz von Olenhusen und ich waren vor allem sehr erstaunt darüber, dass ein Wort beleidigend sein kann, obwohl es gar nicht existiert: »Waschbrettkopf« gibt es im Duden nicht, es handelt sich um eine originäre Wortschöpfung. Wo aber steht geschrieben, dass diese Vokabel herabsetzend gemeint ist? Wir gingen in Berufung – und baten etwa 50 befreundete Dichter, Schriftsteller, Maler, Zeichner und Musiker um ein Gutachten zur Frage: Wer oder was ist ein Waschbrettkopf? So kam eine imposante Mappe zusammen: Gedichte, Prosastücke, Zeichnungen, sogar Gemälde, und viele Gutachterinnen und Gutachter beschrieben den »Waschbrettkopf« sehr positiv – als ein nützliches Gerät, auf dem man seine Wäsche durchwaschen und Musik machen könne. Die Duden-Redaktion lieferte uns die vermeintliche Trumpfkarte, ein echtes As im Ärmel: Ein Wort, das noch gar nicht »in die deutsche Sprachfamilie integriert« sei, so formulierten die Duden-Leute, sei in seiner Bedeutung noch nicht erfasst und könne deshalb auch nicht justiziabel sein – erst nach etwa 15jährigem Aufenthalt in der Sprachfamilie könne entschieden werden, ob es sich um ein neues Wort handele, oder ob man es nur mit einer kurzlebigen Modeerscheinung zu tun gehabt habe.

Die Formulierung »die deutsche Sprachfamilie« gefällt mir sehr: Man sieht alle Wörter im Wohnzimmer sitzen, alte, mittlere, junge, manche sind auch schon tot und keiner merkt es, und die kleinen sind noch auf Probe da. Erst nach 15 Jahren, wenn sie also in der Pubertät sind, Drogen nehmen, abscheuliche Musik hören und noch abscheulichere Anziehsachen tragen, werden sie dann aufgenommen in die Familie – oder eben verstoßen. Jedenfalls konnten wir grandiose Gutachten vorlegen. Kai Struwe, Sänger und Kontrabassist des Spardosenterzetts, hatte sogar eine musikalische Expertise angefertigt, ein Lied, das wir ebenfalls vor Gericht vorlegen wollten, das also im Gerichtssaal vorgespielt und –gesungen werden sollte.

Justiz und Humor haben es schwer miteinander – unser Antrag wurde abschlägig beschieden, und auch die anderen schönen Gutachten interessierten die Richter am Berliner Landgericht nicht allzusehr. So hatte Kai Struwes »Waschbrettkopf«-Lied zwar im Januar 2001 Premiere, aber nicht vor Gericht, sondern erst nach der Verhandlung, draußen, vor dem Gerichtsgebäude.

Der Vorsitzende Richter ließ zwar durchblicken, dass er die Sache für eine Farce hielt, konnte oder wollte sich aber nicht zu einem ordentlichen Freispruch durchringen. Er verurteilte mich zu einer Geldstrafe von 2.100 DM – die er allerdings für zwei Jahre zur Bewährung aussetzte. Das war ein Novum in der deutschen Justizgeschichte – ein solches Urteil hatte es noch nicht gegeben. Wir akzeptierten. Bis Ende Januar 2003 also lebte ich auf Bewährung. Die zwei Jahre als Krimineller auf Probe waren sehr aufregend für mich, ja, sie zählen zu den glücklichsten meines Lebens – vor allem wegen meiner Bewährungshelferinnen, denen ich sehr danke.

2003

Depressionsgruppe ahoi!

ALLE REDEN VON DER WINTERDEPRESSION. Warum nur? Die Sommerdepression ist doch die viel größere Herausforderung. Zwar nimmt man als Depressionsprofi auch die Winterdepression mit und nickt die allgemeinen Wehklagen über Lichtmangel, Kälte, Trüb- und Düsternis auch mit freundlichem Desinteresse ab, aber die flache Hürde der Winterdepression ist für gewöhnlich mit links gemeistert. Die Sommerdepression ist ein ganz anderes Geschütz – vor allem, weil man im Sommer so viel mehr Grund zur Schwermut hat.

Denn wenn es auch sommers hie und da honigsüß nach Linde duftet und nach diverser Blume – so müfft's doch meistenteils brachial güllig aus tausend Gullys. Ratten, taumelig und träge, schnüren schlurfig am Kanalufer und fliehen den Passanten allenfalls noch andeutungsweise, wie höhnisch ihn verspottend. Die Kanalisation lässt faulige Fürze aufsteigen, warmer Wind pustet sie in alle Ecken der Stadt. Der Hühnerhaus-Imbissverbrecher ums Eck stinkt zum Himmel und zum Balkon. Das ist die berühmte Berliner Luft-Luft-Luft, sie mulmt den Kopf ein und kocht ihn weich. Setzt man sich aufs Fahrrad, um immerhin etwas kühlenden Fahrtwind zu erhaschen, geht auch das in die Grütze: Der im Winter angenehm verpackte und verschnürte Mitmensch zeigt im Sommer allen alles. Das Fleischerne kommt ans Licht, auch wenn die Blindenhunde knurren. Unterwäsche heißt Unterwäsche, weil sie unter anderen Kleidungsstücken getragen wird – nicht aber von der Sommersorte Mensch, o nein! So erfährt man, dass viele Menschen gleich welchen Geschlechts Tangas tragen. Das ist ja hochinteressant.

Notdürftig bedeckte Analfalten, die doch zu den sehr privaten Regionen des Körpers zählen, werden dem leis erschauernden Betrachter unter die Nase und vor die Augen gereckt. Schwangere sonder Zahl eiern über die Gehsteige; es ist ein Gerücht, dass die Deutschen ausstürben: Kraft ihrer Ei- und Samenzellen lehnen sie sich mächtig dagegen auf. Viele viele Muttiregistertonnen rollen heran und fahren Kinderwagen auf, oder deren Vorstufe: unbedeckte Wasserballbäuche mit Gummistöpselnabel. Der Betrachter hat größte Mühe, gerade noch durchzuhuschen. Was soll er sagen als: Ja, sicher, das alles gibt es wohl. Doch vieles, das privat sehr schön, wird öffentlich nicht gern gesehn. So wendet er sich ab von der massenhaften Bedrückung und neigt sich einer vergleichsweise tröstlichen Depression entgegen.

Das Schöne an der Depression ist, dass man sie ganz für sich allein hat. Anders als der zwangsfröhliche Charakter braucht der Depressive keine Selbstversicherung durch die Gruppe. Jeder ist seine eigene Depressionsgruppe. Was nicht heißt, dass man sich nicht hin und wieder zusammenfinden kann mit einer anderen solitären Depressionsgruppe. Dann wird Musik aufgelegt, zauberhaft melodiös und von so unirdischer Süße und Schönheit, dass man aus dem Fenster springen möchte.

Doch Vorsicht: Das gilt nicht bei Leuten, die Parterre wohnen oder im ersten Stock. Das sind Depressionsangeber oder Depressionssimulanten, Depression-*light*-Mitläufer, Trittbrettdepressive, die sich interessant machen wollen. Sprechen wir lieber vom harten Kern, der weiß, wie es ist: Man muss nicht traurig sein, wenn die Depression geht. Man weiß ja, dass man sich bald wiedersehen wird. Die Depression ist dem Depressiven eine treue Geliebte.

Groß sind die Abende, wo man im engen Kreis befreundeter Solitärdepressionsgruppen beieinander hockt und sich die deprimierendsten Ereignisse der letzten Zeit erzählt, die Verwick- und Verwurstelungen des Lebens, die Hürden, die schier nicht mehr nehmbar schienen, die Klippen, an denen man beinahe zerschellte, Geschichten von Lebensmüdigkeit, Verzweiflung, Paranoia und Ebennoch-davongekommen-Sein, die soviel wahrhaftiger und lustiger sind als alles, was man hierzulande als Komik aufgedrängelt bekommt. Wer von wahrem Humor sprechen will, darf von der Depression nicht schweigen.

2003

Ich eifersüchtig? Ich?

WIE? EIFERSÜCHTIG? ICH? Wie kommst du denn da drauf? Ich weiß gar nicht, was das ist, Eifersucht. Ich kenn das Gefühl gar nicht. Total peinlich ist das. Eifersucht ist für Idioten. Für atavistische Typen, die sich aufführen und den Lärrie machen. Eifersüchtig? Ich mach mich doch nicht zum Horst.

Ja sicher hab ich dem Typen die Finger gebrochen. Und würds wieder tun. Jederzeit. Aber sofort. Mit dir hat das gar nichts zu tun. Nun bild dir mal nichts ein, ja? Der Typ ist Gitarrist – und zwar ein ganz schlechter. Ein hundsmiserabler Gitarrist ist das. Und deshalb hab ich dem die Finger gebrochen. Knack, knack, knack, einen nach dem andern. War ne starke Sache. Hat richtig Spaß gemacht. Nicht, weil der dich damit angepackt hat, mit diesen Fingern. Pöh! Mir doch egal, was der alles anfassen darf. Dein Gesicht. Deinen schönen Mund. Deine Ohrläppchen. Deine Beine. Vielleicht sogar die Kniekehlen. Wie oft Kniekehlen vernachlässigt werden... Dabei sind die so klasse. Jedenfalls deine. Und deinen unglaublich hübschen... und deine süßen... nee, nee, nee. Da denk ich gar nicht dran. Ich bin doch nicht bescheuert. Geht mich doch auch gar nichts mehr an. Genauso wenig wie der Typ.

Die Finger hab ich dem wegen der Musik gebrochen. Absolut. Nur wegen der Musik, ganz klar. Ich hab's für die Kunst getan! Kunst ist keine Sache, die man hübsch hinstellt und herrichtet, um sie zu verkaufen. Nicht so'n bisschen pingeling auf der Gitarre und dabei grinsen und knuffig aussehn! Kunst hat mit Wahrheit zu tun. Jawohl: mit Wahrheit! Und genau davon versteht der Typ gar nichts! Nichts, verstehst du? Nichts. Wenn einer Carlos Santana rechtzeitig die Finger gebrochen hätte, wäre der Welt eins der peinlichsten Revivals überhaupt erspart geblieben. Wenn ich mir nur vorstelle, wie der eine Gitarre in die Hand nimmt, da fallen mir nur noch drakonische Maßnahmen ein. Genau wie bei diesem Typen. Musik ist was Heiliges, und ab und zu muss einer den Tempel ausfegen. Also schmink dir das mal ab mit der Eifersucht.

Ach – reden kann der so gut? Das ist ja ganz klasse. So richtig großartig ist das. Und wenn ich dir seinen Kopf bringe, so im Postpaket oder im Plastiksack, oder eingegossen in Kunstharz, und ihn dir hinstelle wie einen Computerbildschirm – redet der dann auch noch? Ja? Und was redet der dann? Immer noch ganz tolle Sachen? Da wär ich ja echt mal gespannt.

Nein – mach dir keine Sorgen: Ich mach das nicht. Ich mein das nicht so. Ich hab das nur so gesagt. Im Spaß. Und das mit seinem Gesicht – mein Gott, was hat dieser Fredie auch mit seinem Gesicht vor meinem Knie zu suchen? Das kannst du mir wirklich nicht vorwerfen. Ich glaub, das ist einfach einer, der sich gern bückt. Überhaupt nicht dein Stil, die Pfeife. Überhaupt nicht. Wissenschaftler sagen, man kann die ganze Welt in Nullen und Einsen beschreiben. Wenn alle so wären wie der, würden die Nullen aber reichen.

Ach, geschenkt – der Typ interessiert mich doch gar nicht. Und außerdem: Ich bin nicht eifersüchtig. Ich nicht. Ich muss dann mal los. Pass auf dich auf, Süße. Und lass dich nicht wieder mit so nem Lutscher ein. Mit so ner Lusche. Na, wir sehn uns dann...

2003

Ich bin ein Opfer!

Ein Frauenschicksal

AUF DIE FRAGE EINES *Spiegel*-Interviewers, ob er ernst genommen werden wolle, antwortete David Bowie: »Ich will genommen werden, vier mal am Tag, von meiner Frau.« Das ist doch mal ein vernünftiger Mann, dachte ich bei mir. Die Absonderungen des Feuilletons kann man getrost vernachlässigen, Nehmen und Genommenwerden aber sind so selig wie das Geben.

Was dem Leben Süße gibt und Wonne, das ist gut. Genommenwerden wollen gilt landläufig als weiblich. Als ich diskussionale Scherereien über das Thema satt hatte, erklärte ich rundheraus: »Ich bin ein Frau.« Beziehungsweise formulierte ich mit Schläue und einem etwas leidenden Unterton: »Die Gesellschaft hat mich auf meine Frauenrolle festgenagelt.« Es klang ein bisschen wie die Klärung der Verhütungsfrage: »Ich wurde auf ein Diaphragma festgenagelt.«

So wurde ich eine Frau. Ich stand am Herd, gab einem Kaninchen die letzte Ehre und hatte damit beide Hände voll zu tun. Von hinten wurde mir an den Hintern gegriffen, selbstverständlich, besitzergreifend, fordernd, und ebenso zielstrebig wie kundig tasteten Fingerkuppen nach meiner Brust. Eine ganze Frauenlandschaft tat sich auf in mir. Tagsüber dichten für Wohnung, Bett und alles, dazu die Einkäufe, die Wäsche, das Kochen – ich war eine klassische Mehrfachbelastung. Ja, sicher, ich hätte mich wehren können, »Nein!« sagen und ein kämpferisches »No means No!« hinterherschieben, aber dann dachte ich: Ach, wenn sie doch so gerne möchte... Ich habe ja weiß Gott anderes zu tun, aber ihr macht es Freude. »Also gut, Schatz«, seufzte ich, denn »Schatz« ist, außer »Schahatz!«, das Heimtückischste, das man sich privat sagen kann – auch wenn Millionen Deutsche das nicht ahnen oder wissen und sich dergestalt Gewalt antun, Tag für Tag, immer und immer wieder.

»Mutter ist Kummer gewöhnt«, ächzte ich noch, aber auch dieser keineswegs undeutliche Hinweis führte bei meiner »Partnerin«, wie man in den siebziger Jahren gesagt hätte, zu einer »Sensibilisierung« wie es in den Achtzigern dann geheißen hätte. Ich bin ein entschiedener Gegner der Todesstrafe – wer allerdings jemanden, den er angeblich »liebt«, dennoch »Partnerin« oder »Partner« nennt, dem möge ein gnädiges 16-Tonnen-Gewicht aus einer Welt heraushelfen, mit der er oder sie ohnehin nichts Erfreuliches anzufangen weiß.

Mich ergeben war alles. »Beine breit und an Deutschland denken!«, orgelte ich final, verkniff mir den zweiten Teil dieses Vorsatzes aber sofort. Warum Elend in den Kopf lassen, wenn man es doch gerade schön hat zu zweien oder, genauer, wenn einer von beiden es gerade schön hat?

Das Tröstliche am Sex ist: Er geht vorbei. Manchmal sogar erstaunlich maggifix. So schlimm ist das gar nicht, das hält man schon aus. Hinterher machte ich den Abwasch, hörte aus dem Bett die vertrauten, beruhigenden Schlafgeräusche, steckte mir ein Zigarettchen in den Kopf, trank noch ein schönes Glas Wein und sagte vergnügt zu mir selbst: Ich bin eine Frau, ich bin ein Opfer. Geht es mir nicht gut?

2003

Tünseliges Ostwestfalen

DER OSTWESTFALE SIEHT MANCHMAL AUS wie eine Kartoffel, und immer spricht er so. Er sagt nicht wirklich oder Wurst, sondern wiaklich und Wuast, der Nachmittag ist ihm ein Nammiitach und das Abendbrot ein Aaahmtbrot. Ich weiß das, ich komme da wech, und deshalb dürfen Renée Zucker und Harry Rowohlt auch Wichlaf zu mir sagen.

Von Harry Rowohlt stammt der Hinweis, dass Ostwestfalen ein Unsinnswort sei – Ost und West subtrahierten sich wechselseitig, und übrig bleibe: Falen. Falen ist aber kein anständiger Name für einen Landstrich. Außerdem spricht sich Ostwestfalen umständlicher und langsamer als Falen und passt deshalb sehr gut zu seinen Bewohnern, die schon zum Frühstück Schlachteplatte essen können und das dann leckö finden.

Wenn Kinder in Ostwestfalen spielen, heißt das kalbern, da ist das Herumalbern schon mit drin. Machen sie Quatsch, dölmern sie und sind analog Dölmer; toben und lärmen sie, dann heißt es bald: Hört auf zu ramentern! Ein Bauer oder sonst einer, den man für hintermmondig tumb und schlicht hält, ist in Ostwestfalen ein Hacho. Das Wort entstammt, wie manches im nicht nur onomatopoetischen, also lautmalenden, sondern auch sonst poetischen Ostwestfälisch dem rotwelschen Argot namens Masematte, der im Münsterland gesprochen wurde. Als ich das Wort Hacho in einer Geschichte für Klett-Cotta's *Kulinarischen Almanach* verwendete, traf es in Stuttgart auf eine Redakteurin, die es nicht kannte. Statt einfach nachzufragen, hielt sie das Wort lieber für einen Tippfehler und machte durch den Austausch von H & M aus dem Hacho einen Macho. Die Textpassage war durch die Änderung zwar tiptop sinnfrei und unverständlich geworden, aber im Schulbuchverlagshaus Klett war rechtschreiberisch alles in bester Ordnung, der Text war sauber gekehrwocht worden.

Tünsel ist ein ostwestfälisches Wort, dessen Bedeutung sich nicht auf Anhieb erschließt. Ein Tünsel ist nicht unbedingt ein Dummkopf – eher einer, dem ein Patzer unterlief. Manchen Sommer wullackten mein Vater, mein Bruder Finn und ich im Weserbergland. Mein Vater trug, wie bei älterer männlicher Landbevölkerung nicht unüblich, bei der Maloche nur einen grauen Arbeitskittel und ein Paar Gummistiefel. Mein Bruder und ich wühlten mit Brechstange, Spitzhacke, Spaten und Schüppe eine Rinne in den Boden, um eine Drainage zu legen. Ausgemergelt standen wir im Mergel und kamen nicht recht voran. Plötzlich geistesblitzte mein Vater, sich seiner Verneinung aller gängigen Dress-Codes ganz offensichtlich unbewusst, einen Kern- und Dreisatz, der für immer Aufnahme in den familiären Sprachkanon fand – und sagte, Blick und Timbre bedeutungsschwer: »Wir sind Tünsel.« Mein Bruder und ich kuckten ihn an, einen Shakespeare'schen Julius Caesar in Gummistiefeln, und plumpsten in den Graben, keckernd wie die Raben.

Wir sind Tünsel: Schöner kann die Einsicht in die allumgreifende Fehlbarkeit des Menschen nicht formuliert werden. Mit dem Wort Heimat verbinde ich keine Landschaft – Wozu auch? Eine Sprache, in der Dölmer, Hachos und Tünsel durcheinander ramentern, wullacken und kalbern, ist Heimat genug.

2003

Mösenstövchen bleibt

DAS BÖSE WORT MIT B heißt Beziehung. Wie das schon klingt, Be-zieh-ung: klinisch, blutleer, gewollt neutral, gefühlsarm. Und doch gibt es kaum Deutschsprachige beiderlei Geschlechts, die das hässliche Wort nicht dauernd im Munde führen und, wenn sie im Rahmen ihrer Möglichkeiten persönlich werden, über ihre Beziehungen reden. Was sie dann sagen, klingt selten gut – das hat auch mit dem Begriff Beziehung zu tun. Wie soll etwas beglückend sein, das einen so schäbigen, reduzierten und resignierten Klang hat? In den siebziger Jahren kam das Wort in inflationären Gebrauch. Liebe galt als altmodisch, konservativ, nicht zeitgemäß und unsouverän – der moderne Mensch und vor allem die moderne Frau hatte statt dessen: Beziehung. Wer nicht von Liebe sprach, sondern von seiner Beziehung, signalisierte damit Distanz. Liebe ist man ausgeliefert – eine Beziehung kontrolliert man. Die Leidenschaften werden auf kleiner Flamme in Grund und Boden gedünstet, und hinterher wundern sich alle, wie armselig das Leben ist. Aus Schutz vor seelischen Tiefschlägen werden prophylaktisch alle potentiellen Höhepunkte wegkastriert.

Einmal stellte mir eine Freundin ihren neuen Freund mit diesen Worten vor: »Das ist Günter. Günter ist meine Beziehung.« Ich konnte es nicht fassen und sah zu Günter: In Günter war kein Protest. Er schien es für ganz normal oder für völlig egal zu halten, dass er als Beziehung etikettiert und zur Nuss gemacht wurde. Bekam

Günter nur, was er verdiente? Also eine Beziehung zu einer Frau, die ihrerseits eine Beziehung zu Günter verdient hatte? Der Wunsch, fremdes Unglück als etwas Gerechtes zu betrachten, ist verständlich, aber falsch. Wie es keine gerechte Strafe gibt, gibt es keinen Sinn hinter dem Unglück. Gleichwohl gibt es böse oder doch wenigstens blöde Absichten – deren Protagonisten man für gewöhnlich daran erkennt, dass sie das Grundgute schlechthin und die Rettung mindestens der Menschheit für sich reklamieren. Emanzipation und Feminismus schienen einmal aufzuschimmern als Hoffnung für Frauen und Männer, die von wahrer, wahrhaftiger Liebe träumen und deshalb die Warenverhältnisse zwischen Mann und Frau nicht als unumstößliche ansehen. Was die Alice-Schwarzer-Fraktion davon übrig ließ, ist ein Konsum- und Arriviertheitsfeminismus, der das Diktum »Soldaten sind Mörder« zu »Soldaten sind MörderInnen« erweitert und es als Fortschritt feiert, wenn der Beruf des Henkers und der des ihn segnenden Papstes in gleicher Qualität auch von Frauen ausgeübt werden kann.

Sex/Gender-Debatten mögen einige Akademikerinnen ernähren; zu diesem einzigen Zweck wurden sie schließlich ersonnen. Sie fügen der Welt aber weder Wahrheit noch Schönheit zu. Was sich im feministischen Restmilieu abspielt, ist bloße Folklore. Der Wunsch, über korrekt gemeinte hässliche Wörter Welt und Weltbewusstsein zu ändern, nervt – und scheitert. Das schöne Wort dagegen setzt sich durch. Eine Bremer Freundin, die mich im Auto mitnahm, fragte mich freundlich: »Soll ich dir das Mösenstövchen anmachen?« Mösenstövchen? Ich sah sie verständnislos an. Sie lachte: »Na, die Sitzheizung.« Alice Schwarzer ist nur ein anderes Wort für Bundesverdienstkreuz. Aber Mösenstövchen bleibt.

2004

Patriot(error)ismus

GROSSE VERWIRRUNG, JA VERWORRENHEIT herrscht – nicht nur im Land, sondern weltweit. Auf den Ausländer als solchen ist auch nicht zu bauen – er ist oft nicht minder desorientiert als der hiesige Trollo. Wie sonst soll man die Meldung interpretieren, Al Qaida habe in Dschibuti einen Anschlag auf den deutschen Bundespräsidenten Johannes Rau geplant? Gesetzt den Fall, dass es sich nicht um eine Geheimdienstente handelt: Sind die denn noch bei Trost? Johannes Rau wegsprengen? Wieso das denn?

Johannes Rau ist der lebendige Beweis dafür, dass auch Weißbrote sprechen können und steht deshalb unter Naturschutz. Außerdem: Wer hat denn unter dem gefürchteten Kirchentagsschwätzer Rau zu leiden? Wer ist dem senilen Christus von der SPD ausgeliefert? Wer wird erbarmungslos angebrüdert? Die Al Qaida-Mörder etwa? Pah! In Dschibuti kommt Rau doch höchstens alle Jubeljahre mal vorbei – das könnten die doch ganz lässig sehen.

Also *lissentumi*, ausländische Terroristen: Wenn einer unter Rau zu leiden hat, dann sind das Deutsche! Genau: Die Deutschen, die für ihr Leben gern Opfer wären – hier sind sie es wirklich einmal. Es sind Deutsche, die von Johannes Rau in Klump und Boden gesprochen werden, und deshalb: Finger weg von Bruder Brabbel! Der gehört uns, und wir haben unsere guten Gründe, ihn so oft wie möglich auf Staatsbesuch zu schicken. Man will ja ab und zu die Finger aus den Ohren nehmen können, ohne dass gleich Strafe kommt.

Johannes Rau ist eine Geißel Gottes, zweifellos. Aber mit den Plagen der Welt muss man gewitzt fertig werden, auch mit dieser. Terrorismus ist das Endstadium der Humorlosigkeit. Immer dieses Umbringen, das ist so einfallslos, so unsexy, so dummunddumpf. Das Abknallen, Niedermetzeln und Abschlachten ist nicht nur an Armeen widerwärtig, die es als ihr gutes Recht erachten; wie der Soldat steht eben auch der Terrorist kopf- und stilmäßig auf Stufe Null. Wenn manche Landsleute jetzt nostalgisch werden und die Anschläge der RAF im Vergleich zu denen der Al Qaida als gute deutsche Wertarbeit bezeichnen, liegen sie falsch. Erschießen ist humorfrei und deshalb seinem Wesen nach unmenschlich. Das Beispiel des Spaßguerilleros Fritz Teufel hat viel zu wenig Schule gemacht.

Die Standardlegitimation für Terrorismus ist Patriotismus. Kein Leichenberg in der Geschichte der Menschheit ist so groß wie jener, der aus patriotischen Motiven und im Namen irgendeines Vaterlandes aufgehäuft wurde. Und so ist es schon fast zum Terroristenwerden dumm und geschichtslos, wenn Gerhard Schröder deutschen Unternehmern, die ihr Kapital ins Ausland tragen, ausgerechnet mangelnden Patriotismus unterstellt – als wären sie zivilisierte Leute, die sich am legitimierten Morden für Fahne und Vaterland um keinen Preis beteiligen wollen. Schröders Hantieren mit dem Blutwort Patriotismus variiert nicht nur das rechtsradikale »Deutsche Arbeitsplätze für Deutsche!« – es adelt auch simple Den-Hals-nicht-voll-Krieger als couragierte Nichtpatrioten, die sie nicht sind. Und, viel schlimmer, es beleidigt mich: als sei ich, nur weil ich Steuern zahle, ein ekelhafter Patriot.

2004

Schwatz-Grün

DER DEUTSCHE KLEINBÜRGER ist zuverlässig langweilig und kopfscheu: Wenn er in Panik gerät, rennt er nach rechts. Die Unwägbarkeiten des Lebens machen ihm furchtbar angst, bereitwillig tauscht er das Dasein gegen einen Hochsicherheitstrakt ein. Dort ist er gut behütet, und der Wärter wird's schon richten. Der Wärter kann nämlich »zero tolerance« aus dem Newyorkischen übersetzen. Auf deutsch klingt es noch eine Spur nulliger: Null Toleranz, und wer auf der Straße raucht, kriegt auch eins drauf. Das ist die späte Rache der Deutschen an Marlene Dietrich. Die hat damals nicht mitgemacht, und mitmachen muss man.

»Ich habe es satt, gegen etwas sein zu müssen! Ich will für etwas sein – ich will Schwarz-Grün«, heult also der Mitläufer, als wolle irgendjemand ihn daran hindern. Seinen Konformismus verkauft er als Querdenkerei, denn genauso groß wie sein Bedürfnis nach Selbstauflösung in der Masse ist sein Wunsch, dabei auszusehen, als sei er etwas ganz Besonderes. Gerade die Landsleute, die einen Grundkurs in Neinsagen dringend nötig hätten, flennen einem die Ohren voll, dass sie endlich, endlich einmal Jasagen dürfen wollen. Denn erlaubt und abgenickt sein muss es, sonst fühlt sich der Jasager beim Jasagen verfolgt. Das ist seine Haltung zur Welt: keine Haltung haben und plärren, die anderen ließen ihn nicht.

Die Frage, woher soviel verzweifelte und aggressive Affirmationswut kommt, kann nur der Psychopather beantworten. Faszinierend ist eher der Aspekt der Selbstbezichtigung: Wenn man schon so mau im Kopf ist, warum sagt und zeigt man das dann aller Welt? Wer ein Gehirn wie ein Winkelement hat, muss eben immerzu damit wedeln. Und behaupten, ein homosexueller Bürgermeister sei an sich schon etwas Fortschrittliches und also Begrüßenswertes, ganz egal, wie asozial die Politik ist, die er vertritt.

Der schwarz-grüne Spießertraum ist ein Alptraum. Die Doppelhaushälfte hat Solarzellen auf dem Dach, die Kinder sind von Manufactum. Vati ist um die vierzig und lässt sich noch einmal die Haare lang und die Koteletten fußschlappenbreit wachsen. Er glaubt, er wirke dann jünger und beweist damit, dass auch ein schwaches Denkvermögen immer noch weiter reduziert werden kann. Gleichermaßen dreist wie ulkig ist der Versuch, die schwatz-grüne Mode als etwas Konservatives hinzustellen. Wirrsinnige, die von Rot-Grün zu Schwatz-Grün überschwappen, um ihrem Leben eine scheinbar provokante Note zu verleihen, wissen gar nicht, was wirklich konservativ ist: klug sein und der Aufklärung treu bleiben. So wie Johnny Cash und Joe Strummer in ihrer Version des im bobmarleyschen Original unerträglichen »Redemption Song« singen: »Emancipate yourselves from mental slavery / Non but ourselves can free our minds.« Um aber seinen Geist befreien zu können, muss man über einen verfügen. Da ist der schwatz-grüne Windbeutel ausgegrenzt. So fair ist das Leben.

Der wahre Konservative lässt die Moden die Moden sein und behält statt ihrer seinen Verstand. Indem er ihn benutzt, hält er ihn wach und scharf. Verstand ist, wie Geschmack, eben keine Geschmacksache, sondern die Lebensentscheidung zwischen klug und blöde.

2004

Wie man mit Frauen nicht fertig wird

WIE MAN MIT FRAUEN FERTIG WIRD, weiß kein Mensch. Zwar sagte Humphrey Bogart, es gebe kein Problem mit Frauen, das ein gelegentlicher Wink mit der Wumme nicht beheben könne, und im Film war das ja auch sehr schön, aber der männliche Wunsch, die Welt und damit vor allem die Frauen »im Griff zu haben«, wie das dann heißt, ist bloß Ausdruck von Angst. Wer alles beherrschen und kontrollieren muss, hat die Hosen voll.

Ein Mann, der Frauen liebt, ist unbestreitbar Sexist – er zieht die Gesellschaft kluger, schöner und aufregender Wesen der Gesellschaft öder Wichtigtuer vor. Haben die aber nicht auch ein im Antidiskriminierungsgesetz festgeschriebenes Anrecht auf Beachtung und Respekt? Nein, das haben sie nicht. Gesprächsnarkotiker, die uns erzählen, wie erfolgreich und großartig und super sie sind, sollen zuhause bleiben und mit dem Fernsehapparat sprechen. Schließlich wurde das Gerät erfunden, damit auch unangenehme Menschen ein Gesprächsgeräusch haben. Wundersamerweise gibt es auch intelligente und charmante Männer, und weil ja umgekehrt nicht alle Frauen vor Esprit sprühen und funkeln, findet sich der Sexist hin und wieder in angenehmer männlicher Gesellschaft. Wenn er aber die Wahl hat zwischen einem Mann und einer Frau, die gleich erfreulich sind, entscheidet er sich für die weibliche Bewerberin. Wer solche Übersicht als positive Diskriminierung denunzieren will, möge das tun und verdorren.

Unverständlich erscheint dem Sexisten, dass Frauen die Nähe von Männern suchen, obwohl sie doch mit Frauen zusammen sein könnten. So viele Männer benehmen sich Frauen gegenüber derartig stulle und ignorant, dass sie genauso gut homosexuell sein könnten. Aber nicht einmal dazu können sie sich aufraffen. Halbschwul hängen sie in Herrenrunden herum, zirkeln akademisch umeinander oder gehen direkt zur Bundeswehrsportgruppe, weil sie sich in der Gemeinschaft gleichgesinnter Angsthasen etwas weniger unsicher fühlen.

So gesehen leuchtet die Verschickung deutscher Soldaten in Kriegsregionen ein: Warum soll man auf den unbestreitbaren zivilisatorischen Vorteil, dass es anschließend ein paar uniformierte Stinkmauken weniger gibt, in Deutschland verzichten müssen? Zum großen Bedauern des Sexisten gibt es Frauen, die so entsetzlich dösig sind, dass sie auch als Mann die Welt mit sich belästigen könnten; es sind gar nicht so wenige. Die Chefredakteurin der *Cosmopolitan* legt die Finger auf die Tastatur und hält das für Schreiben:»Ein so genanntes P-Date ist die erste Verabredung mit einem potentiellen Beziehungskandidaten, das dem Zweck dient, alle relevanten ›Passt er zu mir?‹-Koordinaten abzuchecken.« Ein IQ von 17 in Dauererblähung ist eine harte Belastung für die Umwelt. Solange es Chefredakteure gibt, wird sich daran nichts ändern. Das Gegenteil von Liebe ist nicht Hass, sondern Beziehung. Beziehung ist der Lohn für alle Abchecker und Abdecker, für Koordinaten-Abscanner und andere Hohlkörper. Die gute alte sexistische Liebe aber scheut kein Risiko. Wer Liebe zur Beziehung degeneriert, darf ruhig glauben, man könne mit ihr fertig werden.

2004

Yassir, I can boogie

ÜBER DIE, WIE ES DANN HIESS, »Trauer um Yassir Arafat«, gab es allerlei zu erfahren nach seinem Tod. Einen Mann, der reichlich Millionen US-Dollar privat auf die Seite schaffte im Laufe eines Gauner-, Mörder- und Politikerlebens, finden die Leute gut. Zwar sah Arafat so aus, dass ein Fass Margarine neben ihm staubig und ausgetrocknet gewirkt hätte, aber wenn einer prima lügen und »We shall make piss!« heucheln kann, dann hat er seine feste Fangemeinde, zumal unter Palästinensern, Arabern und anderen Deutschen.

Eine Seife mit der Aura eines Schlagergrandprixexperten wurde unter großem Getöse provisorisch eingekellert. Seine beim Gebrüllbegräbnis durch die Gegend krakeelenden und schießenden Anhänger bewiesen noch einmal, dass die Verleihung des Friedensnobelpreises ausgerechnet an Arafat zu den größten diplomatischen Fehlern seit Chamberlains Appeasement-Politik gehörte – da hätte man ihn auch gleich Jörg Haider geben können. Wie armselig ist ein Leben, in dem »Yassir, I can boogie« als Hoffnungshymne aufschimmert? Noch unappetitlicher als die fettige Terrortunte Arafat sind allerdings Deutsche, die sich den schwarz-weißen Palästinenserlappen vor den Hals binden. Oder sich für links halten, wenn sie, wie der *junge Welt*-Redakteur Rüdiger Göbel, Israel »unter Kuratel« stellen wollen. Gar nicht so wenige Deutsche träumen davon, die Arbeit ihrer Großväter zu Ende zu machen.

Die Ermordung des niederländischen Regisseurs Theo van Gogh zog gleichfalls Billigbekenntnisse nach sich. Das Goldkettchen Feridun Zaimoglu nahm die Tat zum Anlass, seinen zahllosen Lautsprecherdurchsagen auch diese noch hinzuzufügen: »Ich bin gläubiger Muslim«, vermeldete er am 12. 11. 2004 treuherzig in der *taz*. Wen außer ihm geht das etwas an? Gläubisch sein ist Privatsache, kein Argument. Zaimoglu aber klagemauerte, »dass längst eine Grenze überschritten wurde, und zwar die des guten Geschmacks«. Geht es bei Mord also um Geschmacksfragen? Und heißt Feridun Zaimoglu auf Deutsch Richard von Weizsäcker? Oder Rudis Reste Rampe?

Eine *tageszeitung*, die Berufschristen als Redakteure beschäftigt, muss in Kauf nehmen, dass sich dann auch alles andere Glaubensgetrottel in ihr tummelt. Ipek Ipekcioglu, laut *taz* »eine der populärsten DJanes in Berlin«, verfügte ebendort: »Natürlich durfte Theo van Gogh den Islam kritisieren, aber er hätte es mit Respekt tun müssen.« Genau – sonst muss er eben die Folgen tragen und ist quasi selber schuld. Wer definiert »Respekt«? Und wie wäre es mit einer Schweigepflicht für Klischees absondernde Plattenaufleger?

Zum Glück gibt es die Zeichnerkönige Greser & Lenz – wie wohltuend ist es, die Arbeiten zweier Männer zu betrachten, die politisch glasklar immer zugunsten des bestmöglichen Witzes Partei ergreifen. Meine Lieblingszeichnung von Greser & Lenz im November 2004 hieß »Die gute Nachricht « – sie zeigt Usama Bin Laden beim Schreiben eines Befehlsbriefs: »... bitte ich Euch, liebe Glaubenskämpfer, von Anschlägen in Deutschland abzusehen. Dieses Land ist schon kaputt.« – Eine Diagnose, die, siehe oben, nicht von der Hand zu weisen ist.

2004

Existentialismus heute

DER SPÄTSOMMER IST DIE ZEIT des Dorffestes – mal richtet die Freiwillige Feuerwehr das aus, mal ein Sportverein, und immer ist es die identische Tristesse aus Bratwurst, schlechter Musike und Getränken, die erst zu sich genommen und später von sich gebrochen werden müssen. Da ich vom Dorf komme, vom Kaff, kenne ich das gut: Männer, die breite Spuren Saures hinter sich her ziehen beim nächtlichen Verlassen des Festplatzes. Je nach Mode waren die Spuren von Persico, Apfelkorn oder anderen Vergiftungsgaranten zu bestaunen. Für eine amtliche dörfliche Sozialisation wird das als unverzichtbar erachtet, und später, bei der jährlichen Wiederholung, gilt es dann als Tradition, die man ja pflegen soll.

Um ordentlich in Schwung und Stimmung zu kommen, ist Musik vonnöten – bevorzugt die von früher, als man jung war, da kann man dann sentimental werden. Auf dem Dorf altert man schnell, die Ehe rumpelt vor sich hin, das Idyll existiert nur in den Augen der Fremden – für die Einheimischen ist das Leben eine Mischung aus Ereignislosigkeit, Geldknappheit, Konvention und Langeweile.

Matt schleppt sich alles zum Dorffest, die Kinder immerhin finden es wirklich aufregend – so lange, bis der für die Musikbeschallung zuständige Mann die Walzerstunde für die Älteren einläutet. Später, im Dunkeln, spielt er dann die Hits von damals. In der ehemaligen Bundesrepublik sind das vor allem englische und deutsche Schreckensschlager, im deutschen Osten ist es das gehobene deutschsprachige Unterhaltungslied aus DDR-Zeiten. Das macht die Sache aber nicht besser.

Das Lied, das auf einem mecklenburgischen Dorffest Furore macht, heißt »Jugendliebe«, gesungen wird es von Ute Freudenberg und der Gruppe Elefant, was in der DDR, wie ich erfahre, zu Ute Elefant zusammengezogen wurde. Ich weiß nicht, wie es ist, wenn man mit diesem Lied aufwuchs – ich weiß nur, wie es sich anfühlt, wenn man dieses Lied im Alter von 43 Jahren zum ersten Mal hört. »Er traf sie wieder, / viele Jahre sind seit damals schon verga-ha-hangen / Sieht in ihre Augen, / und er denkt zurück: Wie hat es angefa-ha-hangen?«, singt Ute Elefant.

Die Augen der erloschenen Paare werden noch einmal feucht, der musikalkoholische Knopfdruck hat funktioniert, manche Hand findet einen Weg in eine andere hinein, um eine stämmige Schulter herum oder auf einen massigen Hintern hinab. Das Lied schaukelt sich hoch zum Refrain: »Jugendliebe bringt / den Tag, wo man beginnt, / alles um sich her ganz anders anzusehn, / Ha-Ha, Lachen treibt die Zeit, / die unvergessen bleibt, / denn sie ist traumhaft schö-hö-hö-hön.«

Es ist billig, das Grauen mit Distanz und Ironie wahrzunehmen. Man muss es ungefiltert durchstehen. Sich in eine gehübschte Vorstellung vom Leben verknallen kann jeder, das ist Hüchel. Das Land und seine Bevölkerung vor Augen und Ute Elefant in den Ohren haben, das ist Existentialismus heute, das ist der Mythos von Sisyphos, das ist Camus und der Mensch in der Revolte. Nicht ausweichen, die volle Dosis Elend nehmen, die ganze Portion, bis zur Neige, und dann sagen: Ja, ich will – das ist Leben.

2006

Ende eines Brülllebens

Nachruf auf Marcel Reich-Ranicki

GEGEN ENDE FAND MARCEL Reich-Ranicki die Rolle seines Lebens: Als mäßig komischer Gnatterkopf stand und saß er Modell zugunsten der deutschen Telefonbuchwerbung. Auf allen Plakatwänden, in allen Illustrierten des Landes war er zu sehen, und genau das gefiel ihm sichtlich. Ein exorbitantes Bedürfnis nach Geltung und Selbstdarstellung hatte sich Befriedigung verschafft. Dergleichen kommt öfter vor, sein Kollege Franz Beckenbauer spielt das eitle Spiel sogar noch penetranter. Das wirklich Erstaunliche im Fall Reich-Ranicki aber war, dass der Mann mit Literatur in Verbindung gebracht wurde.

Das Literarische Quartett: Da saß einer im Fernsehkasten, schürzte abfällig die Lippe und sagte: »Diesäs Buch taugt nichtß. Diesäs Buch ißt Dräck«! Begründet hat Reich-Ranicki seine Urteile nie. Mit dem Charme eines Diskothekenrausschmeißers posaunte er sie in die Welt, und der Welt genügte das. Das Literarische Quartett war in allem ganz auf ihn zugeschnitten, die anderen Teilnehmer hatten mindere Rollen zugeteilt bekommen und spielten brav mit. Der literarische Betrieb war hochzufrieden; indem er sich Reich-Ranicki überließ, ging er zwar vor die Hunde, Reich-Ranicki dankte im Gegenzug aber immerhin mit der Grandezza eines wildgewordenen Pizzabäckers. Die Buchhändler frohlockten, weil Reich-

Ranicki das Geschäft ankurbelte, und das Feuilleton feierte die angebliche Unterhaltsamkeit der Sache.

Der Unterhaltungsbegriff der Landsleute ist seltsam: Luzides, Geistreiches, Federleichtes und Spritziges gilt hier wenig – geliebt wird das Seichte, Laute, Schlüpfrige und Hammerdumpfe. Genau das bot Reich-Ranicki: Stefan-Raab-Witze für Ältere, die sich gern belesen vorkommen. Doch auch das ganz simple »Fickän« ging dem von Altersobsessionen gepeitschten Reich-Ranicki erstaunlich häufig über die Lippen. Weil aber die meisten Büchermenschen so blutleer wirken, so händeringend und kopfwackelnd staubig und dröge, gingen die Krawallschachteleien Reich-Ranickis als Unterhaltung durch, sogar als intelligente. Dabei war seinen Anhängern stets völlig gleichgültig, was der Mann zusammenredete – der Gestus zählt, das Geschrei, der ulkige Akzent. Als Reich-Ranicki beispielsweise behauptete, der von ihm in Generalverwaltung genommene Thomas Mann sei auch ein hochkomischer Schriftsteller gewesen, war das zwar Kokolores, ging aber, wie jeder andere Unfug aus seinem Quakfroschmund, glatt durch und schadete ihm nicht im Geringsten.

Marcel Reich-Ranicki war der Helmut Kohl der deutschen Literatur: Was als unfreiwillige Komik missverstanden wurde, war reines Machtbewusstsein. Den literarischen Betrieb führte er im Stil eines Zuhälters: Wer mitmachte, wurde mit Extras und Vergünstigungen belohnt, der Rest musste draußen bleiben. Wobei draußen in diesem Betrieb ohnehin der einzige Platz ist, den sich ein Schriftsteller wählen kann, der auf sich hält. Und nur von draußen lassen sich auch Reich-Ranickis Intrigen und seine ausgepichten Selbstversorgereien angemessen betrachten: Den Börnepreis erst erfinden und ihn sich im dritten Durchgang dann selbst verleihen, das war unverfälscht Reich-Ranicki. Treuherzig aber sang er im Fachblatt *Bild am Sonntag* das Hohe Lied seiner eigenen Unbestechlichkeit – und sortierte mit Hilfe seiner Kreaturen putzmunter und geschäftig ein und aus, wer in das literarische Leben des Landes gehört, ins Bordell zum fröhlichen Marcel. Dafür verlieh ihm die Halbalphabetenzeitschrift *HörZu* eine Goldene Kamera – weil er angeblich »zum Lesen animiert«. Dies tat er, wenn überhaupt, nur in einem Sinne: Schon fünf Minuten Reich-Ranicki reichen aus, um den Wunsch nach etwas Intelligentem und Leisem übermächtig werden zu lassen. Um seinem kaskadischen Geschwalle zu entkommen, war einem dann so ziemlich jedes Buch recht.

Ein Verdienst aber gebührt dem geriebenen PR-Mann in eigener Sache. Zwar hat es, wie er selbst sagen würde, »mit Littärattur nichts tßu tun«, ist aber unstrittig: Wenn Männer ihre Beine übereinanderschlagen, vergessen sie allzu oft, dass ihre Socken kurz sind und so der meist äußerst unansehnlich bleiche, fahl-haarige Beinfleischstreifen zwischen Sockenrand und Hosensaum freigelegt wird, der Todesstreifen des Mannes, über den F.W. Bernstein schrieb: »Zwischen Knie und Sokkenrand / ist erotisch ödes Land.«

Reich-Ranicki aber, so sehr er auch fuchtelte und fuhrwerkte und die Beine in- und übereinanderwurstelte im Eifer seines HB-Männchentums, ließ nie auch nur einen Millimeter Beinfleischstreifen sehen. Selbst wenn ihm die Hosenbeine bis übers Knie hochrutschten: Immer war da ein Socken, ein Sicherheitssocken, hochgezerrt wahrscheinlich bis zum Skrotum. Und dafür muss man Marcel Reich-Ranicki wirklich dankbar sein.

2006

Bist du süß!

»ENE MENE MOPEL, wer frisst Popel? Süß und saftig, eine Mark und achtzig«, behaupteten wir als Kinder und probierten die teuer feilgebotene Ware selbstverständlich auch aus. »Bah!«, sagten die Erziehungsberechtigten, manchmal aber auch: »Ach, seid ihr süß!«
Die Popel waren es nicht; süß und saftig für eine Mark und achtzig scheinen mir heute Granatäpfel, aber von diesem Baum der Erkenntnis hatten wir noch nicht gehört, geschweige denn gegessen. Ungefähr mit 14 Jahren stellte ich fest, dass unser Abzählreim es in einen literarischen Kanon geschafft hatte. »Über das Volksvermögen« heißt Peter Rühmkorfs kommentierte Anthologie deutscher Volksdichtung, in der sich noch zahllose andere Beispiele respektlos komischer Reimkunst finden. »Allah ist groß, Allah ist mächtig, wenn er auf den Stuhl steigt, genau Einmetersechzig« war eine süßere Speise als meine erste Oblate. Und manches Gedicht aus der Sammlung rührte schon an süße Geheimnisse: »Die Möse ist kein Grammophon, sie spielt auch keine Lieder, sie ist nur ein Erholungsort für steif geword'ne Glieder.« Noch heute begeistert mich der aufklärerische, kühn der Unwahrheit entgegentretende Ton der ersten Verse: »Die Möse ist kein Grammophon, sie singt auch keine Lieder...« – als ob irgendjemand jemals das Gegenteil behauptet hätte.

Das süße Versprechen der Liebe hat jedoch viel mit Musik zu tun. »Love is sweet«, lernten wir bald, hörten von »Kisses sweeter than Wine«, von »Sweet little Sixteen« und »Sweet Hitch-a-Hiker«. Sweet war nicht nur die Band gleichen Namens, sweet war irgendwie alles: »Sweet Child in Time«, »Sweet Baby James«, »Sweet Jane«, sogar ein US-Bundesstaat wollte oder sollte sweet sein: Vom »Sweet Home Alabama« sangen trotzig Lynyrd Skynyrd, aber das war gar nicht süß, sondern eine Kampfansage an Neil Young, der in seinem Lied »Southern Man« den Rassismus in den Südstaaten gegeißelt hatte.

Uns aber schwirrte die Rübe vor »Sweetfulness« und »Sweet Dreams«. Verworren zwar war die Welt und überaus unklar, die Liebe jedoch würde süß sein, unbedingt, so süß und so lustig wie in Billy Wilders Film »Irma La Douce«. Da war es schon wieder: douce, süß – die Franzosen wussten also auch Bescheid. Erstmals hörten wir auch vom Dolce Vita und sahen, zum Wahnsinnigwerden geschickt verhüllt, Anita Ekbergs Brüste: Ja, da war es, das Land, wo Milch und Honig fließen. Hier herrschte himmlischer Überfluss und nicht irdischer Mangel. O doch, ein süßes Leben sollte es bitte sein – also das Gegenteil dessen, was in Deutschland »das sauer Verdiente« heißt.

Doch erstmal gab's statt Dolce Vita / jeden Mittag Gyros Pita. In der Bielefelder Bleichstraße legten wir als Zivildienstleistende des Arbeiter Samariter Bundes oft unsere Pause ein und kauten im Stehimbiss eine Teigtasche mit Brutzelfleisch vom Schwein, Zwiebelringen, Krautsalat und Zaziki weg. Billig war das, und uns schien es so lecker wie exotisch. Von der süßen Liebe hatten wir inzwischen auch gekostet – und jede Menge bittere, salzige Tränen verursacht und selber geweint.

Ja, Küsse waren süß, die Liebe war süß, süßer und köstlicher als Erdbeeren oder Kirschen – aber der Weg zum Kuss war oft steinig, dornig oder nicht zu finden.

Nach Kräften standen wir uns mit Klumsigkeit und Ungeschick aller Art selbst im Weg. Erschwerend kam hinzu, dass die männliche Adoleszenz Ende der siebziger, Anfang der achtziger Jahre im linken, alternativen Milieu grundsätzlich als wertlos eingestuft wurde. Der Mann, auch der junge, ahnungsarme und ziemlich schuldfreie, war »Schwanzträger«, also per se »Täter« und wurde gern pauschal und grundlos als »Vergewaltiger« und sowieso »Schwein« bezichtigt. So wurde das ungestüm jungmännliche Anstürmen gedämpft und ausgebremst – die süßen Küsse sollten zuerst durch Wohlverhalten erarbeitet werden: Bücher wie »Der Tod des Märchenprinzen«, »Die Töchter Egalias«, »Häutungen« oder »Die Scham ist vorbei« bekam man als Pflichtlektüre aufgebrummt wie eine Strafarbeit in der Schule. Die Gleichung »Weniger Mann = mehr Mensch« wurde aufgemacht – wie sollte man einer Frau seine Liebe schenken und zu Füßen legen, wenn die umstandslos beginnen würde, auf ihr herumzutrampeln?

Wo Unterwerfung verlangt wird, ist es mit der Liebe Essig. Gib dem Süßen Saures!, schien die Devise der Frauen zu sein – sofern das Wort süß in ihrem Leben überhaupt noch eine Rolle spielte. Meinen Bemühungen, mich durch Anpassung ans Milieu und seiner Konventionen als akzeptablen Vertreter des männlichen Geschlechts zu präsentieren, muss ihre Halbherzigkeit anzumerken gewesen sein. Sie blieben fruchtlos. Ich hatte Glück.

Wind kam auf und blies alle Flausen fort. Ich traf eine Frau, der ich freimütig von den Bedrückungen erzählte, vom Zwang, sich für seine bloße Existenz schämen zu sollen, von allen grotesken Anstrengungen, die ich unternommen hatte. Sie hörte sich meinen Bericht über das Gewürge an, lachte sich kaputt und sagte: »Du bist ja süß.« Dann zeigte sie mir, was sie sich unter einem süßen Leben vorstellte. Es gefiel mir über die Maßen. Geweckt wurde ich ins Leben zurückgeworfen wie ein Butt ins Meer.

Auch auf das Kino war Verlass. In der Verfilmung von Raymond Chandlers »Farewell, my Lovely« trifft Philip Marlowe den ehemaligen Bankräuber Moose Malloy, der nach Jahren im Knast seine Süße sucht, seine Wilma. Marlowe bittet Malloy um eine Personenbeschreibung, Malloy lächelt versonnen und sagt: »Süß. So süß wie ein Spitzenunterhöschen.« Marlowe kommentiert das trocken: »Mit der Beschreibung finden wir sie sicher.« Und doch: »So süß wie ein Spitzenunterhöschen « – ist das nicht ein ganz reizendes, um nicht zu sagen ein ganz süßes Kompliment?

2006

Via Roma,
Ecke Vietata l'Affissione

DER HIMMEL ÜBER PALERMO gab alles, was man an Blau verlangen kann – und damit Anlass, das schöne Lied »O Himmel strahlende Rasur« anzustimmen, das mir als Kind so gut gefiel, bis man mich säuerlich darauf hinwies, dass es »O Himmel strahlender Azur« heiße. Das sagte mir aber nichts, und die strahlende Rasur gefällt mir bis heute viel besser. Missverständnisse sind lustiger, geheimnisvoller und magischer als das so genannte Richtige, das man eingebläut bekommt, damit man sich nicht seinen eigenen Reim auf die Welt machen soll.

In fremden Sprachen fallen die Schnitzer um vieles leichter – und häufig umso schwerer ins Gewicht. Nachdem man bei einer kleinen Runde durch Palermo das Wort »Orologeria« auffallend häufig und auffallend groß angezeigt sah, wundert man sich doch ein bisschen, warum es gerade hier so überdurchschnittlich viele Urologen gibt. Wenn die Urologen auch noch Uhren verkauften, käme es sogar hin. Tückisch auch ist in lateinischen Ländern das Schlingern zwischen den verschiedenen romanischen Sprachen, die einem eher rudimentär-speisekartenhaft vertraut sind. Nicht selten hört man ein freundlich gemeintes »Molto gracias«, und beim Betrachten des Post- und Telegrafenamtes in Palermo, einem Bau in schauderhaft naziartig hingeprotztem Neoklassizismus, empört sich der humanistisch gebildete Reisende, dieser »blöde Klotz« sei doch »hundertprozentig unter Franco«

gebaut worden, »aber hundertprozentig!« Es dauert ein bisschen, bis der Schäumende sich in einen Schämenden wandelt und sich vergegenwärtigt, wo er gerade unterwegs ist. Aufregend ist es, Verabredungen in der Landessprache zu treffen. Am Abend um acht an derselben Ecke? Wunderbar. Zur Sicherheit schrieb ich mir die Straßennamen auf, Via Roma und Vietata l'Affissione, und beackerte ein paar Stunden weiter das Pflaster. In der Cattedrale besuchte ich das Grab Friedrichs, der so klug war, Deutschland von Sizilien aus zu regieren, hielt vergeblich Ausschau nach eleganten Betonschuhen, die ich daheim gern en gros verschenkt hätte, rettete im Botanischen Garten einem handtellergroßen Kaninchen das Leben, indem ich eine schöne, große, schwarze Katze davon überzeugte, dass »das Recht des Stärkeren« eine primitive, schäbige, historisch erledigte und ihrer also ganz unwürdige Zwangsvorstellung sei, kehrte ins Hotel zurück, gönnte mir eine himmelstrahlende Rasur und machte mich auf den Weg zu meinem Stelldichein.

Über all dem Flanieren hatte ich den Ort des Treffens vergessen – egal, ich hatte ja die Adresse. Die Via Roma in Palermo ist sehr, sehr lang – wo fand ich die Vietata l'Affisione? Im Stadtplan war sie nicht aufzutreiben. Ich rakte meinen Mut und mein profundes Pidgin-Italienisch zusammen und bat Passanten um Auskunft. Vietata l'Affissione? Sie sahen mich ungläubig an. Ein älterer, höflicher Herr klärte mich auf. Vietata l'Affissione steht an vielen Straßenecken und heißt: Plakatieren verboten. Eine Straße dieses Namens gibt es in Palermo also ziemlich häufig, aber man kann ja auch einmal alleine zu Abend essen und aus dem Langenscheidt bestellen: »Alla nonna piacciono i licori dolci« – alle Nonnen sind friedlich, wenn man sie mit Likör erdolcht.

2006

Phantomsoldaten

DIE BELEIDIGTEN ALLER FRAKTIONEN feiern Dauerkarneval. Deutsche Restlinke, hoffnungslos kitschig verknallt in Palästinenser und ihre Tücher, werfen sich ganz mutig in die Brust und sagen: Wir kritisieren die Politik Israels, das ist gerade für uns als Deutsche sehr wichtig, denn weil Deutsche früher Juden ermordeten, müssen wir heute sehr genau aufpassen, was die Israelis tun. Und leider feststellen: Die Israelis sind die Nazis von heute. Richtig glücklich sind diese Deutschen, wenn sie einen Juden finden, der sie bestätigt und bekräftigt. Für mutige deutsche Antisemiten gibt es keinen schöneren Kronzeugen als einen jüdischen, hinter dem sie sich verstecken können: Der Mann ist Jude! Und sagt es selbst, was von den Juden zu halten ist. Ha!

Es gibt für Deutsche sechs Millionen Gründe, sich Israel gegenüber belehrender Kommentare und staatsanwaltsartig vorgetragener Anklagen zu enthalten. Manche Deutsche aber stellen ihren Mangel an Takt und Feingefühl als politischen Mut aus und fühlen sich von politischer Korrektheit umzingelt und verfolgt. So dass am Ende wieder alles stimmt: Das eigentliche Opfer ist immer der Deutsche.

Dieses Prinzip greift auch andersherum. Philosemiten, die sich ähnlich taktlos Israel als Freunde und Helfer andienen und mit guten Ratschlägen gleichfalls nicht geizen, sehen sich quasi stellvertretend bedroht. Wie sich der deutsche Antisemit mit den palästinensischen Habenichtsen identifiziert, so identifiziert sich sein Pendant, der deutsche Philosemit, mit den israelischen Opfern palästinensischer Mörder und Selbstmordattentäter. So kann man, selbst gänzlich unbedroht, ein unglaublich tapferes Leben führen und sich dafür ganz prima auf die Schulter hauen.

Ohne den Wahn, verfolgt zu werden, macht solchen Phantomsoldaten das Leben keinen Spaß. Ähnlich verhält es sich auch mit dem Beleidigtwerden und dem anschließenden Beleidigtsein; das muss wohl der höchste Lustgewinn sein. Ausschließlich dafür schafft sich der Mensch patriotische oder religiöse Gefühle an: damit er behaupten kann, sie wären verletzt worden und er habe geradezu heiligen guten Grund, ganz schlimm beleidigt und wütend zu sein. Dies gilt für stumpfe Islamisten / Genauso wie für deutsche Christen.

Von Peter Scholl-Latour beispielsweise wusste man bisher zwar einiges; in *Bild* entblößte der alte Kriegsschauplatzwart am 2. Februar 2006 überraschenderweise auch noch einen Glauben. Den Abdruck einiger Mohammed-Karikaturen in einer dänischen Tageszeitung und die anschließenden Protestaufzüge aufgebrachter Muslime kommentierte er mit dem Bekenntnis: »Als gläubiger Katholik sage ich: Wenn man im Fernsehen oder in der Zeitung die christliche Religion derart verhohnepipelt, schockiert mich das auch zutiefst.« Ohne »zutiefst« scheint gar nichts mehr zu gehen in der religiös aufgerüsteten Welt. Ob Christ oder Muslim, Hauptsache zutiefst: zutiefst beleidigt, zutiefst schockiert, zutiefst unentspannt.

»Respekt vor der Religion!« forderte Scholl-Latour; das ist so überzeugend wie das »Ey Alta, Respekt ey!«, das Halbwüchsige gern von sich geben. Man kann Wahnvorstellungen ignorieren oder sanft tolerieren, man kann den Wahnsinnigen gut zureden und sie, so sie unter sich bleiben, ihre ulkigen Rituale verrichten lassen – kurz: Man kann großzügig sein. Und was machen die Wahnsinnigen? Sie verstehen alles falsch und brüllen: »Respekt!«

2006

Heimkehr
eines Denunzianten

61 JAHRE LANG WAR ER HARTLEIBIG, dann löste sich Günter Grass: »Das musste raus, endlich!«, kofferte Grass ächzend in die *Frankfurter Allgemeine Zeitung* hinein. Deren Chef Frank Schirrmacher, ein Kai Diekmann für Halbalphabeten, schmiss sich stolz wie Oskar aus der »Blechtrommel« in die Hühnerbrust und blies grienend die Wangen auf. Grass war in der Waffen-SS, mit 17, sechs Jahrzehnte lang verschwieg er das und hob den dicken Zeigefinger gegen alle, die ihre Vergangenheit nicht lückenlos aufdeckten. Das ist keine Sensation, das ist nicht »Mann beißt Hund«, sondern »Hund beißt Mann«, das passt wie der Deckel auf den Topf: Einer der größten Langeweiler aller Zeiten hat ein kleines, braunes Geheimnis. Und weil sein Buch »Beim Häuten der Zwiebel« außer ein paar hoffnungslos verdeutschlehrerten Pappköpfen niemanden mehr interessiert hätte, plauderte Grass alles aus.

Beziehungsweise eben doch nicht. Wenn es denn ein Geständnis gewesen wäre, das den Namen verdient. Aber Grass ist noch in der Selbstbezichtigung eitel. ICH war bei der Waffen-SS, ICH, der große Günter! Der Nobelpreisträger! Der, das verschweigt er aus gutem Grund, diesen Preis nie bekommen hätte, wenn er seine Vergangenheit nicht so kalkuliert für sich behalten hätte, wie er seit 2006 mit ihr hausieren läuft.

Es geht nicht um Moral oder Doppelmoral, sondern um die Mechanismen des Gewerbegebiets der moralisierenden Literatur. Grass war und ist ein Ödling. »Words don't come easy« hieß ein Schmierlied aus den 80er Jahren – es ist die Lebenshymne von Günter Grass: »Words, pieh dieh dieh, don't come easy to me, how can I find a way to make you see, pieh dieh dieh ...« Den mangelnden Musenkuss hat Grass schon immer durch den Griff zu den großen Jahrhundertthemen zu kompensieren gesucht. So sind fünfzig Jahre sozialdemokratische Staatsklempnerei zusammengekommen, und wie alle Sozialdemokraten wurde auch Grass die Angst nicht los, als ewiger vaterlandsloser Geselle behandelt zu werden. So warf er sich zum Gewissen der Nation auf – schließlich schreibt man Gewissen auch mit SS, da konnte Grass gut anknüpfen und gleichzeitig vorgeben, er sei ganz, ganz anders.

Vertreter der deutschen Mannestugenden Herumeiern, Mauern und Feigesein gibt es viele; entsprechend groß ist das Verständnis für Grass. Der sozialdemokratische Prittstift Klaus Staeck sprang Grass zur Seite, auch Gregor Gysi kumpelte mit – und auf einmal wirkte die Waffen-SS wie eine Jugendbewegung, nur respektabler und sportiver als Punk oder Hippietum. Wer dort einmal anheuerte, auf den ist Verlass, die Waffen-SS ist gute Schule und Zucht, und eine Nazi- oder SS-Vergangenheit hat noch keinem Deutschen geschadet.

Das weiß auch Günter Grass, eine Petze reinsten Wassers, ein Geschaftelhuber und rasender Opportunist, ein Gruppe-47-Intrigant, der mit dafür sorgte, dass brillante Kollegen wie Albert Vigoleis Thelen im deutschen Kulturbetrieb untergebuttert wurden. Auf dem Höhepunkt der RAF-Hysterie in den siebziger Jahren hetzte Grass Heinar Kipphardt die Polizei auf den Hals und betrieb gemeinsam mit dem damaligen Münchner SPD-Oberbürgermeister Hans-Jochen Vogel erfolgreich die Absetzung Kipphardts als Dramaturg der Münchner Kammerspiele. Wie man talentiertere Konkurrenten ausschaltet, hat Günter Waffen Grass gründlich gelernt.

Die Nachrichtenagenturen meldeten: »Günter Grass bekommt nach seinem Waffen-SS-Geständnis Rückendeckung von Historikern. Der Fall werde dem Image des Literaturnobelpreisträgers nicht schaden, sondern »eher zum besseren Verständnis der Vergangenheit beitragen«, sagte der Berliner Historiker Arnulf Baring der *Berliner Morgenpost*. Das Bild des Dritten Reiches müsse »in dem Sinne zurecht gerückt werden, dass man die damaligen Sichtweisen stärker berücksichtigen müsse.« Zurecht rücken müssen, dass wir berücksichtigen müssen – so spricht Arnulf Baring, der für *Bild* so lange den Historiker geben wird, wie der ZDF-Märchenonkel Guido Knopp in Deutschland ebenfalls für einen Historiker gilt. Soviel therapeutisches Zurechtrückenmüssen und Berücksichtigenmüssen muss zwingend sein, sonst halten die Deutschen es nicht mit sich aus. Schließlich haben Millionen von ihnen im Kino und im Fernsehn unter Tränen gelernt, dass man auch den Führer von innen heraus verstehen muss, also durch Bernd Eichinger und seinen Bruno Ganz hindurch.

»Nicht jeder, der in der NSDAP oder gar der Waffen-SS war, muss deshalb verbrecherische Ziele verfolgt haben«, sprach Baring und erklärte weiter, »man sollte grundsätzlich bei dem, was junge Leute getan haben oder auch heute tun, nachsichtig sein«. Es handle sich ja nicht um Menschen »mit vollem Urteilsvermögen«. Mit Blick auf die aufgeheizte Atmosphäre der Kriegsjahre »konnte jemand wie Grass kaum zu anderen Schlussfolgerungen kommen, als in der Waffen-SS eine tolle Herausforderung zu sehen«. Er vermute, der Fall Grass werde zu einem gelassenen und gerechteren Urteil über die Verstrickung vieler Deutscher in den Nationalsozialismus führen.«

Und – schwupps – war es Geschichte geworden, das Wort des Jahres 2006: »gelassen«. Ein »gelassener, entspannter deutscher Patriotismus« wurde im Sommer 2006 erfunden – er ist das Synonym für Lärm, für »Sieg!«-Geschrei und für aufdringliches Auf-dicke-Hose-Machen. Wenn schwarzrotgold behängtes, aggressiv und niederträchtig sich gebärdendes, dem Augenschein nach genetisch hoch bedenkliches Deutschmännermaterial angeblich ganz toll »gelassen und entspannt« war bei der Fußball-WM – wer möchte das dann noch sein?

Günter Grass, unbedingt. Davon, dass Juden deportiert wurden, hat er in Danzig selbstverständlich nichts mitbekommen; Rassismus hat er erstmals erlebt, als er sah, wie in der US-Armee Schwarze von Weißen diskriminiert wurden. Den Antiamerikanismus des volksdeutschen Kerls hat Grass auch noch drauf – hier ist ein deutscher Denunziant bei sich und bei seinem Volk angekommen. Der Erste Schriftsteller dieses verlogenen Deutschlands heißt Günter Grass.

P.S.: Auf seinem Grabkranzgebinde soll man lesen:

In Deutschland ist alles aus Marzipan,
Vor allem die Literatur.
Das hat ihr der Günter Grass getan,
Die SSPD-Kreatur.

P.P.S.: Auf seinem Grabstein dann aber unbedingt:
　　　　»Words don't come easy.«

2006

Pfeil er mich traf

Ein Abschied von Robert Gernhardt

VOM TOD BERÜHMTER KOLLEGEN erfährt man häufig durch Anrufe aus Rundfunk- und Zeitungsredaktionen; erst wird die betrübliche Nachricht weitergegeben, anschließend geht es zügig zum Geschäft: Ob man nicht einen Nachruf schreiben könne, am besten jetzt gleich und sofort...? Den vier Radio- und Tageszeitungsredakteuren, die mich am 30. Juni über den Tod von Robert Gernhardt in Kenntnis setzten, musste ich einen Korb geben. Nein, ich konnte und wollte nicht. Der letzte Briefwechsel mit Robert Gernhardt war frostig gewesen, wir hatten Zwist gehabt, und das ließ sich nun nicht mehr aus der Welt schaffen.

Da wollte ich wenigstens still und für mich ein Glas auf Robert Gernhardt erheben, um einen Dichter trauern und rekapitulieren, was ich von ihm auswendig wusste: Das großartige »Samstagabendfieber« fiel mir wieder ein: »Wenn mit bunten Feuerwerken / Bürger froh das Dunkel feiern / Sich mit Bier und Fleischwurst stärken / Und in die Rabatten reihern ... Wenn sie dann in Handschuhfächern / Kundig nach Kondomen tasten...« – gottvolle Zeilen. Oder die »Materialien zur Kritik einer Gedichtform italienischen Ursprungs«, die vor 25 Jahren Deutschlehrer in den Wutanfall trieb: »Sonette find ich sowas von beschissen / So eng, rigide, irgendwie nicht gut...« – astrein!

Auch sein »Dichter Dorlamm« hatte mir stets Freude bereitet: »Dichter Dorlamm lässt nur äußerst selten / Andere Meinungen als seine eigne gelten. / Meinung, sagt er, kommt nun mal von mein. / Meine Meinung kann nicht deine Deinung sein.« Gernhardts »Folgen der Trunksucht« war ohnehin ein Klassiker für den Hausgebrauch: »Seht ihn an, den Schreiner / Trinkt er, wird er kleiner. / Schaut, wie flink und frettchenhaft / Er an seinem Brettchen schafft.« Die begnadet alberne Bildgeschichte »Der sterbende Narr«, ebenfalls aus Gernhardts 1981 erschienenen, meisterhaften Band »Wörtersee«, kam mir vor Augen: »Warum heißt der Pfeil Pfeil? – Pfeil er mich traf!«

Anderntags lag ich am Süßen See, der wirklich »Süßer See« heißt und zwischen Halle und Eisleben liegt; in Leipzig hatte ich nur die *LVZ* bekommen und las in diesem Blatte einen sehr gut gemeinten Nachruf auf Robert Gernhardt, in dem es hieß: »Viele kennen seine Reime (›Die schärfsten Kritiker der Elche, waren früher selber welche‹), wissen aber nicht unbedingt, dass Gernhardt ihr Schöpfer war.«

Was in diesem Fall kein Fehler ist, denn die Verse »Die schärfsten Kritiker der Elche / waren früher selber welche« stammen von F.W. Bernstein, Dichter und Zeichner wie Robert Gernhardt.

Der Irrtum ist indes weit verbreitet. Else Buschheuer berichtete im Mai 2006, wie sie in einer Sendung mit Marcel Reich-Ranicki über den »Elche / selber welche«-Reim sprach. »Der ist von Gernhardt!«, trompetete, ahnungslos wie fast immer, der Lauthals Reich-Ranicki. Buschheuer widersprach und korrigierte den *FAZ*- und Fernsehmann. »Das ist von F.W. Bernstein.« Reich-Ranicki beharrte auf seinem Irrtum und schnappschildkrötete brüsk: »Nein. Von Gernhardt! Bernstein ist ein

Dirigent!« Sprach der berühmteste Literaturkritiker des Landes, der Erste seiner sinnlosen Zunft.

Robert Gernhardt hat so viele Gedichte geschrieben – man muss ihm nicht noch andere unterschieben, auch keins von seinem Freund und Kollegen F.W. Bernstein. Beide, Bernstein und Gernhardt, ließen sich vor etwa 30 Jahren auf einer Göttinger Kirmes von einem Zweizeiler inspirieren, der die Schönheit des Lebens erfasst und besingt: »Wie ein Pfeil fliegt man daher / Als ob man selber einer wär.« Diesen Grad der Schwerelosigkeit zu erreichen, im Leben wie in der Dichtung, ist ein wunderbares Ziel. Ich wünsche Robert Gernhardt, dass es ihm gelang.

2006

Bitte Bayreuth statt Beirut

DEUTSCHLAND HAT WIEDER BAYREUTH, mit der jährlich wiederkehrenden Krankheit Wagner. Dabei handelt es sich nicht um Franz Josef Wagner, den in feuchter Unterhose schreibenden *Bild*-Kolumnisten, der am 24. Juli 2006 im Feuilleton der *taz* ein Konzert der Rolling Stones besprach und sich dabei als »Street Fighting Man« und »Gossen-Goethe« die Hände und andere Körperteile rieb. Nein, es geht noch ein paar Nummern drunter: Richard Wagner heißt der Held der gehobenen Gamsbartdeutschen. Wagner war die Krönung der deutschen Romantik. Anders gesagt: Wagner komponierte wie ein in den Wald scheißender Aasvogel. Weil es davon so viele gibt in Deutschland, ist er noch immer beliebt.

Es wäre nicht fair, Wagner vorzuwerfen, dass Hitler für seine Musik etwas empfand, das dieser liebesferne Psychopath wohl für Liebe hielt. Aber es passt schon – Wagner ist führerkompatibel, viele seiner hochdramatischen Musiken lieferten die Tonspur für die Inszenierung eitler, hochfahrender Selbstbesoffenheit und minderwertigkeitskomplexdurchsättigten Grö*FaZ*-Gebrülls. Die deutsche Romantik – man muss das immer mal wieder sagen – hat nichts mit privaten, zarten und romantisch genannten Gefühlen zu tun. Die deutsche Romantik ist ihrem Wesen nach rückwärtsgerichtet und unweigerlich aggressiv.

Besonders eindrucksvoll ist das zu sehen in den Gesichtern der Bayreuther Wagner-Festspielbesucher. Es ist ein prächtiger Arschgeigenreigen, der sich jährlich in

Bayreuth aufmandelt und aufmaschelt: Autohausbesitzer, die in Kultur machen, Damen wie Mutti Roth, Muschi Stoiber oder die Gewaltaprikose Angela Merkel, und obendrauf reicht man die dazu passenden Künstlerhalunken. Die Wirkung von Wagners Musik ist schon unangenehm genug, aber das Volk, das da hinlatscht und sich abfeiert, geht gar nicht.

Doch niemand erbarmt sich, niemand hat ein Bömbchen für Bayreuth übrig. Deshalb möchte ich die israelische Armee, von deren Effizienz man sich im Sommer 2006 überzeugen konnte, um eine kleine Gefälligkeit bitten.

»Sehr geehrte Damen und Herren, ich erlaube mir, Ihre Aufmerksamkeit auf einen Sachverhalt zu lenken, der Sie unmittelbar angeht. Das Bombardement der Stadt Beirut scheint mir ein tragisches Versehen und Missverständnis zu sein. Ziel Ihrer Angriffe sollte vielmehr die namensähnliche deutsche Kleinstadt Bayreuth sein. Ich bitte Sie: Verschonen Sie eine internationale Kulturstadt. Machen Sie stattdessen sinnvoller ein deutsches Kaff platt, einen Kuhdunghaufen, aus dem turnusmäßig Größenwahnfried quillt. Die Feinde Israels befinden sich nicht nur in Ihrer geografischen Nähe. Der Antisemitismus blüht auch in Deutschland, und er ist immer virulent, wo Wagner bramarbasiert wird. Machen Sie aus der Schäferhundebesitzerkulturhochburg Bayreuth das, was diese ihrem Wesen nach ohnehin ist: ein geistloses Erdloch. Verschonen Sie aber bitte unbedingt das Jean-Paul-Museum, denn der Schriftsteller Jean Paul war und ist ein Lichtblick der Zartheit im bayreuthdeutschen Dröhnen. Herzlichen Dank im Voraus.«

Wenn selbst das nicht hilft, fällt mir auch nichts mehr ein zur Rettung der Welt und zum Segen der Menschheit.

2006

Wort des Jahres: Trittbrettficker

DIE GESELLSCHAFT FÜR DEUTSCHE SPRACHE gehört dem horizontalen Gewerbe an. Bereits seit 1970 kürt dieser Verein das sogenannte »Wort des Jahres« und zeigt dabei keinerlei Freude an schöpferischer Arbeit. Sondern kennt nur das Idiotiekriterium Quote: Massenhaftigkeit ist der einzige Schlüssel. Was medienmaximal durchgehechelt wurde, hat es geschafft.

Jedes Koordinatensystem braucht eine Vertikale und eine Horizontale, sonst ist es keins. Die Gesellschaft für deutsche Sprache verzichtet auf die nach oben zielende Vertikale und legt sich hin. Zum Wort des Jahres 2005 kürte sie »Bundeskanzlerin«. Das fanden sprachferne Medienbordsteinschwalben wie Alice Schwarzer oder Christiane Scherer alias Thea Dorn entsprechend schön und schwesterzwitscherten es durch das mit ihrer tätigen Hilfe noch zügiger verblödende Land.

2006 war die Gesellschaft für deutsche Sprache um ein weiteres Jahr heruntergekommen. Der ideen- und mutlose Haufen suchte als Wort des Jahres »Fanmeile« aus. Platz zwei der Liste belegte das *Spiegel*-Titelwort »Generation Praktikum«, auf Platz neun und zehn landeten die *Bild*-Vokabeln »Klinsmänner« und »Schwarz-Rot-Geil«. Prämiert und damit multipliziert wurden nicht Worte, sondern, im Gegenteil, medialfäkale Getüme.

Professor Rudolf Hoberg, Vorsitzender der Gesellschaft für deutsche Sprache, begründet die Kapitulation vor dem Schlamm der Massenmedienmacht salbungsvoll so: »Wir bemühen uns, Wörter zu finden, die für das Jahr repräsentativ sind.« Das tut bescheiden, klingt latent verklemmt und ist im Kern eitel dummstolz: »Wir bemühen uns.« Wenn man in einem Arbeitszeugnis über jemanden liest, er habe sich »stets bemüht«, dann weiß man: Der hat es nicht nur nicht hingekriegt, der hat es komplett vergeigt.

Das Ausweichgerede, man wolle nicht wählen und schon gar nicht werten, sondern nur abbilden oder beschreiben, hat schon die Gesellschaftswissenschaften auf den Hund gebracht. Das scheinbar ausschließlich Deskriptive ist eben nicht neutral, sondern im Gegenteil Bestätigung und Bekräftigung des vorgefundenen Elends. »Fanmeile« könnte aus Sebastian Haffners Definition des Faschismus stammen: uneingeschränkte Herrschaft der oberen Klassen bei gleichzeitiger totalmobilisierter Begeisterung der Massen. »Schwarz-Rot-Geil« eben, aggressiv verbreitete Konformismusware.

Die wahren Worte muss man alleine finden oder erfinden; den Stümpern von der Gesellschaft für deutsche Sprache darf man das auf gar keinen Fall überlassen. Mein Wort des Jahres 2006 war: Trittbrettficker. Es stammt aus keiner Zeitung, kein Sender flüsterte es mir – es kam aus dem Leben selbst zu mir, legte sich auf meine Zunge und verlangte, als Wort geboren zu werden. Ich erfüllte dem Wort seinen Wunsch, spie es aus und entließ es in die Welt: Trittbrettficker.

Wer oder was ein Trittbrettficker oder, westfälisch, *Trittbrettfickò* ist, braucht wohl nicht erklärt zu werden. Ein Minimum an Auffassungsgabe muss ein Autor von seinen Lesern erwarten dürfen. Soviel aber kann ich sagen: Es ist sehr unangenehm, jemanden auch nur in der Vergangenheitsform in seiner Nähe gehabt zu haben, auf den das Wort Trittbrettficker zutrifft.

Dass es im großen Menschengarten auch parasitäre Lebensformen gibt, ist nicht neu. Der liebe Gott lässt alles wachsen, auch das Gesocks. Es gilt aber auch: Das allgemeine Wissen um einen Gegenstand ist eine Sache, die persönliche Konfrontation damit eine ganz andere. Man will das erst gar nicht glauben: dass einer im schönen, ihn wärmenden Mantel der Freundschaft gehen und als hinterrückser Schleicher sich entpuppen kann. Und doch ist es so. Es dauert seine Zeit, bis man diesen Happen gekaut und verdaut hat. Dann aber hat man sie vom Hacken: den Trittbrettficker, die Dame, die er unbedingt besitzen musste, und jene, die ihn stützten. Ihnen allen gilt der Gruß:

> Es fällt nicht leicht und ist doch schön:
> Das Wort Auf Nimmerwiedersehn.

2006

O je, o je, sie bringt es nicht, o weh, o weh, die Unterschicht

»Erwin aus der Unterschicht
liebt die Oberklasse nicht.
Doch vom Chef die Tochter
sah er gern und mocht er.«
F.W. Bernstein

WENN UNSERE TOLLKLASSE GEBILDETEN, überaus feingeist- und feinwaschmitteligen und tiptop hochkulturellen Mittel- und Oberschichtler diesen Vierzeiler namens »Erwin« von F.W. Bernstein gelesen hätten, eine weitere nutzlose, aufgesetzte Feuilleton-Debatte wäre der Welt erspart geblieben. Weil aber der Berufsdebatteur als solcher gar nichts zu wissen braucht, um konjunkturell mitquakeln zu können, musste man sich das Geningel um die furchtbar kulturlose, üble und quasi aus Gammelmenschen zusammengetackerte Unterschicht auch noch anhören.

Was soll das Gezeter, wovon lenkt es ab? Dass Menschen, die ihre Kinder Kevin nennen, mit ihnen nichts Gutes vorhaben, liegt auf der Hand, das ist im Namen mit drin. Kevin heißen müssen bedeutet: Dich liebt keiner, deine Eltern jedenfalls lieben dich nicht. Das ist unschön, aber völlig offensichtlich und muss also nicht debattiert werden. Der grassierende Kevinismus (beziehungsweise Marvin- und Justinismus) könnte leicht standesbeamtlich durch ein generelles Verbot von Produkt- und Markennamen für Kinder unterbunden werden. No Xavier, no Cry.

Es gibt durchaus ein reales Unterschichtproblem: die längst abgesackten, verwrackten Reste von Ober- und Mittelbau. Der Fisch stinkt nun mal vom Kopfe. Petra Gerster c/o ZDF kündigt die Verleihung des Deutschen Fernsehpreises an und honigkuchelt grienend einen vom Pferd namens »Qualitätsfernsehn«. Als »bester Fernsehfilm« wird der durchhaltedeutsche Schmachtfetzen »Dresden« ausgezeichnet. Wer bei solchen Produktionen und Laudatien mitmischt, möge seine Beschwerden über Unterschicht und Unterschichtfernsehn bitte für sich behalten.

Auch die Gala-Veranstaltung »50 Jahre *Bravo*« zeigte, dass gegen die krebsartig wuchernde Medialunterschicht die gute alte »Aktion Sühnezeichen« nicht mehr greift. Ein stark behandlungsbedürftiger Junge namens Bill, Angestellter einer Krankheit namens Tokio Hotel, drückte die ihm aufgezwungene Mischung aus Pubertätseiter und Jugendgreisenhaftigkeit in Kameras und Mikrophone: »Ich fand Nena immer komplett geil.« Die komplett schlichte Sängerin nahm ihn dafür in den Arm und küsste ihn. Gegen beide und alle, die derartiges mögen, hülfe, wenn überhaupt, nur die Aktion Schürhaken. Dass der branchengefeierte Tim Renner den Cockerspaniel Nena in der *Zeit* allen Ernstes als Bundeskanzlerin vorschlug, sagt alles über die Selbstbeweihräucherungsvokabeln Qualitätsjournalismus und Qualitätszeitung.

Womit man ganz unten gelandet ist, bei Gerhard Schröder auf dem Titelbild des *Spiegel* in der 43. Kalenderwoche 2006. Was war das? Vollgummi? Leder? Gesicht gewordene Charakteraufweichung? Letzteres setzte voraus, dass jemals ein Charakter vorhanden gewesen wäre. Was Gerhard Schröder als Gesicht trägt, habe ich als Jugendlicher beim Schlagballwerfen gut 40 Meter weit weggeschmissen. 4000 Kilometer wären eine weit angenehmere Entfernung von dieser putinistischen Gestalt, die alles verkörpert, was an Unterschicht und Aufsteigerei abstoßend war und ist. Nähme Gerhard Schröder noch die Plage Michael Schumacher mit in die Pipeline zur ewigen Ruh, das Proleten- und Unterschichtsgewürge hätte zumindest Pause – bis zur nächsten Sendung mit Kerner.

2006

Salat ist sinnlos, knackt aber

WENN ES STIMMT, dass Sprache eine Waffe ist, dann wäre Sprachkritik eine Kritik der Waffen mit ihren eigenen Mitteln. Die sprachlichen Waffenarsenale einer eingehenden Betrachtung zu unterziehen, lohnt immer – selbst dann, wenn es modern ist, das zu tun. Die Beschwerde darüber, dass Angehörige des Proletariats sich mitunter einer eingeschränkten, groben Sprache bedienen, ist allerdings nicht eben sensationell.

Interessanter ist doch die Sprache derjenigen, die sie als berufliches Handwerkszeug benötigen und entsprechend pflegen und in Schuss halten sollten. Schließlich sprechen sie öffentlich, im Fernsehn, im Radio, oder sie schreiben öffentlich, in der Zeitung.

Wie der Medienmensch spricht, so denkt er auch, und das gibt zu denken. »Stark eingebrochen ist die Kauflust«, sagte eine Nachrichtensprecherin in den ARD-*Tagesthemen*. Ich stutzte und staunte: Was die Kauflust alles kann – sogar einbrechen. Wie muss man sich das vorstellen? Brach die Kauflust beim Schlittschuhlaufen auf dem zugefrorenen See ein? Oder, ganz anders, nächtens in eine Villa, wo sie dann das Silber klaute?

So lange es Journalismus und Journalisten gibt, mediale Breittretungsorgane, so lange wird es Sprachkritik geben. Koalitionen werden »fit gemacht«, es wimmelt von »Top-Themen«, eine Reform hat »Eckpunkte«, in denen Kreis und Quadrat zu einer Einheit verschmolzen werden, die geometrisch interessant aussehen könnte. Manche sagen sogar: »Ich kenne jede Ecke des Erdballs« – und fühlen doch nichts.

»Zeitnah« werden Entscheidungen getroffen, ganze »Zeitfenster« werden aufgerissen. Würfe man einen Pflasterstein in ein Zeitfenster hinein, und es klirrte nicht – wäre das Zeitfenster dann geöffnet? Oder ist es schlichtweg nicht existent? Sondern eine Erfindung aus dem Hause Wichtig? Zeitnahe Zeitfenster haben und ergeben keinen Sinn, aber das müssen sie auch nicht, denn sie sollen, im Gegenteil, »Sinn machen«.

Sinn machen klingt wie Pípí machen – und genau so infantilisiert ist die Welt, die sich hinter dieser Blähsprache verbirgt. »Das macht Sinn« – wer so spricht, will sich aufpumpen und bedeutend machen, der will »einen Distinktionsgewinn erzielen«, wie das in Feuilletonsprech heißt.

In dieser Welt wird simple Reklame zu einer Johannes-B-Kernerschen »wichtigen Produktinformation«, kurze Entfernungen sind »fußläufig«, wahrscheinlich wie die sprichwörtliche fußläufige Hündin. Äußerungen sind »grenzwertig« und Sachverhalte »gewöhnungsbedürftig«, obwohl doch das handelnde Subjekt der Gewöhnung bedarf, nicht das passive Objekt.

Wer solchen Radebrech kultiviert, »verschriftet« auch seine Beiträge in »Meetings«, vergrößert seine »Relevanz«, schreibt ein »Impulspapier« und will sich »optimieren«, wenigstens »ein Stück weit«, jedenfalls so lange, bis er dann »Sinn macht«.

Wie beispielsweise Tom Buhrow. In den *Tagesthemen* dampfquakelt das ARD-Ankermännchen routiniert umnachtet drauflos: »Hier ist der Knackpunkt.« Ah ja, der Knackpunkt – allein, was wäre ein Knackpunkt? So etwas wie ein Eckpunkt, nur dass er eben auch noch knackt? Ist der Knackpunkt dem »Knackfaktor« verwandt, den die Lebensmittelbranchenwerbung für grüne Äpfel ersann? Oder dem Salat, der komplett gehaltlos sein darf, wenn er nur immer »knackig« ist?

Knackiger Salat ist sinnlos – nährstoff- und geschmacksfrei, aber knackig. Denn knacken muss es, unbedingt; das Wichtigste am Essen ist offenbar nicht der Geschmack, sondern das Geräusch, der »Sound«, der vom »Sounddesigner« kommt – ein möglichst lautes Krachen und Knacken im Mund. Dazu trinkt man importiertes Mineralwasser – im Angeberplural »Mineralwässer« – oder ein »fassfrisches« Bier, selbstverständlich »Premium« beziehungsweise wie im besonders schweren Fall *Warsteiner*, sogar »Premium Verum«, denn Premium heißen ist die vornehmste Pflicht aller Gülle, und »fassfrisch« muss sie auch sein, aber hallo. Wer soll sich davon angesprochen fühlen wenn nicht ein Köter: »Hasso fassfrisch!« Hasso trank ein Premium / Bumms, da fiel der Hasso um.

Wenn man den fußläufigen, zeitnahen, eck- und knackpunktenden, fassfrischen Sinnmachern so genau zuhört, wie die sich das niemals wünschen dürften, möchte man hinterher ein altes Lied anstimmen: Die Gedanken sind Brei, wer kann sie erahnen...

2007

Pfefferminz
mit Sibiriengeschmack

DER 13. AUGUST IST BILLY-WILDER-TAG: Man muss »Eins, Zwei Drei« kucken. Die tragenden Säulen des deutschen Humors heißen »Lachen ist gesund«, »Spaß muss sein« und »Hier hört der Spaß auf«. Dieses dunstige, morastige Terrain gilt es unbedingt zu meiden. Besser lernt man bei den aus Deutschland entronnenen Komödienmeistern Ernst Lubitsch und Billy Wilder, dass nichts ist, was zu sein es scheint, schon gar nicht das sogenannte Gute.

Als Billy Wilder 1961 seine rasante Komödie »Eins, Zwei, Drei« drehte, war das Brandenburger Tor noch offen. Als aber der Film in die Kinos kam, war die Berliner Mauer frisch errichtet. Das deutsche Publikum tat, wozu es fähig ist, wenn es mit Humor, also mit heucheleifreier, rücksichtsloser Klarsicht konfrontiert wird: Es nahm übel. Der Film verschwand und kam erst 24 Jahre später wieder ins Kino. So lange dauerte es, bis Deutsche bereit waren, die komischen Aspekte ihres Nationalgeteiltseins überhaupt wahrzunehmen. Allerdings blieb die Ernstnehmerfraktion, die in der Existenz zweier deutscher Staaten ausschließlich eine Tragödie und eine Katastrophe sehen wollte, stets in der Mehrheit.

»Eins, Zwei, Drei« beginnt mit einer Einordnung der historischen Bedeutung dessen, was in Westdeutschland als Schandnabel des Universums galt. Die Welt aber ist erheblich größer: Am 13. August 1961 fand in Washington ein Baseballspiel der *Yankees* gegen die *Senators* statt. Das war ein Ereignis, aber doch nicht der kleine Mauerbau.

Auch nach geschätzten hundertmal Ankucken ist »Eins, Zwei, Drei« ein Geysir der hellen Freude und eine Lektion in Sachen Tempo, Timing und Dialogwitz. Was für ein Ideenreichtum, was für eine verschwenderische Liebe zum Detail – mit dem, was Billy Wilder hier an Einfällen verbriet, müssen unsere neuen gesamtdeutschen Komödien sonst locker 50 Jahre lang auskommen.

Billy Wilder bewahrt Haltung und schlägt sich keinem Lager zu; sein Film beleuchtet die Peinlichkeiten auf allen Seiten. Und davon gibt es, zur Freude des Betrachters, jede Menge. Ausnahmslos alle Hauptbeteiligten lügen und betrügen, um ihre Ziele zu erreichen; unsympathisch werden sie dadurch nicht. Die Welt ist ein Irrenhaus; wer sich darin behaupten will, muss das wissen und entsprechend handeln.

Die Ostdeutschen »marschieren, um gegen das Marschieren zu demonstrieren«, eine 17jährige Amerikanerin in Westberlin urteilt: »Die Umstürzler können's am besten, gar kein Vergleich!« Ihre ältere Gastgeberin seufzt: »Und ich dachte, wir wären nur in der Raketentechnik zurück!« Der Gatte, Chef der Westberliner Filiale von Coca Cola, muss jeden Morgen seinen deutschen Angestellten das Gehorcheraufspringen untersagen und tut es so drastisch wie verzweifelt: »Sitzen machen!« Einen ständig die Hacken zusammenknallenden Untergebenen mit selbstverständlich abgestrittener Mitläufervergangenheit lässt Wilder dennoch den großen Satz sagen: »Die Herren Kommunisten sind eingetroffen.« Ein junger ostdeutscher Parteigänger rettet eine Amerikanerin vor der Verhaftung, weil sie »eine typisch bourgeoise Schmarotzerin« und »die verfaulte Frucht einer korrupten Zivilisation« sei. Die 17jährige aus Georgia ist hingerissen: »Natürlich habe ich mich gleich in ihn verliebt.« Und sieht selbstverständlich auch ein, dass ihre reichen Eltern leider liquidiert werden müssen.

Die wollen erstmal mit dem Flugzeug in Berlin landen – was aber nur gelingen kann, »wenn diese Dreckskommunisten es nicht abschießen!« Kapitalismus ist »ein toter Hering im Mondenschein: er glänzt, aber er stinkt«; »Russland ist da zum Weglaufen, nicht zum Hinfahren«, denn im Kommunismus droht jedem Selbstdenker schließlich die Haft bei Väterchen Frost, »und das einzige, woran er sich wärmen kann, ist der heiße Atem der Kosaken.« Bestürzend Ähnliches gilt auch für die Gegenseite: »Atlanta ist Sibirien mit Pfefferminzgeschmack.« Kurz: Es ist alles ganz und gar wahr. Kein richtiges Leben gibt es im falschen, keinen Ort, nirgends. Wir sind verloren und müssen uns einen Reim darauf machen: Wir sind geboren. Billy Wilder lehrt uns, wie komisch das sein kann.

Harmlos oder ein Spielen auf Rumhängepatt ist »Eins, Zwei, Drei« also nicht. Einen Mann mit Trenchcoat und schneidender Stimme hört man fragen: »Glauben Sie etwa, Sie können einen deutschen Journalisten bestechen?« Die lakonische Antwort lautet: »Ich hab's noch nicht versucht.« Der Pressemann, der sich so aufspielt, wird kurz und unaufgeregt als SS-Obersturmbannführer enttarnt, der dann ganz kleinlaut seine bezahlte Arbeit als PR-Schranze macht. Sounds like *Spiegel*-Spirit.

Es gibt auch andere gute Gründe, aber allein für Billy Wilders Komödie »Eins, Zwei, Drei« hat sich die deutsche Teilung unbedingt gelohnt. Beim nächsten Mal möge der Versuch bitte erfolgreicher sein.

2007

Im Segment der Sound-Tapete

DER NATÜRLICHE FEIND DER SPRACHE ist der Journalist, dessen Arbeitsweise Karl Kraus folgendermaßen beschrieb: »Es genügt nicht, keine Gedanken zu haben. Man muss auch unfähig sein, sie auszudrücken.« Das ist die Voraussetzung für jenen aufgeblasenen Stil, der seine Substanzlosigkeit offenbart, indem er sie angestrengt zu kaschieren sucht.

Sprachverbrecher finden ihre Heimstatt gern in den Feuilletons und dort bevorzugt im Bereich der populären Kultur, der aber nicht Bereich heißt, sondern »Segment«. Denn das Geschwollene, mit Wichtigkeit sich Spreizende ist da, wo es um »Pop« geht, unerlässlich, und »Segment« reimt sich ja auch so schön auf den Zement, den »Segment«-Sager im Kopf haben.

Besonders arg geht es in der Popmusikschreiberbranche zu; hier sind jede Menge Knechte der Musikindustrie unterwegs, die ein ebenso kümmerliches wie korruptes Leben mit Schwammvokabular aufblasebalgen. In einer Konzertrezension in der *Leipziger Volkszeitung* ist von »betörendem Pop-Appeal« und wenige Absätze weiter von »betörend-charismatischer Präsenz« die Rede. Abgesehen davon, dass »betören« bedeutet, jemanden zum Toren, zum Narren zu machen, was ganz offensichtlich gelang, ist das Werbewort »betörend« mittlerweile sogar in den PR-Agenturen verpönt, die es jahrelang so inflationär wie nichtssagend in die Welt hineinorgelten.

Aber auch auf die Kulturabteilungen der überregionalen Presse ist Lallverlass. Ein Autor, der für *taz* und *Zeit* arbeitet, erfindet eine »anspruchsvolle Sound-Tapete«. Die muss man sich bildlich vorstellen; wenn der Mann, der sie ersann, damit seine Wohnung tapezieren möchte, wird ihm das wohl gelingen, denn in der »anspruchsvollen Sound-Tapete« ist der Leim schon mit drin. Der Schmierkäse-Argot der Popindustrie hat längst die sogenannten »Qualitätszeitungen« erreicht; »Qualitätszeitung« ist ein Schaufensterdekorationswort, das die Attrappenhaftigkeit des Gegenstandes verrät, den es euphemistisch anpreist.

Wo alles mit Affirmation begossen wird, hält der Irrsinn Einzug. In der Pop-Hurra-Welt, in der jede Nichtigkeit »großartig« respektive »grandios« zu sein hat, sind Steigerungen zwar Pflicht, aber grammatikalisch nicht mehr möglich. So kommt es zu Superlativ-Superlativierungen wie »Das weißeste Weiß«, »Das optimalste Konzept« oder »Deutschlands meiste Kreditkarte«. Das ist, wie Karl Kraus es vom Journalisten verlangte, eben nicht nur falsch, sondern vor allem komplett geistfrei.

Ein Adäquat zu »Deutschlands meister Kreditkarte« lieferte ausgerechnet ein Kirchenmann. Der katholische Bischof Mixa sprach im Zusammenhang mit der »Familien«- und »Werte«- und also längst Pop- und Feuilleton-Debatte, wiederholt von seiner »tiefsten Überzeugung«. Musste es wirklich die »tiefste« sein?

Bedarf das Substantiv »Überzeugung« des Adjektivs »tiefe« oder sogar der Steigerungsform »tiefste«? Eine Überzeugung ist an und in sich tief, sonst ist sie keine; wer von »tiefster Überzeugung« spricht, steht möglicherweise unter dem Zwang, eine Flachheit verbergen zu müssen. »Meine tiefste Überzeugung«, das ist der dramatisierende Stil des Lore-Romans und der Nullhundertneunziger-Werbung: »Überzeugungen ab 40 – jetzt noch tiefer...« Eine »tiefste Überzeugung«, und einzig daran bemäße sich ihr Wert, gibt es nicht, nicht einmal im Segment der anspruchsvollen Sound-Tapeten. Obwohl sich unsere Pop-Autoren im Rahmen ihrer Möglichkeiten darum doch so sehr bemühen.

2007

In the Ghetto?
Hier bei Netto!

Eine Titelschutzanmeldung

»AS THE SNOW FLIES… / On a cold and grey Chicago Morning / A poor little baby child is born / In the Ghetto / And his Mama cries…« So geht das Lied los, mit dem Elvis Presley soziales Elend ins Bewusstsein der radiohörenden Massen zu pfriemeln gedachte: Mutti weint.

Dazu hat sie auch allen Grund, denn einen weiteren hungrigen Mund zum Durchfüttern kann sie nicht brauchen: »Cause if there's one thing that she don't need / Is another little hungry mouth to feed / In the Ghetto…« Hätte sie sich das nicht vorher überlegen oder die Sache mal mit Vatti Samenspender durchsprechen können? Aber das klingt herzlos, und herzlos soll man nicht sein, nicht beim Thema Elend, und auch nicht bei Elvis Presley, dem Sänger von »In the Ghetto«. Psyche, Alk, Tabletto / Machen alt und fetto.

Anstatt uns aber um unsere eigenen Angelegenheiten zu kümmern, müssen wir wildfremden Menschen helfen, so verlangen es Bibel und Bebel – und Elvis Presley sagt es auch: »People don't you understand / The child needs a helping hand / Or he'll grow to be an angry young man some day.« Ooops, da ist er, der »angry young man«, der aus der Kulturlandschaft »nicht mehr wegzudenken ist«, wie es in Kulturlandschaftsdeutsch hieße: der wütende junge Mann aus dem Ghetto, aus den Vorstädten, den *Favelas*, *Telenovelas*, Istdochegalas, oder am allerbesten aus den *Banlieues*, denn das klingt ja auch gleich viel interessanter und aufregender und gebildeter, wenn man *Banlieues* sagt, *oui oui, dans les Banlieues*. Was feuilletonistisch die trübsinnigmachenden Orte beschreibt, wo blöde Kinder blöder Erwachsener telegen an einer brennenden Mülltonne stehen, darüber heulen, dass sie sich keine Markenklamotten kaufen können und also zur Waffe greifen müssen, für fünfhundert Euro vom Fernsehteam noch die Karre des Nachbarn abfackeln dürfen und auch sonst nur Kitsch in die Welt setzen: »And a hungry little Boy with a running nose / Plays in the street while the cold wind blows / In the Ghetto / And his hunger burns...« Auf deutsch: Weil er Kohldampf hat / und den hat er satt...

Ach, reichlich Hunga hatta / Der Sohn, er hat's vom Vatta. Weswegen er auch unbedingt schwerkriminell werden muss, es geht ja nicht anders, wir müssen das einsehen und verstehen und darüber die Kirchenbank vollheulen. Wenn das Sentimentale Pause macht, kommt das Brutale zum Vorschein. Bei Elvis Presley klingt das so: »So he starts to roam the streets at night / And he learns how to steal and he learns how to fight / In the Ghetto...« Ist klar: An armen kleinen Sausäcken sind einfach alle schuld, besonders jene, die den jugendlichen Delinquenten gar nicht kannten, die sind dann ganz besonders ignorant, hartherzig und indolent. Es gibt Formen der Gratismoral- und Verantwortungshineinerpressung, denen man nur kraft des analytischen Verstandes begegnen kann. Der einem sagt: Wenn man es falsch versteht, ist Mitgefühl das billigste Gefühl, das es gibt. Wer auf so etwas eine Linkskitschpartei gründet, ist ein Demagoge, sonst nichts.

Trost gibt es keinen. Zwar verabschiedet sich Elvis Presleys junger Nervbold erfreulicherweise aus dieser Welt – »As the young man dies« –, aber für Nachschub ist leider gesorgt: »On a cold and grey Chicago Morning / Another little baby child is born / In the Ghetto / And his Mama cries / In the Ghetto…«

Ich beantrage hiermit Titelschutz. »In the Ghetto« soll ab sofort »Hier bei Netto« heißen. Und ein Lied über einen jugendlichen Kriminellen sein, der zum Mörder wird, weil er nicht mehr Netto-Discountertiefkühlpizza essen möchte, sondern einmal erleben will, dass seine Mutter ihm eine richtige Mahlzeit kocht. Die Frau, die zwar massenhaft Kinder in die Welt pressen kann, aber keine Ahnung davon hat, was ein Mensch ist, schnauzt ihn nur an. Verzweifelt klaut der Junge die Pistole des Liebhabers seiner Mutter – und überfällt einen Bioladen, um endlich zu wissen, was es bedeutet, keinen Fraß zu essen.

An der Kasse aber sitzt Otto Schily, der anthroposophische grüne Sicherheitsrentner, und er hat schärfer geladen als sein Nachfolger Wolfgang Schäuble. Pech für den jungen Räuber – und Abspann: Elvis Presley starb am 16. August 1977. Das war der 18. Geburtstag meines älteren Bruders Beowulf, der die Fackel weiterträgt: An einer Kölner Gesamtschule liest er arabischen, türkischen und deutschen Testosteronisten jene Leviten, die verstehen zu können sie niemand gelehrt hat. Felsen- und kitschfest glauben diese Heranwachsenden, »In the Ghetto«, das wären sie. Willkommen bei Netto.

2007

Sympathie mit dem Teufel

ALS WENN DIE WELT VOLL TEUFEL WÄR: Das Einprügeln auf die 68er und alle, die man vorher zu 68ern erklärt, ist seit 1989 ein Volkssport mit Zulauf. Menschen, die ihren Abscheu gegen alles Linke, weil angeblich automatisch Stalinistische gar nicht oft und laut genug äußern können, ergehen sich in Ritualen stalinistischer Schauprozesse und sielen sich unappetitlich in Selbstbezichtigungen: *Spiegel*-Redakteur Reinhard Mohr, der nach eigener Auskunft einst aus reiner Mitläuferei mit modischer Staatsfeindschaft kokettierte, blieb sich treu und perfektionierte – genau: das Mitlaufen. Wie wenn er irgendetwas Erwähnenswertes getan oder erlebt hätte, schlug sich Mohr in Selbstanklage vor die Brust und beteuerte alle paar Wochen, wie leid es ihm tue, dass er angeblich einmal weniger vollangepasst war als heute.

Das öde und intellektuell armselige Zeug passte aber schön in die Zeitläufte und ging also in Druck. In der *Zeit* schlug Jörg Lau gegen Günter Wallraff einen Ton an, wie ihn kein Nazi in Deutschland sich von ihm je anhören musste oder müsste; dass Wallraff von der Stasi observiert wurde, reicht ganz gratis aus, ihn zum Stasi-Schurken zu stempeln. Die künstliche Empörung des Anklägers Lau hatte einen so ranzigen Sound, als sei ihr Autor bei Niederschrift nicht Ende 30, sondern Konrad Adenauer und mindestens 100 Jahre alt gewesen. Im *Merkur*, der Gleichschaltungsstelle für deutsche Halbintellektuelle, schenkte Familie Rechtsdrall die Parole

»Kapitalismus oder Barbarei« aus; wer nicht als Jubelperser den herrschenden Verhältnissen applaudiert, steht unter dem Generalverdacht, ein gemeingefährlicher Spinner zu sein, der unter Quarantäne gestellt gehört. Zum Kartell des wild um sich schlagenden deutschen McCarthyismus gehört auch Hubertus Knabe, der mit dem Wahn hausieren geht, die 68er und alle Linken in der Bundesrepublik seien komplett von der Stasi gesteuert und bezahlt worden. Den rechten Denunziantentruppen ist jedes Mittel billig – bald werden sie beweisen, dass sogar Gerhard Schröders asoziale SPD in Wahrheit eine kommunistische Tarnorganistion war.

In solchem politischen Klima erschien ein Buch über Fritz Teufel: Marco Carinis Biographie »Fritz Teufel – Wenn's der Wahrheitsfindung dient«. Kurzfristig fürchtete man den Ausguss weiterer Jauche. Wem ließen sich fettige Ressentiments gegen alles Antiautoritäre besser unterschieben als Fritz Teufel? Doch sein Biograph Carini strickt Teufel nicht zum linken Bösebold um, sondern sympathisiert ganz offen mit dem Gegenstand seines Buches, den er zur aktiven Mitarbeit allerdings nicht gewinnen konnte. So werden keine Geheimnisse enthüllt und keine Rätsel gelüftet; auf die Angabe seiner Quellen hat Carini vollständig verzichtet. Ein großer Stilist ist er auch nicht, mit der guten alten Regel »Subjekt – Prädikat – Objekt« steht er auf Kriegsfuß, und im Vorwort raunt Carini leider auch pathetisch von einem »Anliegen dieses Buches und seines Autors«. Anliegen ist ein anderes Wort für Soße. Immerhin aber hat er als erster ein Leben aufgezeichnet, das ein Antidot war und ist gegen den trostlosen autoritär fixierten deutschen Charakter.

1963 kommt Fritz Teufel aus Schwaben nach West-Berlin; seine Mutter nennt das »Entsetzen über die Sadismen der Auschwitz-Mörder« ein »Schlüsselerlebnis für seine Protesthaltung«. SDS, Kommune 1, die »Blues« sich nennende Subkultur und die Bewegung 2. Juni sind die Stichworte der nächsten Jahre in Teufels Leben. Die deutsche Nachkriegs- und Nachnazi-Gesellschaft kübelt ihren Hass auf alles Abweichende aus; Zentralorgan des Hasses ist *Bild*, und der Kommunarde Fritz Teufel bietet, gemeinsam mit Rainer Langhans, Rudi Dutschke und anderen eine ideale Projektionsfläche. Teufels Weigerung, geducktes Vegetieren, Gehorchen und andere Nazivorstellungen vom Leben gefälligst zu akzeptieren, wie es Millionen andere doch täglich tun, bringt den Hass der Kleinbürger zum Kochen. Vor Gericht wird Teufel geradezu notorisch mit Ordnungsstrafen bepflastert, denn er legt seinen Humor auch im Umgang mit der Justiz nicht ab. Teufels lakonische, kluge Bemerkungen werden stets als »Unverschämtheit« ausgelegt und bestraft; als man ihm einen psychiatrischen Gutachter auf den Hals hetzt, erkundigt er sich, ob nicht »das krankhafte Verhängen von Ordnungsstrafen« psychiatrietauglich sei. Die selbstentlarvende Antwort des Richters: zwei Tage Ordnungshaft gegen Teufel.

Humor ist eine Waffe, Humor ist eine Haltung zur Welt. Man gibt sie nicht auf, wenn sie anfängt, etwas zu kosten – das ist das Wesen einer Haltung. Als Teufel aufgefordert wird, sich zu einer der vielen Urteilsverkündungen gegen ihn zu erheben, sagt er: »Wenn's der Wahrheitsfindung dient...« Der Satz ist legendär, und er hat Klasse: Er bringt den geistlosen, autoritären Formalismus der Nachnazijustiz auf den Punkt. Man hat Teufel dafür als »Bürgerschreck« und als »Polit-Clown« verharmlost; sein »Wenn's der Wahrheitsfindung dient...« aber ist ein Beitrag zur Zivilisierung des Landes.

Den das Land aber nicht haben wollte: 60 Jahre alt wurde Fritz Teufel im Jahr 2003, acht davon hat man ihn in den Knast gesteckt. Er lebt zurückgezogen in Berlin, und, ganz anders als der esoterische Papagei Rainer Langhans, steht er für Medienschlamm und -schischi nicht zur Verfügung. Fritz Teufel ist ein integerer, unpeinlicher Mann – welcher seiner Weggenossen und Feinde kann das von sich sagen, welcher der heutigen »Links-da-stink's«-Propagandaschreier das für sich reklamieren? Wenn die Konjunkturritter zurecht vergessen sind, wird Fritz Teufel noch kerzengerade dastehen. Dazu braucht es keinen Helden- und Legendenschnitzer; Fritz Teufel ist erfreulicherweise nicht märtyrertauglich. Eine weniger schwach geschriebene Fritz-Teufel-Biographie als die von Marco Carini sollte es bitte unbedingt geben – dass Fritz Teufel sich dafür aber überhaupt interessiert, darf allerdings bezweifelt werden.

2008

Im Sparadies der Friseure

IN EINEM LAND, IN DEM *Bild* als Zeitung durchgeht und Guido Knopp als Historiker firmiert, gelten Friseure als Hirnforscher. Und führen sich manchmal auch so auf.

Wer mit offenen Augen durch die Welt geht, liest schon rein gewohnheitsmäßig alles, was geschrieben steht im öffentlichen Raum, auch wenn er sich damit manche Last aufbürdet. Neben dem Kontoauszugsdrucker der Sparkasse hing ein Plakat, das ein »Sparadies« anpries. Unübersehbar und gleich mehrfach verhieß man mir: das Sparadies.

Lüge, Betrug, Heuchelei und Nepp sind ja immer in ausreichender Menge und Vielfalt vorhanden und im Angebot. »Sparadies« jedoch hat die Ausstrahlung einer unerwünschten Zugabe: 25 Jahre Kundendasein bei der Sparkasse lehrten mich, dass ich bei diesem Anbieter jeden Service am Automaten selbst erledige und dafür dann Gebühren zahle. So sieht das Sparadies aus, das Sparadies auf Erden.

Kopfschüttelnd verließ ich die Filiale dieses Geldinstituts und raufte mein Resthaar – das, wie ich feststellte, lang und wallend zu werden drohte, als sei ich ein Jugendlicher, oder, bedauernswerter, ein Operettenkünstler. Die Matte muss ab! Die kommt runter! Du gehst zum Putzer!, beschloss ich barsch und machte mich daran, einen Friseurladen aufzusuchen. Ich fand auch gleich einen; er hieß aber »Hair Force One«. Ungläubig las ich das und floh, Blitzeis im Genick.

Aber wohin mich begeben, wohin mich wenden? »Hairdamit«, verlangte der nächste Friseur im Stil eines Straßenräubers, Wegelagerers und Raubritters. Dem wollte ich nicht in die Hände fallen, aber auch keine Coiffeurstube namens »Kopfsache« betreten – dagegen war ja das legendäre »Gard Haarstudio« aus den 70er Jahren mit Jacques Galèt eine humanistische Angelegenheit gewesen.

Ich taumelte weiter. »McCut« hieß der nächste Haar- und Halsabschneider, und es nahm kein Ende mehr. »Die Frisierbar« las ich und lächelte noch, »Cuthaarstrofal« ließ mich beinahe zusammenklappen, »Wächst schon wieder« warb dagegen relativ charmant mit dem eigenen Unvermögen. »Eckzackt« war von grausamer Zwanghaftigkeit, einem »Headhunter« wollte ich meinen Kopf nicht einmal äußerlich anvertrauen, und »Querschnitt« klang ganz übel. Die »Vier Haareszeiten« mied ich ebenso entschieden wie »Fön-X«, »Hairlich«, »Kamm Hair«, »KammIn«, »Joe's Hairport« »Haireinspaziert«, »Spektakulhair«, »Millionhair«, »Die Kopfgeldjäger«, »Mata Haari«, »Haaribo«, den »Haar-M«, die »Haarvantgarde« und die »Haarchitektur«. Gab es denn keine Friseurbuden mehr? Wie den »Salon Maucke« in Magdeburg, der eben kein Fußpflege-Etablissement ist – das dann analog und genausogut auch »Quantensprung« heißen könnte –, sondern tatsächlich ein Schuppen zum Haareschneiden?

Nein, einfache Friseure sind weitgehend ausgestorben. Statt ihrer gibt es jede Menge Aufgebrezeltes. So findet sich eine »Hair-Killer«-Kette »mit der Lizenz zum Stylen« ebenso wie ein »Haar und Bewußtsein«. Darüber hinaus sind, unter langsamem, qualvollem Erlöschen, zu verzeichnen und hinzunehmen: ein »Schnitt-Punkt«, ein

»Director's Cut«, ein »Schneideraum«, ein »Hairgott«, ein »Hairkules«, ein »Open Hair«, ein »Kamm back«, zu dem ich niemals zurückkehren würde, ein bedrohlich entgültig klingender »Final Cut«, der einem das Rasiermesser an die Kehle zu setzen scheint, ein »Haarlekin« – ist das ein Spezialist für Clownsfrisuren? –, ein »Haarmäleon«, eine »Haarmonie« und, wahrscheinlich für die Sadomaso-Fraktion, eine »Haarpune« und ein »Haarakiri«. Und in Berlin-Pankow findet sich ein »Friseur Tsunami«; da kann man sich wahrscheinlich eine Welle machen lassen.

Erfreulich vergeblich allerdings suchte ich einen schwarzen Friseur namens »Haarlem«. Und eine Billigfrisurenbude mit Namen »Haartz IV« zu eröffnen, wo ein Armutseinheitsschnitt mit der Rasiermaschine angeboten wurde, war bisher ebenfalls noch keinem Discounterschurken eingefallen.

Ich atmete auf; zu früh allerdings. Denn um mich vollendet am Kopf innen zu vernichten, war das »cHAARisma« ausgeheckt worden: kleines c, großes H-A-A-R, und dann klein »isma« – cHAARisma. Ich war im siebten Kreis der Wortspielhölle. Wohin fliehen, wohin nur? Zu »KreHaartiv«? Ich brach in die Knie. Das ist das Ende, dachte ich, aber ich täuschte mich. Ein so leichter Tod war mir nicht vergönnt.

Inzwischen zwar gewappnet, amalgamiert, in Drachenblut gebadet und schier auf alles gefasst, was Friseure der Sprache an Gewalt zufügen können, hatte ich doch mit einem nicht gerechnet: »Kaiserschnitt«. Es tat so weh, ein Messer trennte mir den Bauch auf, ich schrie vor Schmerzen, verstarb, verließ die irdische Hölle – und erwachte wo? Genau: im Sparadies, wo man »Haarva Nagila« sang. Und das ist nicht an den Haaren hairbeigezogen. Außer natürlich vom Friseur meiner Träume:

»Haarald«, der auf seiner »Haarley« durch Köln knattert und dabei sein Lieblingslied singt: »Verdamp lang hair...«

PS: Und dann erreichte mich auch noch folgende Elektropost des Kollegen Ralf Sotscheck von der irischen Westküste:

Lieber Wiglaf,
»Kamm back« ist ein Tiefpunkt. Aber es geht noch tiefer. Wie wär's mit »Kammouflage«, dem flotten Tarnschnitt für den modernen Soldaten? Oder mit »Kamma Sutra«, dem Haarschnitt, der Frauen schwach macht? »Let's kamm together«? Oder »Kammembert«, wenn sonst alles Käse ist?
Au Mann.
Muss jetzt unser Leihpferd wieder einfangen, es hat sich auf die Nachbarwiese abgesetzt. Werde mich als Hafer tarnen. War Haferkamm nicht ein Kammissar beim Tatort?
Gruß,
Ralf

PPS: Damit Sie klar sehen: Ralf Sotscheck ist unbelehrbarer Anhänger der terroristischen Vereinigung Hairtha BSE.

2009

Alles to go!

VOLLER UNSCHULD VOLLZOG SICH das erste Essen im Gehen. Ein Eis am Stiel war es, und handelte es sich dabei auch nur um gefrorenes Wasser mit Farbstoff und Zucker, so habe ich es doch in guter Erinnerung. Ein Eis von der italienischen Eisdiele war allerdings besser; meist reichte das Taschengeld nur für ein Eis zu zehn – für zehn Pfennig gab es eine Kugel in einer Waffel. Schlang man sie auf einen Happs hinab, stieg die Kälte blitzschnell in den Kopf, hoch in die Stirn. Aua.

Also doch lieber langsam und genüsslich das Eis weglutschen und zútschen und dabei das gemächliche Schlüren und Schlendern erlernen; später konnte man sogar Kunststückchen damit, auf einem Bein hüpfen und dabei Eis essen. Beim Kirmesbesuch gab es sowieso alles auf die Hand: gebrannte Mandeln, rotglasierte Äpfel, Negerküsse, süße Waffeln, Zuckerwatte, und dann schön ins Karussell, fliegen lernen. Um anschließend fahl und bleichgesichtig etwas sehr Buntes im Gebüsch zu hinterlassen.

Gottvoll dagegen schien die erste Tüte mit heißen Maroni, die durchs Papier die Hände wärmten und, vorsichtig gekaut und verschluckt, im Bauch glühten und bullerten wie der kleine Eisenofen, auf dem sie erhitzt und gegart worden waren. Da war der Frierende inwendig warm.

Es folgten erste Bratwurstexzesse an der Imbissbude, aber das war nicht Essen im Gehen, man stand ja beim essen mit den anderen im heimeligen Mief der Friteuse, bei Pommes und Pils, aufregend war es, eine Art große Welt für kleines Geld, jedenfalls etwas Wahres, Realistisches. Wenn ich jemals einer Frau einen ernstgemeinten Heiratsantrag mache, dachte ich, dann an genau so einer Bude, und wenn sie ja sagt, ist sie die Richtige. Beim Candlelight-Dinner Eindruck schinden kann doch jeder abgeranzte Heiratsschwindler. Aber Bude – das hatte Stil!

Was es da alles zu sehen gab! Man muss sich die Genussgier und Grandezza vor Augen halten, mit der es reichlich angegangenen Herren gelang, in der linken Hand Fluppe und Glas zu halten, abwechselnd und immer an der richtigen Stelle zu saugen oder zu schlucken, dabei mit der rechten Hand eine Wurst in Senf zu tunken, sich das Eingestippte in den Mund zu schieben, bei alldem aber das Wichtigste – das Gespräch, die Diskussion, die Debatte, den Diskurs – nicht nur nicht aus den Augen zu verlieren, sondern sich im Gegenteil mit Verve und Aplomb einzumischen, ja einzubringen, und zwar stehend oder allenfalls den Hintern gegen einen Hocker abstützend, und bei all dem eine unerschütterliche Ruhe auszustrahlen. So sah er aus, der mündige Bürger: ein Zoon Politikon mit vollem, kauendem Mund.

Unvergessen ist ein Imbissauftritt des Kollegen Ralf Sotscheck vor dem Hauptbahnhof Osnabrück. In Berlin geboren und also zum Sternzeichen Currywurst verurteilt, zeigte Sotscheck bei einer Bestellung internationales Flair – er orderte Currywurst mit Schaschlik. Was für eine Kombination: eine Brücke zwischen Berlin und dem Balkan! Und welche Eleganz, welche Grazie, welcher Liebreiz der Bewegung, mit der Sotscheck diesen Brückenschlag zu vollziehen wusste – und welche akrobatische Artistik, mit der es ihm gelang, sich nicht die Kleidung zu ruinieren! Breit- und spreizbeinig, Rundkopf und Rundrumpf im 60-Grad-Winkel vorgebeugt stand er, in der Linken die Pappschale haltend, weit genug vom Leibe entfernt, um sich nicht zu besudeln, andererseits aber nicht allzu weit abgestreckt, damit die Rechte zwischen Daumen und Zeigefinger einen kurzen neptunischen Dreizack aus buntem Plastik führen konnte, mit dem die Nahrung aus der Pappe gepickert wurde. Das Aufgespießte vorsichtig zum Munde führend und, gleichwohl munter und kregel kauend, das Durchzusprechende durchsprechend, auch mit Serviette und Pilsflasche noch lässig, wie nebenher hantierend, in Wahrheit jedoch hochkonzentriert, bis in die Spitzen der die Pläte umkränzenden verbliebenen Härchen wach: So macht man das. Viel fehlt der Welt nicht mehr zu ihrer Vervollkommnung, aber der Bildband »Ralf Sotscheck and The Art of Outdoor Eating« muss noch publiziert werden, dieser Souverän der Currybudenwelt muss der Nachwelt erhalten bleiben, in Zigeunersoße und Remoulade gemeißelt.

Mit explizit mobil genanntem Essen kam ich erstmals als Zivildienstleistender beim Arbeiter-Samariter-Bund in Berührung, wo ich im mobilen sozialen Hilfsdienst eingeteilt war. Ein Kollege vom Deutschen Paritätischen Wohlfahrtsverband schenkte mir ein neues Wort: Essen auf Rädern. Das hörte sich lustig an, fand ich: Brot, Braten und Gemüse, Weinflasche, Puddingschüssel und all die anderen Speisen und Getränke hatten kleine Räder untendran, sausten flink und geschickt wie die Stichlinge zu den Tellern und Gläsern der hungrigen Gäste, um, dort angekommen, je nach Temperament sanft oder quietschend zu bremsen. Die Kellner, glücklich, nichts mehr schleppen zu müssen, nahmen ihnen behutsam die Räder ab, servierten, wünschten den Gästen einen herzhaften Appetit und trugen die Räder zurück in die Küche, wo sie mit Sauerstoff und frischem Kautschuk versorgt wurden, bevor man sie neu belud.

Das liegt lange zurück, und als ich neugierig eine Portion Essen auf Rädern probierte, handelte es sich um eine Schachtel aus Aluminiumpapier, gefüllt mit Industrieküchenpampf. Das Zeug wird bevorzugt Menschen aufgetischt, deren schwindende Kräfte es ihnen nicht mehr gestatten, sich erfolgreich dagegen zu wehren.

Die architektonische Analogie zum Essen auf Rädern ist die Fußgängerzone: Menschenwürdiges Leben ist weder vorgesehen noch erwünscht, doch so lange einer atmet, kann man ihm auch noch etwas verkaufen. Eine Pizza Salmonelli zum Beispiel. Oder einen Döner Hawaii.

Inzwischen ist weniger das Essen mobil als vielmehr der Esser. Er verzehrt sein im Vorbeihuschen erworbenes Schnellfutter im Gehen, wenn nicht sogar eilenden Fußes. Zeit gilt als eine kostbare Ware, von der folglich möglichst viel eingespart werden muss. Vordergründig klingt das noch halbwegs plausibel: Man möchte jetzt Zeit sparen, um später mehr Zeit zu haben. Zeitmessung erweist sich allerdings als eine Disziplin voll tückischer Paradoxie: Je mehr Zeit einer spart, desto weniger hat er davon zur Verfügung. Man nennt das auch »erfolgreiches Zeitmanagement«.

Der Zeit selbst ist es ganz gleich, ob man versucht, sie an-, ein- oder aufzusparen. Die Zeit ölt und eiert so relatí-relatá vor sich hin, wie es ihr passt. Nur das Feuilletonwort »Entschleunigung« mag die Zeit überhaupt nicht leiden, das klingt nach Wäscheschleuder und nach »Schatz, lass uns heute entschleunigten Sex haben, ja?« Wenn sich ihr einer auf der Entschleunigungsschleimspur nähert, möchte die Zeit schier vergehen, und zwar schleunigst. Sonst aber bringt sie nichts aus der Ruhe –

auch nicht die uncharmante Behauptung, sie, die Zeit, sei wahlweise verrückt, hart, schwer, aus den Fugen, lausig und überhaupt ganz schlimm.

Davon indes wissen die Zeitsparer nichts; quecksilbrig hibbeln sie an den Schnellessenausgabeterminals herum und können es nicht erwarten, ihre Ambulantnahrung entgegenzunehmen. Zeitverlust, das haben sie sich gut überlegt, lässt sich am erfolgreichsten ausgleichen und bekämpfen, indem man möglichst viele Dinge gleichzeitig tut. Der Wert einer Mahlzeit steigt also mit der Anzahl aller anderen Tätigkeiten, die man bei ihrem hastigen Verzehr verrichten kann. Wenn man sich während des Essens von A nach B bewegen kann, spart man Zeit; kann man dabei telefonieren, spart man mehr Zeit; benutzt man zum Telefonieren ein sogenanntes »Head-Set«, hat man eine weitere Hand frei, mit der man ein weiteres Mobiltelefon bedienen, Kurzmitteilungen schreiben, im Internet die eingetroffenen Elektropöste begutachten und also noch mehr Zeit sparen kann. Wäre die Straße, die man entlanghetzt, ein elektrisches Rollband, könnte man allerdings noch viel mehr Zeit sparen.

All die noch unausgeschöpften Möglichkeiten der Zeitersparnis nagen am Zeitsparer. Er ist ja willig, alles wegzusparen, aber weder Technik noch Physis spielen mit – egal, wie gut man den Körper trimmt, mehr als zwei Arme sind einfach nicht dran. Der Blick des Zeitsparers erhascht eine Abbildung der indischen Gottheit Kalí: sechs Arme hat die Dame. Neid! Aber die macht gar nichts damit! Welche Verschwendung! Wenn man doch nur selbst ... sechs Arme ... was man damit alles tun könnte! Sechs Dinge auf einmal, und das im Gehen – das ergäbe siebenfache Zeitersparnis!

Mit nur zwei Armen, also gewissermaßen zweiarmselig, muss der Zeitsparer auswählen, muss entscheiden –

schließlich ist er, was man einen Entscheider nennt, oder will doch wenigstens einmal einer werden. Oft entscheidet er sich für die Variante linke Hand: Kaffeepappbecher, rechte Hand: Essen, beides abwechselnd – ganz wichtig: nie gleichzeitig, sonst Katastrophe! – zum Mund führen, der unterdessen das Telefonieren besorgt; die Beine sind dabei selbstverständlich immer schön auf Trab, und auch die Augen müssen offen sein, um den kürzesten, schnellsten Weg zu finden, nein: ihn zu checken und abzuscannen. Sich bei alldem weder die Finger zu verbrennen, den Schlund zu verbrühen noch den Anzug zu bespluddern, zeugt nicht nur von hoher Urbanität, sondern auch von Karriereumsicht. Ein Spritzer Mayonnaise auf der Anzughose oder dem Business-Kostüm wäre das Ende: Denken Sie an Bill Clinton und Monica Lewinsky! Mehr als ein Fast-Food-Malheur war die ganze Affäre nicht. Und schlug doch so hohe Wellen, dass mancher darin unterging.

Taff und gewappnet also ist der moderne Fünfkämpfer: Zeitgleich muss er die Idealroute programmieren, laufen, Nahrung aufnehmen, ebenso Flüssigkeit, und dabei möglichst viel telefonieren, das aber ausschließlich mit Flatrate und Freedom of Speech, soviel Menschenrecht muss sein, da ist der Zeitsparer beinhart politisch. Ansonsten gilt: Das Leben ist ein Marathonlauf, man startet in der Meute, im Rudel, aber nur der Effizienteste hat die Nase vorn, nur der Härteste erreicht sein Ziel, das weiß der Zeitsparer. Er ist ein Spermium auf dem Weg zur Eizelle, und sein Treibstoff ist die nackte, atavistische Angst: Wer nicht die Nummer eins ist, kann sich gehackt legen. Von mir aus gern – nur bitte vorher nicht so viel Wind machen.

Aus »Learning to fly« wurde »Coffee to go«, Kaffee zum Davonlaufen. Das stimmt melancholisch. Doch siehe – oben auf den Pappbechern sitzt meist ein Plastikdeckel mit einer Trinktülle, und man kann erkennen, welchen Weg so ein Zeitsparerleben nehmen wird: von der Überholspur direkt zur Schnabeltasse.

Und dann gibt es ja noch die freundlichen Mitmenschen, die ungerührt einen »Kaffee Togo« bestellen, als heiße das Getränk so, weil es aus dem gleichnamigen afrikanischen Land stamme. Mit dieser naiven, jedwede modernistisch-mobile Angeberei wirkungsvoll ausbremsenden Arglosigkeit geben sie der Welt des ambulanten Verzehrs ihre Unschuld zurück.

2009

Die Renaissance der Raucherecke

AM SPÄTEREN ABEND GLEITET MAN durch die Stadt, magnetisch magisch schimmern Mond und Sterne, da und dort leuchtet eine Straßenlaterne, deren Widerschein zusätzliches Restlicht auf den Asphalt wirft. Weit sind Blick und Herz; man fühlt jenen spezifischen Trost, den nur die steinernen Städte spenden können. Den kühnen, klaren Linienwurf der Straßen möchte man auskosten und genießen – doch halt, was ist das? Die geraden Fronten der Häuser haben unförmige Ausstülpungen bekommen. Oder kleben Kokons an den Fassaden, wie gewaltige Spinnenbäuche, in denen Glühwürmchen wabern?

Tritt man näher, riecht man, was man sieht: Raucher, Raucher im Rudel, vor Häusern zusammengepulkt. Gastwirtschaften sind es zumeist, in deren Nähe Rauchende lungern. Dafür hat kein Städtebauer Straßenzüge und Trottoirs erdacht, dass Knäuel und Haufen die Blickachsen verstopfen.

Nota bene: Es ist nicht das Rauchen, das stört; es sind die Klumpen, zu denen die Rauchenden sich ballen. Selig und gepriesen oder doch wenigstens unkritisiert sei und bleibe der Einzelraucher. Aber alles, das den Menschen dazu bringt, als amorphe Masse aufzutreten, macht ihn zu einer Last für die Welt. Den Schrecken sportiver Massenveranstaltungen und der öffentlichen Religionsausübung ist nun auch noch das Draußenrauchen hinzugefügt. Rauchen ist keine Angelegenheit der Gesundheit, sondern eine der Ästhetik. Bei manchen Menschen sieht es unniederringbar gut aus, wenn sie rauchen. Humphrey Bogart und Lauren Bacall wären auch ohne ihre Filterlosen astrein gewesen – aber erst rauchend wurden sie Ikonen. Wie hinreißend war es, Peter Hacks ein Flüppchen nach dem anderen in seine Zigarettenspitze hineindrehen und ihn daran saugen zu sehen. Nicht allein, dass die Nikotinzufuhr seinen Geist sichtlich und hörbar scharf hielt, nahm mich für das Rauchen des Dichters ein; es war auch die Geste, mit der Glut der Zigarette in das Dunkel der Welt hinein zu leuchten.

Jede Zigarette, die Marlene Dietrich im Film rauchte, ist bis heute ein Gegengift, mit dem man gesundheitsschluffige Wellness-Tanten und das ihnen innewohnende Anödungspotential erfolgreich vertreiben kann. Ich kenne Frauen, die aus Protest gegen den Gesundheitsterror sogar während der Schwangerschaft mit einer allerdings nicht angezündeten Zigarette im Mundwinkel auf die Straße gehen, um zu demonstrieren, dass sie nicht bereit oder gewillt sind, von der Frau zum volksgesunden Muttertier herabzusinken. Werden sie mit aggressiven Blicken und Worten bedacht, und, o ja, das werden sie, kontern sie so kühl wie zuckersüß, sie rauchten ja gar nicht, sondern hielten sich nur bereit für die erste Zigarette »danach«. (Es ist immer wieder erstaunlich, wie viele Menschen in dem Aberglauben leben, Schwangere oder Frauen mit Kleinkindern dürften von jedermann angesprochen, belehrt und sogar angefasst werden, und die Frauen hätten das auch noch gern.)

Ich rauche so gut wie gar nicht, doch der Satz »Ich bin Nichtraucher!« käme mir nie über die Lippen. Das hat so etwas pedantisch Auftrumpfendes und präpotent nachdrücklich auf sich selbst Stolzes: »Ich bin Nichtraucher.«

Ist Nichtrauchen ein Beruf? Oder bittet der Satz um Vergebung dafür, dass sein Sprecher sonst nichts kann? Warum sich mit einer Sache brüsten, die man nicht tut oder nicht beherrscht?

Doch auch Raucher geben Rätsel auf. Wenn man schon raucht – warum dann so etwas wie »Lord Ultra«? Nikotinfrei rauchen ist wie onanieren mit Kondom. Dass solche Verneinungen von Zigaretten nach abgebranntem Papiertaschentuch schmecken, kann jeder riechen, der in die Nähe eines *light* paffenden Rauchersimulanten gerät. Die paar Zigärrchen im Jahr, die ich mir gönne, halten mit ihrem erdigen Wumms die Erinnerung an Kuba wach. Und enthalten pro Dömmel auf einen Schlag soviel schöne Dröhnsubstanz wie vier Schachteln hastig und genusslos weggesogener Pseudozichten. Anderntags gilt dann wieder: Der Atemweg ist das Ziel. Selbstverständlich ist bei Rauchern oft Sucht im Spiel; viele möchten nicht rauchen, müssen es aber tun, weil sie es ihrem Stoffwechsel und ihren Nerven einstmals beigebracht haben und sich nicht neu programmieren können. Einen sah ich, der hatte solchen Schmacht, dass er sich sein Nikotinpflaster von der Glatze riss, es zusammenrollte und aufrauchte. Denn es geht ja nicht nur um die bloße Aufnahme des ersehnten und dringend benötigten Stoffs, sondern auch um die orale Befriedigung des Jiepers.

Diese Befriedigung vollzieht sich nicht mehr privat oder im anheimelnden Milieu eines schönen Lokals, sondern schrappig draußen. Sodass es auf der Straße nicht nur schal und kneipig riecht, sondern vor allem unwürdig aussieht. Besonders arg ist es im Winter, wenn permanent auf und zu klappende Türen es ziehen lassen wie Hechtsuppe und die nach dem Stoß- und Zwangsrauchen wieder ins Innere zurück diffundierenden Draußenraucher den Hautgout von nassem Hund mitbringen, der in ihren

Mänteln klebt und ihren Mündern entströmt. Lieber sollen sie drinnen sitzen und quarzen, wie sie es müssen. Dann könnte man, wenn es einem nicht passte, wenigstens selber hinausgehen – an eine frische Luft, wie es sie noch gab, bevor die Nichtraucherschutzverordnung in die Welt kam. Dort aber, draußen, herrscht unterdessen der Schrecken der Raucherecken: der gesellige Gestank.

Rauchen ist mir ziemlich egal; ich mag nur nicht, wenn draußen pflichtgeraucht wird. Draußen kann man nicht lüften, denn draußen ist ja schon draußen.

Drinnen soll meinetwegen alles beraucht werden: Mann, Frau, Hund oder anderes Hausgetier, und bitte auch die Zimmerpflanze nicht vergessen. Für Kinder aber gilt die alte Eltern-, Pastoren- und Pädagogenregel:

> Kinder darf man schlagen, quälen und missbrauchen.
> Doch niemals darf man, wo ein Kind ist, rauchen.
> Dies gebietet schon der Humanismus.
> Nur wer selber kreuzigt, lebt in Christus.

Jesus aber, der zum Christus Gesalbte, der erst auf Golgatha von seinen Folterern und Mördern zum Gekreuzigten gemacht wurde, Jesus hätte geraucht – jedenfalls so lange er noch eine Hand frei hatte.

Auch literaturhistorisch trägt die absurde Draußenrauchverordnung peinliche und rückschrittliche Züge – setzt sie doch den pathetischen Nachkriegsdichter Wolfgang Borchert wieder ins Recht:

> Ist es nicht schön, wenn man den Abend durch hat
> und nur noch fragt: zu dir oder zu mir?
> Doch alle Raucher heißen Wolfgang Borchert
> denn sie stehen draußen vor der Tür…

2011

Wenn der Berliner kommt...

AM WOCHENENDE UND AN KIRCHLICHEN Feiertagen überfällt den Berliner der Wunsch, ein Mensch zu sein. Zwar hat er vor lauter Wichtigkeit vergessen, was das ist und wie das geht, aber er nimmt es sich tüchtig vor und organisiert es mit der ihm eigenen Bedeutsamkeit. Mister Hyde möchte wieder Doktor Jekyll werden; zwar bleibt er immer Mister Hyde, egal wie humanoid er sich auch verkleidet, schminkt oder gibt, aber das weiß er nicht, ignoriert es also frohgemut, wirft sich in Freizeitschale, klemmt sich Mausi unter den Arm und knattert los.

Sein Ziel ist das, was er ganz selbstverständlich als »Umland« bezeichnet; die Herablassung, die in diesem Wort steckt, ist ihm zwar nicht bewusst, aber durchaus so gemeint. Schließlich ist Berlin der Mittelpunkt der Welt, um den alles andere eben herumliegt und nur darauf wartet, mit dem Geschenk eines Besuchs beglückt zu werden.

Der Berliner hat von nichts eine Ahnung, das aber laut und vernehmlich. Er muss auch nichts wissen; er ist ja schon da, das genügt ihm vollständig – und sollte auch jedem anderen ein hinreichender Grund zur Freude sein. So taucht er im Städtchen auf, gern in großer Schaumacherkarre oder auch auf dem heftig pött-pötternden Motorrad, jedenfalls dergestalt, dass man ihn optisch und akustisch wahrnehmen muss, ob man das nun möchte oder nicht. Hat er sein Sieht-mich-auch-jeder?-Vehikel abgestellt, walzt er in Zweier- oder in Viererreihe übers

Trottoir wie ein gemächliches Breitwandgesäß, lässt niemanden passieren und hat demonstrativ jede Menge Zeit. Etwas Konturloses, Matschiges umweht ihn; ohne sich eine Form zu geben, würgt und wirscht er durch die Gegend und teilt der Welt in Körpersprache mit: Ist es nicht herrlich, dass ICH jetzt frei habe? Mag sein – aber geht das die Welt irgendetwas an? Und ist es nicht erstaunlich, wie brüllend laut die angeblich stumme Körpersprache sein kann?

Dezente Zurückhaltung überlässt der ausflügelnde Berliner anderen. Er ist inzwischen im Lokal angekommen und verlangt Bedienung. Die steht ihm zu, aber zackzack. Ungläubig und widerwillig muss dieser Vertreter der Ausflugsorte Mensch zur Kenntnis nehmen, dass nicht allein er und die Seinen auf die singulär außergewöhnliche Idee einer Ausfahrt kamen; viele, viele andere sind ausgeflogen, manche sogar schon vor ihm. Bekommt er jetzt vielleicht nicht sofort einen Platz und alles, worauf er ein Anrecht hat? Skandal! Verrat! Ja, auch – vor allem aber Frechheit, jawohl: »'ne Frechheit is dett!«

Mürrisch und kurz vor maulen steht der ausflugszielfixierte Berliner im Lokal und hühnert mit den Füßen. Beinahe schon hat er ein abschließend wegwerfendes »Also hier kannste ja ooch jarnisch mehr hinjehn!« auf den Lippen, als er doch noch einen freien Tisch erspäht. Allerdings steht dieser recht entlegen halb um die Ecke, und die Rückenlehnen der Stühle sind gegen die Tischkanten gekippt. Über diese kleinen Zeichen sieht und geht der Ausflügler großzügig hinweg, eilt mitsamt seinem Tross hinzu, rückt und ruckelt sich das Gestühl allseits gut vernehmlich zurecht, macht es sich bequem und schaut mit erwartungsvoll gerundetem Karpfenmund zu Kellnerin und Kellner.

Die allerdings haben gut zu tun, und ihre Wegschneisen

liegen abseits des Tisches, an dem Familie Sitzsack Platz genommen hat. Die Stimmung am Tisch verdüstert sich; wie kann das sein? Wir sind schon zwei Minuten hier, und das Essen steht noch nicht auf dem Tisch? Es wird nach Bedienung gewinkt, gerufen, mit den Fingern geschnipst und sogar gepfiffen; auch diese groben Regelverstöße bleiben folgenlos, in jeder Hinsicht. Nun macht der Ausflugsfamilienvorstand die Angelegenheit zur Chefsache, steht auf, strafft sich, sandalettet in einen weniger dezentral gelegenen Bereich des Gartenlokals hinüber und stellt sich entschlossen und mutig einer Kellnerin in den Weg. Die, ein volles Tablett in den Händen, erklärt ihm dennoch geduldig, dass an jenem Tisch leider nicht bedient werde, weswegen sie ja auch die Stühle gegen den Tisch gelehnt habe.

Das Gesicht des Ausflüglers wird zur Bühne, auf der ein faszinierendes Schauspiel sich ereignet: Zehntelsekunde für Zehntelsekunde kann man dabei zusehen, wie lange es dauert, bis der Groschen fällt. Als er durchgerutscht ist, klappt dem Ausflügler der Mund auf. In wortloser Wut starrt er die Kellnerin an, dreht sich um und macht seinem Klüngel ein Handzeichen, aufzustehen. Geräuschvoll rauscht die Truppe ab. Im Gesicht des Chefausflüglers arbeitet es weiter. Er dreht sich noch einmal um, schwillt zu voller Bedeutung an und entlässt den Inhalt seines Triumphatorenkopfes in den Tag: »So kann ditt ja nüscht wern im Osten!« – Nein, da muss erst einer wie er kommen, bis alles so schön ist wie überall.

Was ist der Unterschied zwischen Terroristen und Touristen? Terroristen haben Sympathisanten.

2011

Aus der Mückengaststätte

Von der Perspektive einer Mücke aus betrachtet ist der Mensch eine Mischung aus Tankstelle und Gastwirtschaft. Für einen Einzelmück oder eine Solo-Mücke ist ein menschliches Wesen ein Schnellimbiss, an dem der kleine Blutdurst zwischendurch mal eben rasch im Vorbeifliegen gestillt werden kann. Einem Mückenschwarm dagegen gilt der Homo sapiens als eine Art Großraumkantine, an deren Tischen alle Platz finden. Zwar gibt es weder ein Menü noch kann man à la carte bestellen – ausgeschenkt wird Einheitskost –, aber satt immerhin werden hier alle. »Stammessen Eins!« sirrt routiniert das Personal, ein rot gesprenkeltes, schon etwas angeschmuddeltes Tuch um die gerundeten Küchenbullenhüften geschlungen. Die Mitglieder der hungrigen Mückenmeute binden sich erwartungsfroh die Servietten vor, klopfen mit den vorfreudig gehärteten Saugrüsseln in rhythmischem Stakkato auf die Tische und verlangen im Chor: »Bsss! Bsss! Blutsuppe à la nature! Bsss! Bsss!«

Der ohne sein Einverständnis zur Speisegaststätte umfunktionierte Mensch aber will der Mücke nicht als Freibank dienen. Fluchend schlägt er um sich und versucht, die auf seinen Gliedmaßen oder in seinem Gesichte sitzenden Vampire zu verjagen oder sie mit der flachen Hand am eigenen Leib oder auf der eigenen Wange zu zerquetschen. Die andere Wange hinhalten? Nein, das kommt im Fall des Mückenbefalls auch für Christen längst nicht mehr in Frage, hier wird mit der Eigenohrfeige schnell und unerbittlich Selbstjustiz geübt. Die übrigen Delinquenten werden im Eilverfahren dem Insektenbeauftragten, Kardinal flache Hand, überstellt, und der macht kurzen Prozess, urteilt die lästigen Säuglinge ab und weihräuchert sie aus, bevor er saftig klatschend zulangt. Doch der Mücken sind viele; die Hoffnung des Menschen, ein langer und frostiger, beißend kalter Winter hätte die stechenden Insekten schon im Larvenstadium vernichtet oder doch entscheidend dezimiert, war trügerisch und erfüllte sich nicht. Zerstochen und zerschunden, sich überall die scheußlich juckenden Mückenstiche kratzend, muss der Mensch einsehen, dass der kommode Platz am Ende der Nahrungskette ihm nicht automatisch und selbstverständlich, nicht unbedingt und unangefochten gehört. Selbst sichtlich passiver Teil des Ernährungskreislaufs geworden, muss er kleinlaut einräumen: Wer nichts wird, wird Zwischenwirt. Der gesättigte Mückenschwarm erhebt sich; einige wenige Angehörige der Großgruppe haben mit ihrem Leben bezahlt, der Rest prellt frech die Zeche und surrt davon, die nächste Raststätte schon im Blick: Ein Trupp älterer Ausflügler rentnert am Seeufer herum; viele von ihnen stützen sich mit einer Hand auf einen Stock oder halten sich mit beiden Händen an einem Rollwägelchen fest. Drei erfahrene Mücken, die als Vorhut und Späher unterwegs sind, reiben sich die Flügel, machen kehrt, fliegen zu den anderen retour und können frohgemut vermelden: »Leichte Beute voraus!« Grausam und unerbittlich ist die Natur. Die Kleinen fressen die Großen – zumindest dann, wenn die Großen nur noch mit Kölnisch Wasser bewaffnet sind. So erlitt eine Seniorengruppe in Rheinsberg noch einmal das Schicksal von Flucht und Vertreibung. Denn mit Rollator und Krücke / Erschlägst du keine Mücke.

2011

Damen- und Herrendämmerung

Zum Frauentag

DAS WORT »KRISE« IST EIN Einschüchterungsinstrument. Es soll Angst erzeugen, das ist sein Sinn, und es erzielt Wirkung, eben weil es vage und diffus ist. Wenn man sie distanziert betrachtet, entpuppt sich die Krise als Aufbauschware von so geringem Gewicht, dass die Angst ausbleibt und dem Gelächter weicht.

Viel Feuilletonistisches ist über »die Krise des Mannes« ventiliert worden, und entsprechend geht unter manchen Frauen das Gerücht um, diese Krise sei auch für Frauen gefährlich. Handelt es sich um eine mediale Halluzination, oder gibt es sie tatsächlich, die Krise des Mannes? Und stünde nach der Herrenkrise bald eine Damendämmerung ins Haus? Müssen sich gestandene Frauen wie ich lebenslang um verängstigte Männlein kümmern?

Gegenstand der allgemeinen Klage ist die Annahme, Männer wollten oder könnten keine Männer mehr sein. Es fehle ihnen der Mut zur Männlichkeit. Schuld sei der Feminismus, der durch Erosion des männlichen Selbstbewusstseins auch die Erektion ins Wanken gebracht habe. Der museale Feminismus aliceschwarzer'scher Provenienz habe Männer undifferenziert als »Schwanzträger« verächtlich gemacht; seine Protagonistinnen hätten nichtsdestotrotz erwartet, dass die Träger wie das Getragene auf Wunsch jederzeit zur Verfügung stünden. Schön war das nicht, klug ebenfalls nicht, aber musste man es ernst nehmen?

Das Lamento über den armen Mann wurde weiter angefacht durch Herbert Grönemeyers »Wann ist ein Mann ein Mann?« Die Antwort war leicht: Wenn er solches Geplärre nicht auch noch mitsingt, beispielsweise.

Das modische Bedürfnis nach weinerlicher Beschwerdeführung wird durch permanente Selbstbejammerung befriedigt: Man müsse als Mann heutzutage ja nicht nur Ernährer und Verdiener sein, sondern auch noch fanatisch treusorgender Vater, ein Koch auf Profiniveau, ein begeisterter Müllrunterbringer im athletisch gestählten Körper eines Unterhosenmodels, der auch ein diversifiziertes Portefeuille an Freizeitaktivitäten im Angebot hat und jederzeit *bella figura* macht. Bei sogenannten Frauenthemen soll er kein verächtliches Gesicht ziehen, und ein partytauglich skandalöses Buch soll er zumindest soweit vom Hörensagen kennen, dass er halbwegs unfallfrei darüber mitquakeln kann. Das sind so Sorgen. Wer jeder Mode aufsitzt und dann auch öffentlich darüber herumheult, muss sich fragen lassen, ob er nicht aus selbstverschuldeter Dämlichkeit vom Schwanz- zum Leidträger herabgesunken ist.

Die gute Nachricht zum Frauentag lautet: Nicht alle Männer sind dumm. Deshalb sind handkehrum aber nicht schon automatisch alle Frauen klar im Kopf. Auch die tiptopmoderne Frau ist eklektizistisch zusammengeklempnert nach Maßgabe des Konsumismus. Karriere, Kinder und Beauty pellt sie täglich aus dem Ei und geht anschließend nahtlos zu feurigem, hemmungslosem Sex über. Das stimmt zwar überhaupt nicht, aber die Emanzipiertheitsdarstellerin hat zumindest den Katalog der Frauenzeitschriftentaffheit drauf, die Rhetorik, die Körpersprache, den Chic, den Look, und ihr Parfum ist die

Suggestion, dass sie zu jeder Zeit über jede Option verfügen könne. Es soll Leute geben, die das »irre spannend« finden und, unangenehmer, das dann auch noch genauso sagen. Und wenn du gähnst, dann gähnt auch ein Teil von mir.

Die »Anforderungsprofile«, von denen zu Beginn des 21. Jahrhunderts soviel die Rede ist, zielen nicht auf Frauen und Männer, sondern auf Konsumenten; geschlechtsspezifische Unterschiede sind nur insofern von Belang, so sie das Konsumverhalten prägen. Für Frauen und Männer dagegen gilt: Sie sind aus Fleisch und Blut und sie reden zuviel, auch und im besonderen über Frauen und Männer. Aber mit Humor und mit einer Ohrendunstabzugshaube ist auch das zu ertragen.

2011

Auch mal länger liegen bleiben

Ein Gespräch mit der Arbeit

»ARBEIT!« LAUT UND VERNEHMLICH, ernst und bedeutungsvoll, mahnend, eindringlich und dramatisch im Ton schallt es scharf durchs Land: »Abait!« respektive »Arrbeiit!« Ohne Arbeit, so scheint es, geht nichts, ohne sie ist der Mensch nicht am Leben und erst recht nichts wert. Alle scheinen sie zu brauchen, sie zu wollen und nahezu bedingungslos nach ihr zu verlangen, doch sie, die Arbeit, macht sich mitunter rar. Mancherorts ist sie sogar verschwunden, gilt als verschollen und hat legendäre Züge angenommen: Weißt du noch, damals, die Arbeit...?

Im Fernsehen, das zugleich Ventilator des Substanzlosen wie Präservativ des Wesentlichen ist, wird Arbeit abgebildet, indem hin und wieder eine Vertreterin des Proletariats oder ein Vertreter des Prekariats auf das sogenannte Problemsofa einer politisch gemeinten Talkshow gesetzt wird und dort all das äußert, was man den Insassen des Landes jahrzehntelang angezüchtet, antrainiert und eingetrichtert hat: »Arbeit ist nun einmal der größte Wert. Arbeit ist das höchste Gut.« Und alles nickt beflissen zum Beweise, dass der Mensch eben auch die traurige Folge einer erfolgreichen Gehirnwäsche sein kann.

Ist Arbeit tatsächlich so bedeutsam? Adelt sie? Ich möchte das genau wissen und suche sie auf. Das Credo der Selbstsatten – »Wer Arbeit sucht, der findet auch welche!« – stimmt ausnahmsweise einmal: Ich finde die Arbeit, in einem Café. Bei der Arbeit handelt es sich um eine ältere Dame, der man ihre vielfältige Erfahrung ansieht. Zwar hat sie gerade Pause, doch sie gestattet mir freundlich, ihr ein paar Fragen zu stellen und antwortet geduldig und präzise.

Ob der Wind, der um sie herum gemacht wird, ihr schmeichle, frage ich sie. Ihr Lächeln ist ein wenig müde. »Nein«, sagt sie. »Das Geschrei lenkt nur vom Kern der Dinge ab. Ich bin doch nicht immer gleich. Und deshalb auch nicht immer gleich gut.«

Sie sieht aus, als ob sie jetzt gern rauchen würde, eine starke, filterlose Zigarette, so eine Arbeiter- und Malocherfluppe: Overstolz, Eckstein, Gitane, Gauloise, Karo oder Navy Cut. Aber das Rauchen ist untersagt, auch ihr, der Arbeit – obwohl es ohne sie gar keine Zigaretten gäbe.

»Ich möchte schon gefragt werden«, fährt sie fort. »Wenn jemand mich will, dann ist das doch etwas Persönliches. Dann muss der schon sagen können: ›Das ist eine schöne Arbeit.‹ Da muss Leidenschaft im Spiel sein, Freude, Lust, Energie. Oder wenigstens Freundlichkeit: Wenn einer sagt, ›das ist eine gute Arbeit‹, hüpft mein Herz zwar nicht gerade jauchzend in die Höhe, aber ich komme damit zurecht.«

Ihr Lächeln wird munterer, etwas spitzbübisch sogar. »Manche sind richtig drollig«, kichert sie. »Die sagen dann: ›Das ist eine sinnvolle Arbeit.‹« Sie lehnt sich zurück. »Das ist ja nicht gerade ein Kompliment.« Sie schüttelt den Kopf: »Nee, sinnvoll bin ich eigentlich nicht. Jedenfalls nicht, wenn man lange genug darüber nachdenkt.«

Das tut sie dann anscheinend auch und schweigt, und

ich hänge gleichfalls ihren Worten nach. Unvermittelt setzt sie neu an: »Wenn ich mal wieder verteilt und unters Volk geworfen werde, interessiert doch nur, ob an mir genug dran ist für alle. Und wer das größte Stück bekommt. Aber niemand fragt sich: ›Kann ich die überhaupt? Bin ich dieser Arbeit gewachsen?‹ Und auf den Gedanken, dass ich vielleicht nicht von jedem erledigt werden möchte, kommt sowieso kein Mensch.«

Sie lacht und wirft den Kopf zurück. »Ich lasse mir ja eine Menge gefallen. Aber ich möchte einfach nicht von einem Nichtskönner gemacht werden. Oder von einem Rohling und Stümper zack-zack absolviert. Und wenn die dann auch noch die Praktikanten an mich dran lassen – whuaaah ...!« Sie schüttelt sich.

»Die Arbeit und derjenige, der sie tut, also ich und der andere – das ist doch etwas Inniges.« Ihre Stimme gerät in Rage: »Aber das ist vorbei. Was heutzutage alles Arbeit genannt wird, ist der blanke Hohn. Sitzungshengste reden von Arbeit, also von mir. Dabei bin ich gar nicht dabei! Da sitzen Simulanten vor Simulantinnen. Die Mädels tun so, als wären sie Arbeit. Und die Jungs mit den Krawatten und Computern tun so, als ob sie die Arbeit machen. Mit mir hat das nichts zu tun.«

Sie blickt auf die Uhr und sagt: »Ich muss los, Pause ist vorbei.« Was sie sich wünsche, frage ich sie noch. Sie sieht mich direkt an: »Gut gemacht werden. Merken, dass der andere Spaß daran hat. Ohne Stress, Druck und Verbissenheit. Und dann auch schön Feierabend haben. Und Wochenende. Und Ferien. Einfach mal liegenbleiben. Auch länger. Unerledigt bleiben. Das tut ja nicht nur mir gut.«

Blick und Ton sind heiter, sie meint es also ernst. »Manchmal habe ich sogar schon geträumt, ich würde zu Kurzarbeit erniedrigt. Oder zu Langzeitarbeitslosigkeit.

Bah! Das wäre beides überhaupt nichts für mich. Aber meine Schwester, die Musse, ist viel schlimmer dran. Die ist nur am Jammern und Klagen. Die ist immer allein. Regelrecht einsam ist die, und dann ruft sie mich immerzu an. Sie hat ja sonst niemanden. Erst gestern Abend hat sie mich wieder zum Hörbrett gemacht und mich vollgeorgelt. Wenn es ihr schlecht geht, wird sie immer so grundsätzlich. Und belegt mich mit Texten wie ›Der Mensch vermag nicht, in freundlichem, aggressionslosem Nichtstun zu verharren; das ist der Kern seines Leidens – das er an andere weitergibt, damit die sein Elend teilen müssen.‹ Wahrscheinlich hat sie sogar Recht, aber das ist doch kein Leben. Ich glaube, die würde liebend gern mit mir tauschen.«

Sie verabschiedet sich von mir, ihre Hand ist warm und fest. »Ich will mich nicht beklagen; es ist ja angenehm, gefragt zu sein. Aber es wäre schon schön, wenn man nicht immer nach mir brüllte: ›Arbeit! Arbeit! Arbeit!‹ Dieses Angeherrschtwerden ist fürchterlich. Davon vergeht einem alles.«

Sie dreht sich um und geht; ich winke ihr nach und mache mich ebenfalls auf den Weg. Mir fällt ein Vierzeiler ein, den ich vor vielen Jahren für den Fußballspieler Andreas Möller schrieb:

> Schieß die Bälle in den Winkel,
> Schön berechnet auf ein Haarbreit.
> Lass dich niemals »Andi« nennen,
> Denn das klingt nach »An die Arbeit!«

2011

Negerkuss nein, Zeithorizonte ja?

Über politisch korrekte Sprache

DARF MAN EIGENTLICH NOCH »NEGERKUSS« sagen? Oder ein »Zigeunerschnitzel« bestellen? Und wenn die Antwort nein lautet, warum nicht? So fragen Leute, die sich vor dem Diktat einer »politisch korrekt« genannten Sprache fürchten, vor dem Verlust einer Ausdrucksweise, die sie so erlernt haben, mit der sie aufgewachsen sind und die sie deshalb als natürlich und ihnen eigentümlich empfinden. Sie sehen nicht ein, warum Wörter, die sie nach eigener Anschauung »schon immer« und »ganz normal« verwenden und als »völlig harmlos« und »überhaupt nicht böse gemeint« ansehen, auf einmal beleidigend und deshalb tabu sein sollten.

Mit solchen Fragen musste sich Immanuel Kant nicht herumplagen. Obwohl der Philosoph sein geliebtes Königsberg so gut wie nie verließ, war sein Geist weltläufig und phantasievoll; in seiner im Jahre 1802 publizierten »physischen Geographie« schrieb Kant: »Die Neger werden weiß gebohren, außer ihren Zeugungsgliedern und einem Ringe um den Nabel, die schwarz sind. Von diesen Theilen aus ziehet sich die Schwärze im ersten Monate über den ganzen Körper.«

Niemand widersprach dem frei flottierenden Unfug, und niemand wäre auf die Idee gekommen, Kant einen Rassisten zu nennen. Es war, auch unter den klugen Köpfen dieser Zeit, ganz selbstverständlich, Schwarze nicht als Menschen anzusehen, geschweige denn als gleichwertige, sondern sie als Arbeitssklaven oder als Forschungsobjekte zu betrachten, angesiedelt im Tierreich. Sie wurden in Menagerien gezeigt; noch der im Jahr 1883 auch um den Nabel weiß geborene Dichter Joachim Ringelnatz hat als Schüler in Leipzig fasziniert schwarze Frauen betrachtet, die im Zoo zur Schau gestellt wurden.

Sich darauf zu berufen, dass bestimmte Wörter »früher« ja auch »ganz normal« verwendet worden sei, ist kein Argument; im selben »Früher« wurden Menschen diesen Wörtern gemäß traktiert. Allerspätestens, wenn das Wort »Zigeuner« die Verurteilung zu Deportation und Tod nach sich zieht, hat es seine Unschuld verloren. Was allerdings nicht umgekehrt bedeutet, dass die Bestellung »Sinti-und-Roma-Schnitzel« zur Besserung der Verhältnisse beitrüge.

Ist »Neger« ein harmlos gemeintes Wort? Es kommt doch von lateinisch »niger«, heißt also nur Schwarzer und ist nicht herabsetzend zu verstehen, oder? Erfahrung sagt etwas anderes. Ich kann mich gut daran erinnern, wie ich von Nachbarn angeherrscht wurde, endlich »die Negermusik« auszumachen. Wertfrei war das nicht gemeint. Das war auch im deutschen Sozialismus nicht anders; Jazzmusiker wie Ernst-Ludwig Petrowsky berichten, mit welcher Mischung aus Unkenntnis, Argwohn und Verachtung DDR-Kulturfunktionäre sich gegen ihre »Negermusik« wandten.

Kann man sich und andere vor Mangel an Instinkt und Takt schützen, vor verbaler Dummheit und Niedertracht? In Paris stand Jean-Paul Guerlain vor Gericht; der berühmte Parfümeur hatte im Oktober 2010 bei einem Fernsehauftritt geäußert, er habe »geschuftet wie ein Neger«, um einen neuen Duft zu kreieren, und dann hinzugefügt, er wisse allerdings nicht, »ob Neger jemals so hart gearbeitet hätten«. Was im ersten Teil noch als sprachlicher Reflex auf die Sklaverei gedeutet werden kann, kippt im zweiten in das Klischee vom faulen schwarzen Mann.

Guerlain wurde daraufhin wegen »rassistischer Äußerungen« angeklagt, die er als »unpassende Entgleisung« zurückzog und die nicht seiner »eigentlichen Einstellung« entspreche. Man muss ihm das nicht glauben; aber dass ausgerechnet Juristen geeignet wären, über Sprache zu befinden, darf unbedingt bezweifelt werden. Wenn beispielsweise der gelernte Jurist Guido Westerwelle von »Zeithorizonten« spricht, also von etwas, das es gar nicht gibt, möchte man ihn nicht als Sprachgutachter an seiner Seite wissen. Westerwelle ist nur eins von Millionen Beispielen dafür, dass man ein Leben lang unbehelligt eine Mischung aus Phrasen und Irrsinn von sich geben darf, solange man sich nicht dessen schuldig macht, was Diskriminierung genannt wird. Merke: Menschen darf man nicht beleidigen, ihre Intelligenz aber uneingeschränkt und fortwährend.

Sieht jeder, der vielleicht nur unbedarft »Neger« sagt, Menschen mit dunkler Haut als minderwertig an und ist folgerichtig Rassist? Und sind umgekehrt all diejenigen keine Rassisten, die sich rhetorisch keine Blöße geben? Es könnte sich ein Rassist ja auch geschickt hinter der Maske formal korrekter Sprache verstecken und sich einen Jargon zulegen, den er, unabhängig von seiner tatsächlichen Haltung, für das öffentliche Sprechen reserviert.

Takt und Feingefühl lassen sich nicht verordnen. Würden Sie in Anwesenheit von Schwarzen von »Negern« sprechen? Und wenn ja, warum? Wenn man nicht anonym übereinander redet, sondern von Angesicht zu Angesicht miteinander spricht, lösen sich viele akademische oder scholastische Probleme in Luft auf, in welcher Weise auch immer.

Die Debatte über Sprache und Rassismus muss nicht frei von Humor und Überraschungen sein. So kann es geschehen, dass ein Mann mit dunkler Hautfarbe in bestem Deutsch sagt: »Bitte nennen Sie mich nicht ›Schwarzer‹, sonst muss ich an die *Bild*-Autorin Alice Schwarzer denken, und das möchte ich nicht gern. Da ist mir sogar ›Neger‹ noch lieber.«

Womit man schlussendlich beim Sexismus gelandet ist, der Kusine des Rassismus. Den Namen des eingangs erwähnten Philosophen Kant darf man in Großbritannien oder den USA auf keinen Fall deutsch aussprechen; man muss ihn zu »Känt« anglifizieren, denn Kant, c-u-n-t geschrieben, ist im Englischen und Amerikanischen ein vulgäres und herabsetzendes Grobwort für das primäre weibliche Geschlechtsorgan oder für Frauen im allgemeinen, das sich auf die geläufige Abkürzung der Potsdamer Straße ebenso reimt wie auf einen umgangssprachlichen Ausdruck für Erbrochenes. Hätte Immanuel Kant das gewusst oder auch nur geahnt, er hätte seinen Kokolores über »den Neger« womöglich für sich behalten.

2012

O Grusel der Seligkeit

Dresden hatte Kirchentag

WANN IMMER ICH VON ORGANISIERTEN Christen angesprochen wurde in meinem Leben, beschlich mich ein seltsames Gefühl. Die sind schon irgendwie freundlich, dachte ich, aber nicht einfach nur so, die wollen etwas von dir. Irgendetwas stimmt mit denen nicht; die sehen so bieder aus und kommen so pseudosanft rüber, aber dann werden sie übergriffig und besitzergreifend. Gibst du ihnen den kleinen Finger, nageln sie dir irgendwann beide Hände ans Kreuz.

Warum wollen Christen so vieles wissen, das man allenfalls privat und nur absolut freiwillig erzählt? Und dann sind sie auch noch so seltsam gesellig, als müssten sie sich immerzu wechselseitig ihrer Existenz versichern. Bei Christen heißt das Zusammenglucken allerdings salbungsvoll »Gemeinschaft«; ständig lächeln sie dich an und locken mit dem Finger: Komm zu uns, wir beißen nicht. Für Piranhas mit den dritten Zähnen mag das zutreffen. Ich möchte mir trotzdem ein Leben ohne öffentliche Ausstellung von Glauben erlauben, eins ohne zudringliche Gläubische.

Dresden, ein Ort vielfältiger Heimsuchungen und Schrecken, wurde fünf Tage lang von alliierten Christenverbänden angegriffen. Die Stadt hatte Kirchentagsbefall, die Evangelischen fanden sich ein, mit Brotschuh oder Sandale am Fuß zelebrierten sie Bibelkreistanz und

Abendmahlssalat. Haben die kein Zuhause? Muss jeder Privatwahn an die öffentlichkeit? Ist Christentum nur ein anderes Wort für aggressiven Exhibitionismus? Und kommen dann wenigstens auch die Löwen? Im Verhältnis eins zu eins?

Die Frage ist nicht abwegig, Christen meinen es gut mit Tieren: Eine Veranstaltung auf dem Kirchentag hieß »Bruder Bulle« Schwester Huhn. Eine theologische Reflexion von Dr. Rainer Hagencord, Leiter des Instituts für Theologische Zoologie, Münster«. Theologische Zoologie? Gibt es das wirklich? Kann man so etwas studieren? Und lernen die Tiere in der Wald-, Wiesen- und Savannenuniversität im Gegenzug zoologische Theologie? Müssen sich Cousine Eichhörnlein und Schwager Springbock kreuzigen lassen? Ohne ein verschärftes Bedürfnis nach Kitsch und Irrsinn gäbe es keine Religion.

Kitsch ist ein anderes Wort für fromme Beschönigungslügen, und die werden reichlich erzählt, wann und wo immer ein Kirchentag sich breitmacht. Selbstverständlich war der Aufmarsch der Harmlostuer biodynamisch durchorganisiert; nicht einmal Margot Käßmann, Gewinnerin bei »Deutschland sucht die Superchristin«, reiste mit dem Auto an. »Sehnsucht nach Leben«, »Meine Füße auf weitem Raum«, »Mut tut gut« heißen drei ihrer Bücher; es ist genau diese Wattebausch-Rhetorik, mit der sie bei ihrem Publikum reüssiert.

Gott dagegen konnte allein schon aus ökologischen Bedenken nicht eingeladen werden; der ältere Herr fährt einen rasanten *Fiat Lux*, oder, wenn man ihn wieder einmal für tot erklärt hat, wenigstens einen *Tempi Passati*. Sein Fehlen wurde auf dem Dresdner Kirchentag nicht bemerkt. Wie auch? Die Guten hatten genug mit ihrem eigenen Gutsein zu tun, und wo mentale Energiesparfunzeln angebetet werden, ist kein Licht.

Davon profitierten als Kirchentagsteilnehmlinge auch Grüne wie Cem Özdemir und Renate Künast, die Theodor Adorno Lügen strafen wollen und tapfer behaupten: Doch, es gibt ein richtiges Leben im falschen. Seht uns nur an, wir machen das jeden Tag! Die meisten erkennen den Hörfehler erst später: Es gibt ein richtiges Leben mit Flaschen. Ob man für Grüne aber auch Pfand bekommt?

Grüne und Christen liegen ohnehin nah beieinander, nicht nur in der Kleiderunordnung, sondern vor allem beim Heucheln. Drückt und zwackt den Glaubetrotter das Gewissen, wird er ein kritischer Christ, eine ganz besonders fatale Erscheinung mit Hang zum christlichen Kabarett, das von den »Avantgardinen, Nürnberg«, dem »Klüngelbeutel, Köln« und dem unvermeidlichen Überallmitschnacker Dr. Hirschhausen geboten wurde, der auch die Organisation »Humor hilft heilen« gründete. Läge ich im Spital und ein Heilclown juxte mich an, ich stürbe direkt am Hirnschlag.

Der Christentag stellte auch die ganz drängenden Fragen: »Darf man Nazis konfirmieren?« Wer will so etwas wissen und warum? Wüsste Bomber Harris eine Antwort darauf? Oder Wladimir Kaminer, der mit seiner »Russendisco« selbstverständlich auch dabei war, unter dem Titel »Tanzen bis zum Ende«. Aber auch das war nur eine leere Versprechung.

Warum und wozu Religion? Wer, außer Sektenangehörigen, braucht Sekten? Martin Luther war der Mann, der die Menschheit in das Elend des Protestantismus stürzte, als diese gerade das grausame Joch des Katholizismus abwarf. Alle Welt hätte sich von der Knechtschaft befreien können, doch dann kam ein gläubischer Extremist und verkündete: Religion zurück auf Los, marschmarsch, jetzt machen wir wieder ernst mit der Quälerei. Luther war ein Vorgänger Bin Ladens, die Zahl seiner Opfer ging schon zu seinen Lebzeiten in die Hunderttausende. Christenaufmärsche sind nicht nur sprachlich, kopfmäßig und ästhetisch eine Tortur, sondern auch politisch. »Demokratie lernen nach dem Kommunismus« durfte man in Dresden auch, mit »Dr. h.c. Lothar de Maizière, Ministerpräsident DDR 1990, Berlin« und »Dr. Dr. h.c. Reinhard Höppner, Magdeburg«. Wer möchte sich von solchen Doctores verkunstfehlern lassen?

Im Mai dieses Jahres starb Michael John, der die Erfurter Herbstlese erfand und später auch noch die Erfurter Frühlingslese organisierte. Ich freute mich immer, von diesem ganz besonders fähigen Impresario eingeladen zu werden, und ich vergaß nicht, was er bei unserer letzten Begegnung am 27. März 2011 zu mir sagte: »Man kann gegen die DDR eine Menge vorbringen, aber diese penetranten Christen hat sie gut in Schach gehalten und zurückgedrängt. Und aus Rache dafür sitzt hier seit 1989/90 auf jedem zweiten Stuhl ein Christ, hat von nichts eine Ahnung, redet aber überall mit, will bestimmen und nervt.«

Kann man es treffender sagen? Dass Frauen ihre Tage haben, ist nicht zu ändern. Mit Kirchentagen verhält es sich anders, diese Plagen sind organisiert.

2012

Schwul mit sechs Jahren

»ICH WILL SCHWUL WERDEN«, sagte der sechsjährige Sohn eines Freundes mit jener kindlichen Entschiedenheit, die sich stündlich auf ein anderes Ziel richten kann und gerade deshalb immer vollkommen ernst gemeint und ernst zu nehmen ist.

»Ah ja«, gab ich einigermaßen vage zurück, um den Knaben nicht zu unterbrechen, und er ließ mich auch gleich munter wissen, wie sein schwules Leben Gestalt annehmen werde: Mädchen seien eher blöd, er ziehe es vor, mit seinen Freunden zu spielen, mit Rennautos und Dinosauriern, Tim und Struppi seien auch gut, aber Pistolen wären natürlich das Allergrößte, vor allem, wenn man im Wald richtig schön herumtoben könne, ohne Erwachsene, die immer bloß Schiss hätten.

»Is' klar«, warf ich kurz und leise ein; wenn man einem originären Denker zuhört, soll man nicht dazwischenquatschen, sondern ihn nur ermuntern. Das schwule Wunschleben des Sechsjährigen breitete sich vor mir aus; es war die verblüffendste, rauhbeinigste und dabei gutmütigste Definition von Homosexualität, die ich je gehört hatte, randvoll mit reinherziger Freundschaft, astreinen Abenteuern und Gefahren, zing, zang, zong! Ich war sehr einverstanden und verlieh meiner Affirmation Ausdruck. Einem guten Mann soll man keine Steine in den Weg legen.

Anderntags kam der Junge recht geknickt aus der Schule zurück. Er hatte ein Veilchen und sah auch sonst ziemlich zerdötscht aus. Was denn passiert sei, fragte ich ihn. Nach kurzem Zögern sprudelte die Geschichte aus ihm heraus: Er habe seinen beiden besten Schulfreunden von seinem Plan erzählt, schwul zu werden, aber bevor er seine Ideen näher habe ausführen und präzisieren können, hätten sie ihn schon vermöbelt. Der eine, ein Sohn indischer Eltern, habe ihm ein blaues Auge gehauen, und der andere, kosovarischer Herkunft, habe ihn mehrfach getreten.

»Ich will nicht mehr schwul werden«, verkündete der Junge fest. »Man kann ja auch so mit Autos spielen.« Da war etwas dran. Integration, also die Balance der Kräfteverhältnisse, ist auch ein anderes Wort für Lektion; besonders interessant daran ist immer, wer wem wann welche erteilt oder erteilen darf, welches Regelwerk dabei gilt und wer es definiert und bestimmt.

Der Junge ging in sein Zimmer. Während ich mich wieder der Zubereitung des Essens widmete, hörte ich ihn seine Spielzeugpistolen abfeuern und war ein kleines bisschen neidisch.

2013

Blasphemie?

WAS IST EIGENTLICH BLASPHEMIE? Wenn einer »Gottverdammt« sagt oder »Gottverflucht«? Wenn Nina Hagen Friedrich Nietzsches »Gott ist tot« zitiert? Wenn ein Achtjähriger Verse wie diese von sich kräht: »Allah ist groß, Allah ist mächtig, wenn er auf den Stuhl steigt, ist er Einmetersechzig«?

Gesetzt den Fall, Gott existierte – würde ihn interessieren, was die Leute über ihn reden? Kaum vorstellbar. Anders verhält es sich, wenn Gott eine Erfindung oder eine Projektion ist von Menschen, die mit sich und ihrem Leben alleine nicht zurande kommen und an Autoritätsgläubigkeit leiden. Teil ihrer Zwangsvorstellung ist, dass der von ihnen halluzinierte Gott auch von jedem respektiert werden müsse, der diese Vorstellung nicht teilt; tut er es nicht, dann darf man ihn, den Ungläubigen, der seinen Unglauben womöglich auch noch freimütig bekennt, dafür zur Rechenschaft ziehen und ihn bestrafen, sogar mit dem Tod.

Als der Schriftsteller Salman Rushdie in seiner Phantasie dem Propheten Mohammed sinnliche Vergnügungen gönnte, wurde er dafür von der islamischen Inquisition zum Tode verurteilt. Der Katholik Martin Mosebach »will nicht verhehlen, dass ich unfähig bin, mich zu empören, wenn in ihrem Glauben beleidigte Muslime blasphemischen Künstlern – wenn wir sie einmal so nennen wollen – einen gewaltigen Schrecken einjagen.« Das schrieb Mosebach wörtlich und ergänzte: »Es wird das soziale Klima fördern, wenn Blasphemie wieder gefährlich wird.«

Wenn islamische Klerikalfaschisten unmissverständlich zum Mord aufrufen und mit der Aussetzung von Kopfgeldern zum Mord anstiften, dann handelt es sich dabei, unaufgeregt gesagt, um Straftaten. Mit denen Martin Mosebach offen sympathisiert: »Ich begrüße es, wenn es in unserer Welt wieder Menschen wie Jean Jacques Rousseau gibt, für die Gott anwesend ist.«

Ob umgekehrt Gott die Anwesenheit von schwach denkenden, voraufklärerischen Ödemeiern und Drögebäckern begrüßte, nur weil sie ihm schwärmerisch schmeicheln, kann nicht ermittelt werden. Es ist Glaubenssache. Ich glaube nicht, dass Gott, so es ihn gäbe, sich für einen Repräsentanten des Einstecktüchleinkatholizismus wie Martin Mosebach interessierte, der aus verständlicher Langeweile an sich selbst unverständlicherweise anderer Leute Blut fließen sehen möchte.

Relativ wahrscheinlich scheint mir dagegen, dass Herr Mosebach, der im Zusammenhang mit Blasphemie von »Ungezogenheit« spricht, dieses Wort dem Milieu der Domina-Studios entlehnt hat, die unter Hardcore-Katholiken ihre treueste und anhänglichste Kundschaft finden. Ich glaube nämlich, dass Sprache verräterisch ist, möchte diesen Glauben aber Herrn Mosebach nicht aufzwingen. Schließlich ist der Mann Büchnerpreisträger und muss als solcher – siehe auch Wolf Biermann oder Durs Grünbein – von Sprache nichts verstehen.

2013

Frühbucherrabattkunden

ETWAS EBENSO NOTWENDIGERWEISE wie zwischendurch beiläufig nebenbei und dennoch entschlossen und unmissverständlich deutlich zu Sagendes über die Frühbucherrabattkunden

Frühbucherrabattkunden, ich verachte euch!

Hey, Frühbucherrabattkunden, plant ihr eigentlich euren Geschlechterverkehr auch im Voraus? Monatelang? Auf die Minute? Nein, tut ihr nicht? Weil es dann keine Ermäßigung gibt? Und wofür auch? Ach so, ihr habt nie Geschlechtsverkehr? Wundert euch das, Frühbucherrabattkunden? Oder ist euch das sowieso egal?

Frühbucherrabattkunden, seid ihr eigentlich ALLE Lehrer? Viel frei haben, aber immer klamm sein? Wegen der Doppelhaushälfte und der Scheidung? Bitter, bitter ...

Frühbucherrabattkunden, hört auf zu maulen! Ihr seid nicht arm, ihr seid bloß geizig. Also miesestes Kleinbürgertum. Verräter an allem, an euch selbst und jedem sonst. Was für ein sparkassendividendenpackendes, bausparvertracktes Leben!

Frühbucherrabattkunden, ihr popelt! Schon am Flughafen, und im Flugzeug sowieso. Und zwischendurch kratzt ihr euch mit demselben Popelfinger eure riesigen Hämorrhoiden. Kratz, kratz. Und dann popelt ihr wieder. Und schnüffelt am Finger. Und kratzt wieder. Und schnüffelt. Und popelt, im Grabe noch. Das ewige Leben der Frühbucherrabattbucher eben.

Frühbucherrabattkunden, warum gibt es euch eigentlich? Wer hat euch erlaubt?

Frübucherrabattkunden, immer schön auch auf Twitter und Facebook? Ja? Frühbucherrabatte weitergeben, von Fressenkladde zu Fressenkladde? Oder von Kladdenfresse zu Kladdenfresse?

Frühbucherrabattkunden, früher habt ihr immer vorgedruckte Postkarten geschrieben, um zehn Pfennig Porto zu sparen, stimmts?

Frühbucherrabattkunden, ihr habt eine Eigentumswohnung in Manhattan und schenkt Freunden zur Hochzeit zehn Euro in bar – ich weiß es doch!

Frühbucherrabattkunden, ihr habt Mundgeruch!

Frühbucherrabattkunden, ihr geht doch immer schön brav in die »Ich bin doch nicht blöd!«-Läden, sonst wärt ihr ja blöd, oder?

Frühbucherrabattkunden, ihr seid die Gehorsamenleiter des Konsums. (Aber das versteht ihr jetzt nicht, ihr seid ja nicht blöd.)

Frühbucherrabattkunden, wart ihr früher Bettnässer? Also quasi Frühwindelrabbattkunden?

Frühbucherrabattkunden, ihr hört gern Lieder, die »Buchstaben über der Stadt« heißen, denn von Stadt zu Stadt gibt's auch Rabatt, stimmts?

2014

Mann im Meer

Es ist keine Phrase, dass Leidenschaft wehrlos macht; es geschehen Dinge, die zuvor unvorstellbar waren, das ist so schön wie gefährlich, die Grenze zum Wahn ist in unmittelbarer Nähe. Phantasien erscheinen realer als die sogenannte Wirklichkeit, und man geht vor lauter und lauterer, also wahrer Lust all dessen verlustig, was Normalität genannt wird. Man kann sogar daran sterben, aber gerade diese Todesnähe facht die Lebens- und Liebesbegierde um so heftiger an.

Es ist, als würfe man sich bei Flut ins offene Meer. Das Umtostsein ist aufregend, das Verschlungenwerden ist es nicht minder. Das Meer der Liebe ist weiblich; im Französischen sind *La Mer* und *La Mere*, das Meer und die Mutter, untrennbar inniglich eins, und ich habe mich, in den Wogen des Mittelmeers, der Nordsee, des Atlantischen und des Pazifischen Ozeans schwimmend, so wohl und so lebensdurchdrungen aufgehoben und prickelnd vor Dasein gefühlt wie sonst nur bei der größten und schönsten Liebe.

(Wenn mir der Wortwitz gestattet sei: Nachdem ich eine Wellenkaskade im Pazifik und die anschließenden Ohrfeigen meiner Liebsten überlebt hatte, wusste ich, was ein Pazifist ist: ein Mann, der das Meer liebt, also die Frau, einer, der nicht mit dem Kopfe, sondern physisch begriffen hat, dass die Idee von Herrschaft Irrweg und Irrsinn ist, männliches Kompensationsgebaren für wahre Macht. Deshalb, so erscheint es mir zumindest heute, wurde ich Rettungsschwimmer bei der Deutschen LebensRettungsGesellschaft).

Ich weiß, dass ich aus dem Meer komme, aus *La Mer* und *La Mere*, dahin gehe ich zurück, einen anderen Tod als den im Meer habe ich mir niemals vorstellen können, bei Vollmond spielt der Ozean mit mir gleichzeitig Dame, Schach und Halma.

Woran man sich merken kann, dass man als Mann, auch wenn man nicht das Meer ist, durchaus etwas taugen kann. Frauen sind ernsthaft, Männer spielen, beides ist schön.

Praktikum und Mysterium sind untrennbar; wir tun Dinge, ohne zu wissen, was wir tun oder anrichten. Auch Männer geben dem Meer des Lebens mehr, als falsche Frauen, die es ja auch gibt, behaupten. Ein Mann kann einer Frau nicht nur ihr Ernährer, Beschützer und Liebhaber sein, sondern auch ihr ewiges Kind. Das sollen uns die Frauen erstmal nachmachen.

Also rein ins Meer!

2014

Piratenlied

Für Guy Martini

Nun wirst du schon sechs Jahre alt,
beeil dich nicht zu sehr
Die Zeit macht uns noch alle kalt
Die Wahrheit liegt im Meer

Hee-oh-hee!
Stechen wir in See!
Piraten die wir sind,
ob Kerl oder Kind

Du bist beides
Vermeid es
Nicht!
Du bist Korsar, kein Fliegengewicht!

Wenn auf der See die Segel flattern
Und unsere Feinde schlottern und schnattern,
sind wir, naturelement
in unserem Element

Seien wir ehrlich:
La vie ist so gefährlich wie herrlich!
Was kümmern uns schon die die Leute?
Schnappen wir uns die Beute!

Alle haben geheuchelt, gelogen,
aber niemals die Wellen und Wogen
des großen Ozeans
den du, ja, ich erah'ns

befahren wirst als Pirat,
als Mann der Tat, ohne Verrat!
So wirst du sein, lieber Guy –
Darauf eine Martini!

Dein Pirat Wiglaf

2015

Für immer und immer

In des Daseins
stillen Glanz
Platzt der Mensch
mit Ententanz

Editorische Nachbemerkung:

Bei dem Vorwort von Friedrich Küppersbusch handelt es sich um eine leicht veränderte Version einer Laudatio bei der Verleihung des Göttinger Elchs, mit dem Wiglaf Droste 2018 für sein »Lebenswerk satirischer Provenienz und/oder eine satirische Mehrfachbegabung« ausgezeichnet wurde.

Für die Auswahl der Texte ist der Herausgeber verantwortlich. Er hat dabei aus folgenden Büchern ausgewählt:

»Kommunikaze« (1989), »Mein Kampf, Dein Kampf« (1992), »Am Arsch die Räuber« (1993), »Sieger sehen anders aus« (1994), »Brot und Gürtelrosen« (1995), »Begrabt mein Herz an der Biegung des Flusses« (1997), »Zen-Buddhismus und Zellulitis« (1999), »Bombardiert Belgien!« (1999), »Die Rolle der Frau« (2001), »Der infrarote Korsar« (2003), »Wir sägen uns die Beine ab und sehen aus wie Gregor Gysi« (2004), »Kafkas Affe stampft den Blues« (2006), »Will denn in China gar kein Sack Reise mehr umfallen?« (2007), »Im Sparadies der Friseure« (2009), »Auf sie mit Idyll« (2011), »Sprichst du noch oder kommunizierst du schon?« (2012), »Die Würde des Menschen ist ein Konjunktiv« (2013), »Der Ohrfeige nach« (2014).

Einige Texte sind nicht in den genannten Büchern erschienen, sondern in der *taz* oder der *jungen Welt*. Außerdem wurden einige Lieblingstexte von Benjamin von Stuckrad-Barre, Funny van Dannen, Fritz Eckenga, Franz Dobler, Marion Brasch u.a. aufgenommen.

Die Texte wurden so chronologisch wie möglich angeordnet. Die dem Text beigefügte Jahreszahl bezieht sich entweder auf sein Erscheinen in der Zeitung oder im Buch.

Inhalt

Hooligan der Inbrunst
Vorwort von Friedrich Küppersbusch – 5

Familienbande – 11
Schimpfen und Schänden – 20
Nur mal so reinriechen – 23
Tazionalsozialismus – 26
Laut Stammeln und Nuscheln – 31
Gürtellinie, Dudenfrage – 32
Hoch die Mauer! – 34
Wichtigmann Weihbreyschan – 37
Johnny Thunders u.a. – 42
Wie ich einmal Scorpions-Sänger Klaus Meine war – 44
In der Nachbarschaft – 46
Klartext von Klarname Meyer – 50
Komm, Erster Mai! – 52
Eiapopeia mit Negern – 55
Vokabeltest – 57
Der Letzte macht die Lichterkette aus – 60
Zur Dialektik von Vatermutterkind – 65
Keine Macht den Drögen! – 68
Antrag an meine lieben Mitmenschen – 71
»Den Faschisten Barolo bieten!« – 72
Ich bin ein toleranter Panther – 74
Mit Nazis *reden*? – 76
Der Schokoladenonkel bei der Arbeit – 78
Frisch vom Fass: Der Klassenhass – 82
In 80 Phrasen um die Welt – 83
»Wir bieten Schutz vor rassistischen Übergriffen« – 86
Späte Rache oder: The Köln Concert – 88
Über das Proletariat – 92
Grandmaster Trash – 94
Kann nit mehr BAP sage – 98

Sind Soldaten Faxgeräte? – 100
Die Revolution, heute mit: Jürgen Elsässer! – 101
Comandante Redundante – 103
Die Menschenliebe des Lebensschützers – 107
Über das Faulenzen – 110
Die rauchende Frau – 111
Grün im Gesicht – 113
Lob des lehrerlosen Sommers – 115
Als Party-Tester unterwegs – 118
Nähe zulassen – 121
Leben wie Gott gegen Frankreich – 123
Es bleibt ein Stück Hannover zurück – 126
Kanak Sprak und Feri Ultra – 129
Über die Hohe Kunst der nicht sinngebundenen Beleidigung – 131
Einiges über den jungen Mann – 134
Über die Vorzüge des Nichtstuns – 136
Am Grabmal des unbekannten Handwerkers – 138
Alles im Schlaf – 141
Zen-Buddhismus und Zellulitis – 148
Über die Großherzigkeit des Rauchens – 150
Gastwirtschaft – 152
Respect, don't do it! – 156
Die Rolle der Frau – 158
Eine Nacht in der Ampütte – 160
Solidarität und Solitäterä – 162
Hui hui! – 165
Kassettchen hören – 167
Lob der Aspirin-Tablette – 169
Ausgeplündert werden in Paris – 171
Kommissar Wallander und die belegten Brote – 173
Wider die Adilette – 176
Kastanienfieber! – 178
Beobachtung eines Zonenbrötchens – 181
Ich schulde einem Lokführer eine Geburt – 183
Affäre Waschbrettkopf – 186
Depressionsgruppe ahoi! – 190
Ich eifersüchtig? Ich? – 193
Ich bin ein Opfer! – 195

Tünseliges Ostwestfalen – 197
Mösenstövchen bleibt – 199
Patriot(error)ismus – 201
Schwatz-Grün – 203
Wie man mit Frauen nicht fertig wird – 205
Yassir, I can boogie – 207
Existentialismus heute – 209
Ende eines Brülllebens – 211
Bist du süß! – 214
Via Roma, Ecke Vietata l'Affissione – 218
Phantomsoldaten – 220
Heimkehr eines Denunzianten – 223
Pfeil er mich traf – 227
Bitte Bayreuth statt Beirut – 230
Wort des Jahres: Trittbrettficker – 232
O je, o je, sie bringt es nicht, o weh, o weh, die Unterschicht – 235
Salat ist sinnlos, knackt aber – 238
Pfefferminz mit Sibiriengeschmack – 241
Im Segment der Sound-Tapete – 244
In the Ghetto? Hier bei Netto! – 247
Sympathie mit dem Teufel – 250
Im Sparadies der Friseure – 254
Alles to go! – 258
Die Renaissance der Raucherecke – 265
Wenn der Berliner kommt… – 269
Aus der Mückengaststätte – 272
Damen- und Herrendämmerung – 274
Auch mal länger liegen bleiben – 277
Negerkuss nein, Zeithorizonte ja? – 281
O Grusel der Seligkeit – 285
Schwul mit sechs Jahren – 289
Blasphemie? – 291
Frühbucherrabattkunden – 293
Mann im Meer – 295
Piratenlied – 297
Für immer und immer – 299

Editorische Nachbemerkung – 300

Aus der Reihe Critica Diabolis

21. *Hannah Arendt,* Nach Auschwitz, 13,- Euro
45. *Bittermann (Hg.),* Serbien muss sterbien, 14.- Euro
65. *Guy Debord,* Gesellschaft des Spektakels, 20.- Euro
68. *Wolfgang Pohrt,* Brothers in Crime, 16.- Euro
129. *Robert Kurz,* Das Weltkapital, 18.- Euro
171. *Harry Rowohlt, Ralf Sotscheck,* In Schlucken-zwei-Spechte, 15.- Euro
210. *Berthold Seliger,* Das Geschäft mit der Musik, 18.- Euro
216. *Ingo Müller,* Furchtbare Juristen, 22.- Euro
223. *Mark Fisher,* Gespenster meines Lebens, 20.- Euro
225. *Eike Geisel,* Die Wiedergutwerdung der Deutschen, 24.- Euro
231. *Funny van Dannen,* An der Grenze zur Realität, 16.- Euro
233. *Jon Savage,* England's Dreaming, Punk und Sex Pistols, 19.80 Euro
235. *Wiglaf Droste & Nikolaus Heidelbach,* Nomade im Speck, 18.- Euro
236. *Nick Srnicek & Alex Williams,* Die Zukunft erfinden, 24.- Euro
239. *Fritz Eckenga,* Draußen rauchen ist Mord ..., 14.- Euro
242. *Heiko Werning,* Vom Wedding verweht, Menschliches... 14.- Euro
243. *Hans Zippert,* Fernsehen ist wie Radio, nur ohne Würfel, 14.- Euro
245. *Ralf Höller,* Das Wintermärchen. Münchner Räterepublik, 20.- Euro
246. *Mark Fisher,* Das Seltsame und das Gespenstische, 18.- Euro
247. *Klaus Bittermann,* Der kleine Fup, 14.- Euro
248. *Wiglaf Droste,* Kalte Duschen, warmer Regen. Neue Glossen, 16.- Euro
249. *Walther Rode,* Deutschland ist Caliban, Pamphlet gegen Hitler, 16.- Euro
250. *Cederström & Spicer,* Auf der Suche nach dem perfekten Ich, 22.- Euro
251. *Georg Seeßlen,* Is This the End? Pop-Kritik 16.- Euro
251. *Robert Desnos,* Die Freiheit oder die Liebe, Roman, 18.- Euro
253. *Wolfgang Pohrt,* Werke Bd. 10, Kapitalismus Forever & Texte, 22.- Euro
254. *Wolfgang Pohrt,* Werke Bd. 3, Honoré de Balzac, 18.- Euro
255. *Robert Barry,* Die Musik der Zukunft, 20.- Euro
256. *Jan-Christoph Hauschild,* Das Phantom, B. Traven, 24.- Euro
257. *Joe Bauer,* Im Staub von Stuttgart, Ein Spaziergänger erzählt, 16.- Euro
258. *Simon Bowowiak,* Frau Rettich, die Czerni und ich, 16.- Euro
259. *Funny van Dannen,* Die weitreichenden Folgen des Fleischkonsums, 16.-
260. *Wolfgang Pohrt,* Werke Bd. 5.1, Zeitgeist & Texte 85-86, ca. 26.- Euro
261. *Wolfgang Pohrt,* Werke Bd. 5.2, Hauch von Nerz & Texte 87-89, 26.-
262. *Wolfgang Pohrt,* Werke Bd. 4, Kreisverkehr & Texte 82-84, 30.- Euro
263. *Carl Cederström,* Die Phantasie vom Glück, 18.- Euro
264. *Claudius Seidl,* Die Kunst und das Nichts, Feuilleton, 18.- Euro
265. *Berthold Seliger,* Vom Imperiengeschäft, Musikindustrie, 20.- Euro
266. *Léon Poliakov,* St. Petersburg – Berlin – Paris, Memoiren, 24.- Euro
267. *Wolfgang Pohrt,* Werke Bd. 2, Ausverkauf & Endstation u.a. Texte, 30.-
268. *Wolfgang Pohrt,* Werke Bd. 1, Theorie des Gebrauchswerts u.a., 32.- Euro
269. *Klaus Bittermann,* Einige meiner besten Freunde & Feinde, 20.- Euro
270. *Martha Gellhorn,* Der Blick von unten, Reportagen Bd. 1, 28.- Euro
271. *Eike Geisel,* Die Gleichschaltung der Erinnerung, Essays, ca. 24.- Euro
272. *Mark Fisher,* k-punk, Nachgelassene Schriften (2004-2016), ca. 30.- Euro
273. *Matthias Deutschmann,* Hitler hilft immer, 33 Schüsse... ca. 14.- Euro
274. *Wiglaf Droste,* Die schweren Jahre ab dreiunddreißig, 18.- Euro

http://www.edition-tiamat.de